建设新时代
爱国主义教育第一站

大沽口炮台文物保护与爱国主义教育论丛

王会臣　主编

天津社会科学院出版社

图书在版编目（CIP）数据

建设新时代爱国主义教育第一站：大沽口炮台文物
保护与爱国主义教育论丛／王会臣主编．--天津：天
津社会科学院出版社，2022.4
　　ISBN 978-7-5563-0814-9

Ⅰ．①建…　Ⅱ．①王…　Ⅲ．①炮阵地 - 遗址博物馆 -
介绍 - 天津　Ⅳ．①G269.263

中国版本图书馆 CIP 数据核字（2022）第 060892 号

建设新时代爱国主义教育第一站：
大沽口炮台文物保护与爱国主义教育论丛
JIANSHE XINSHIDAI AIGUOZHUYI JIAOYU DIYIZHAN：
DAGUKOUPAOTAI WENWU BAOHU YU AIGUOZHUYI JIAOYU LUNCONG

出 版 发 行：天津社会科学院出版社
地　　　址：天津市南开区迎水道 7 号
邮　　　编：300191
电话/传真：（022）23360165（总编室）
　　　　　　（022）23075303（发行科）
网　　　址：www.tass-tj.org.cn
印　　　刷：高教社（天津）印务有限公司

开　　　本：787×1092 毫米　1/16
印　　　张：18.5
字　　　数：277 千字
版　　　次：2022 年 4 月第 1 版　2022 年 4 月第 1 次印刷
定　　　价：88.00 元

《建设新时代爱国主义教育第一站：大沽口炮台文物保护与爱国主义教育论丛》

编辑委员会

主　　编　王会臣

编　　委　徐　勇　武志成　刘　凌　马文艳　崔志华

编　　辑　王　新　钱　昆　刘新欣

序

南有虎门,北有大沽,大沽口炮台是中国历史上南北两座重要的海防屏障之一。由于占据"扼海口、守京津、通内陆、接远洋"特殊的地理位置,大沽口炮台成为近代史上中华儿女抵御西方列强入侵的前沿阵地,是非常珍贵的历史文化和爱国主义教育资源。

作为一名从事文博工作的天津人,无论是基于对历史、对事业的敬畏与担当,还是缘于血脉中难以言表的故土情怀,我对大沽口炮台这处饱经外敌炮火的海门古塞付以了格外的眷恋和关注。我曾两次受邀参加大沽口炮台遗址博物馆举办的学术、展览活动,其间也为与大沽口炮台相关文化遗产资源的科学保护和可持续利用建言献策,更欣慰于近年来博物馆在文物保护和社会教育等方面的每一次成长与进步。所以,当欣闻《建设新时代爱国主义教育第一站:大沽口炮台文物保护与爱国主义教育论丛》业已付梓,即将与广大读者见面之时,我内心生出诸多感慨与感佩,感慨的是围绕着大沽口炮台文化遗产的保护利用工作得到了业界的高度关注,研究成果丰富;感佩的是在大沽口炮台遗址保护工作一线的同事们在完成繁重日常工作的同时,进行了立足实践的理论探索与升华。

书名中出现了两个关键词:文物保护和爱国主义教育。我想这是大沽口炮台遗址博物馆从自身文物资源状况和对这些资源的核心价值认知出发,进行核心业务功能定位的两个基本支点。大沽口炮台是历史留给我们的弥足珍贵的历史遗存,具有丰富而又独特的历史、军事、科技和人文价值,它不仅属于我们那个时代的先辈，还属于我们今天的人们，更属于我们的子孙后代，保护它的真实性、完整性并使其得以尽可能长久地延续，这是博物馆作为公共文化机构的使命所在。与此同时，阐释、传播大沽口炮台遗址所蕴藏的各类价值，则是我们博物馆挖掘、继承和延续其精神意义的责任担当。唯有在这样的双轮驱动下，这座博物馆的功能才是全面的，其所履行的社会职责才是完整的，其运行管理才是成功的。我们欣喜地看到，大沽口炮台遗址博物馆正朝着这个方向不懈努力着，而且通过这部论丛的出版展现了阶段性成果和未来巨大的潜力。

中华民族素有深厚的爱国主义精神。回顾中华上下五千年的历史长河，爱国主义永远是中华民族不畏强暴、不屈不挠、奋发图强、生生不息的强大动力，是贯穿于中华民族精神的主线。在古代，无数的仁人志士代表了中华民族抵制分裂、维护统一的精神标识，熔铸了深层次的爱国主义精神追求。进入近代，鸦片战争成为中华儿女捍卫民族尊严、追求民族独立的新起点，作为第二次鸦片战争和八国联军侵华的主战场，发生在大沽口的几次激战，凝结着中华儿女的英勇不屈，历练了民族精神与民族品格。现如今，中国正处于步入民族伟大复兴的新阶段，新时代的爱国主义作为中华民族精神的核心，饱含着人民对祖国的热爱之情，对于凝聚全民族力量，夺取新时代中国特色社会主义伟大胜利具有重大而深远的意义。

值得充分肯定的是，大沽口炮台遗址博物馆在其社会功能方面选择了爱国主义教育作为重点。在这里，爱国主义教育是基于最直接、最真实的历史资源展开的，突出了这座博物馆的特色和优势，让爱国主义这个永恒的主题变得更加直观和鲜活。

衷心期盼大沽口炮台遗址博物馆能够通过扎实的工作将这一永恒的主题阐释好，将爱国主义的时代内涵和本质凸显好，承担起"新时代爱国主义教育第一站"的责任与担当。

安来顺

目　录

爱国主义教育

遗址保护研究

相关史实探索

爱国主义教育

传承红色基因　弘扬新时代爱国主义精神

——大沽口炮台遗址博物馆打造"爱国主义教育第一站"实践探索

崔志华

　　爱国主义是中华民族的民族心、民族魂,是中华民族最宝贵的精神财富,是中国人民和中华民族维护民族独立和民族尊严的强大精神动力。在几千年绵延发展的历史长河中,爱国主义始终深深根植于中华民族,始终是激励着中华儿女团结一致、自强不息、不懈奋斗的巨大力量。尤其是党的十八大以来,以习近平同志为核心的党中央高度重视爱国主义教育,做出了一系列重要部署。2019 年 11 月中共中央、国务院印发了《新时代爱国主义教育实施纲要》,推动爱国主义成为全国各族人民的坚定信念、精神力量和自觉行动。新时代昭示新使命,新使命引领新担当,在中国共产党成立 100 周年之际,作为全国爱国主义教育示范基地、全国红色旅游经典景区的大沽口炮台遗址博物馆,将充分发挥"主阵地"优势,以一年的时间为周期,紧紧围绕爱国主义教育这一主线,着力构建"爱国主义教育 +"全新工作理念,进一步挖掘内涵、创新载体、拓宽渠道、建强队伍,尤其注重探索并实现未成年人红色教育模式,全力传承好红色基因,打造新时代"爱国主义教育第一站"。

一、依托教育资源、设计教育项目,建强爱国主义教育主阵地

　　大沽口炮台是第二次鸦片战争及八国联军侵华的重要战场,是首都北京的海上门户,在中国近代史上占有举足轻重的地位。作为中华民族英勇不屈、抗击外来侵略的历史见证,大沽炮台遗址是天津乃至全国非常珍贵的历史文化资源,具有极高的社会价值和文物价值。在建设新时代"爱国主义教育第一站"工作中，大沽口炮台遗址博物馆依托深厚的红色历史文化底蕴，最大化地发挥资源优势，加强顶层设计，传承红色基因，扎实推进爱国主义教育基地建设工作，建强爱国主义教育主阵地。

串联"红色之路"爱国主义教育体验链条。以博物馆展陈、3D影厅、"威"字炮台遗址、遗址纪念碑等资源为依托，串联并固定博物馆现有的教育项目，打造完整生动、独具大沽口炮台特色的"红色之路"。走进博物馆大门，即踏上中华民族不畏强暴抗击外来侵略的红色历程，入口处设置的立式灯箱引导游客带着"大沽炮台看什么？"这一问题和思考走进历史。参观固定陈列"沽口悲歌"，观看3D影片《沽口悲歌》，登上"威"字炮台凭吊古迹，遗址纪念碑前缅怀英烈、致敬国旗、重温誓词，遇重大节日或重要活动，博物馆还将鸣响镇馆之宝大沽铁钟（复制品），提醒国人以史为鉴，警钟长鸣。如此"点动成线、线动成面、面动成体"，形成一条蕴含古今、抵御外侮、内容丰富、形式庄严、效果深入人心的爱国主义教育体验链条。

推出"红色记忆＋学习实践"主题教育全域服务。以各党团组织的需求为出发点和立足点，以"红色记忆＋学习实践"为核心，精心设计推出特色党建主题教育活动。以爱国主义教育体验链条中的教育项目为常态化活动，结合重大历史事件、重要历史人物、中华民族传统节庆和特殊节点，精心设计活动内容和载体，提供不同主题的宣讲展演、党课、临特展览、党史知识互动问答等活动项目，并推出活动策划、环节设计、全程摄录、信息推送等贴心服务措施，同时将相关教育项目以线上或线下的形式送至基层，从多角度、多领域、全方位进行教育方式方法创新，积极构建"党建基地建设—爱国主义教育—社会主义精神文明建设"三位一体的递进式工作模式，为各党团组织开展党员教育或团员教育打造一张"自助式""一站式"活动清单，全力实现主题教育全域服务，建设博物馆党建团建工作品牌。

实施"红色筑基工程"打造青少年研学游学基地。积极响应教育部等十一部委联合发布的《关于推进中小学生研学旅行的意见》文件精神，实施"红色筑基工程",创造性地把课堂延伸到校外、"搬"进红色景区。结合历史文化资源优势,推出青少年研学游学基地综合实践活动课程,设置参观游览、历史课堂、动手实践、主题教育、军事体验、体能拓展六大板块内容,以研究性学习为主要方式,鼓励学生自主探究,通过不同环节的活动与学生进行互动交流,用任务驱动学生在游中研、在研中学,让"课堂"永远在路上。实行阶梯式教育模式,爱国主义启蒙—明清海防小知识—中国近代史教育,小学生入队—中学生入团—高中生成人仪式,针对不同年龄段的学生设计不同的教育内容,优先打造青少年研学游学基地,用文化的力量厚植青少年爱国主义情怀。

二、创新载体,活化形式,提升爱国主义教育实效

作为全国爱国主义教育示范基地、全国红色旅游经典景区,大沽口炮台遗址博物馆深入挖掘革命文物的价值内涵和文化元素,精心设计、创新载体、活化教育形式,对大沽口炮台珍贵的历史资源进行全景式、立体式、延伸式展示利用,不断提高利用传承水平,努力实现遗址社会教育功能的最大化。

推广"互联网 + 爱国主义教育研学传播"。以创新宣传模式、建设"知识性、服务型、智慧型"博物馆为目标,"互联网 + 爱国主义教育研学传播"项目顺势而生,并成功入选国家文物局"互联网 + 中华文明"示范项目库。依托此项目,博物馆不断丰富爱国主义教育实现形式,将互联网的创新成果、新的技术呈现形式与爱国主义教育相结合,采用 VR、AR、全息技术,将历史遗迹场景与重要历史文物数字化、虚拟化,使博物馆的数字化展览方式不断创新与深化。立足博物馆珍贵的实地历史遗迹资源与丰富的海防文物资源,定位于打造面向全国青少年与博物馆观众的爱国主义教育 VR 课堂、博物馆智慧导览应用与 MINI(迷你)流动博物馆服务,为博物馆现场观众提供深度互动体验,并为博物馆深入基层开展宣传教育提供全新的应用平台。这种爱国主义教育新形式,打破了时空的局限,有助于大沽口炮台遗址博物馆相关主题内容的移动式与沉浸式传播,使有限的博物馆资源能够得到最大限度的传播,使教育的广度和深度得到极大增强。

推出"口袋博物馆"进校园活动。博物馆在坚持把观众"请进来"的同时,也在积极创新"走出去"的有效途径，"口袋博物馆"校园产品包堪称 MINI 版的流动博物馆，借助网络，让博物馆文物和历史实现移动式和沉浸式传播，进一步扩大教育活动的辐射面。立足自身历史文化资源，博物馆设计、研发了一套面向校园宣传活动的便携式博物馆进校园产品包，让学生通过 VR 影像，身临其境地"逛"博物馆。影像中有讲解员导览讲解，遇到历史热点还有视频链接，延展文物历史与修复背后的故事。此外还有 VR（虚拟现实）地图，学生透过 VR 眼镜能从平面地图上看到立体的沙盘效果，了解当时的战略布局以及双方对峙的战事。"口袋博物馆"进校园项目，将成为博物馆外出开展流动宣传工作最具新意、最有效用的方法。

研发设计原创文创教具。大沽口丰厚的历史积淀，为博物馆文创元素的探索挖掘工作提供了无限的可能，尤其在原创教具设计研发中，融入历史背景、文化内涵的教具、学具，既是馆校共建培养青少年爱国情操，锻炼创造性思维和动手动脑能力，推进文化与教育有机结合的重要载体，也使大沽口炮台遗址博物馆的品牌形象得以提升。博物馆已先后设计推出儿童绘本《写给孩子们的历史绘本故事——海上国门》、"小小历史宣讲员"活动配套教材《青少年读本系列之走进博物馆》、"踏寻·红色文脉"主题旅行日记手账本、制盐教学套盒、磁力炮拼装模型、大沽口炮台防卫益智拼图游戏等多种特色教学教具，以增强现实为突破口，为孩子们学习知识、接受教育打造了一种简单有趣的方式，寓教于乐。这种富有趣味性和创造力的方式，为遗址教育功能的实现注入了新的生命力，进一步引导孩子们怀着好奇心去探究模具背后更多的历史故事。投拍 3D 动漫《大沽铁钟回归记》，适时联合教育部门举办首映式，传播大沽铁钟的传奇经历，讲述中华民族百年前面对列强侵略的屈辱与抗争，百年间中华民族从站起来、富起来、强起来的执着与坚定，展示了中华民族走在复兴路上的自信与从容。

三、共建共享、联动发展，打造爱国主义教育矩阵

大沽口炮台遗址博物馆以爱国主义教育为核心，进一步加强与各党团组织、中小学校、高校院所及相关红色遗址的交流共建，共同打造以"红色基因传承"为

定位的爱国主义教育矩阵,通过支部共建、馆校共建、展览交流、课题研究、研讨论坛等多项目合作,不断创新协同发展新方式,搭建"共建、共享、共进"新平台,辐射带动京津冀爱国主义教育基地联动发展。

打造党员教育共享阵地。以党建工作为引领,充分利用大沽口炮台遗址博物馆作为全国爱国主义教育示范基地、全国红色旅游经典景区的优势,紧紧围绕"筑牢党员教育固定阵地,开辟流动教育示范基地,打造党校现场教学高地"这一目标,多层面、多角度、多方位探索发挥党员教育实践基地作用。推进红色教育资源共享,以"红色记忆＋学习实践"主题教育全域服务为延伸,为各级党团组织搭建缅怀先烈、学习党纪、感悟信仰的教育平台,把红色资源利用好、红色传统发扬好、红色基因传承好,使大沽口炮台遗址博物馆真正成为全区、全市党团组织开展教育活动的首选阵地。

搭建馆校互促发展平台。进一步完善大沽口炮台遗址博物馆关于未成年人教育的工作计划和实施方案,建立博物馆与学校合作的长效机制,结合学校的教学需求,基于博物馆资源,构建教与学的新方式,提供有针对性的博物馆教育服务,让博物馆真正成为中小学生学习近代史、提升文化遗产保护意识、培育爱国主义精神的第二课堂。进一步加强与南开大学、天津大学、天津师范大学、天津科技大学、中国文物信息咨询中心等高校院所、学术研究机构的共建交流,以课题研究、讲座论坛、学术探讨为突破,加大大沽口炮台遗址的保护利用研究,通过学术研讨会的举办,邀请文史专家名家参与,提升社会各界对博物馆的关注和认知,扩大大沽口炮台文物品牌的传播效应,持续营造"大沽炮台热"。

促进红色资源联动发展。以红色资源为桥梁纽带,进一步加强博物馆与周边及相关红色资源的交流共建,共同打造以"红色经典文化圈"为定位的爱国主义教育矩阵,搭建"共建、共享、共进"新平台。通过支部共建、展览交流、课题研究、研学开发等多项目合作,加强博物馆与圆明园遗址公园、西柏坡纪念馆等周边红色基地的互动交流,辐射带动京津冀红色教育基地联动发展。联合鸦片战争博物馆,共同发起成立全国明清海防遗址保护联盟,引导组织以上海吴淞口、海南秀英等古炮台遗址为主体的联盟成员单位,开展多领域共建合作,形成全国合力，共同面对文物保护事业发展的机遇和挑战，承担起弘扬民族精神、民族品格的职责和使命。尤其面对当下复杂严峻的国际形势，联盟的成立，对于发挥文物资源的特殊优势，激励社会公众坚定理想信念、坚定文化自信、增强中华民族的凝聚力与向心力意义深远。

四、加强管理、建强队伍，为打造"爱国主义教育第一站"提供有力支撑

聚焦建设高水平爱国主义教育基地，打造"爱国主义教育第一站"。大沽口炮台遗址博物馆积极落实革命历史文物保护利用的要求，不断加大保护管理力度，提升利用传承水平，以智慧化、信息化手段为支撑，充分发挥新媒体的传播优势，不断提高爱国主义教育的传播力、引导力、影响力、公信力，进一步加强学术研究和专业化建设，培育优秀志愿者队伍，为建设高水平爱国主义教育基地筑牢基础、提供保障。

用智慧化服务升级展馆。聘请专业团队编制智慧建设一体化方案，以智慧导览、多媒体展示、参观服务、信息化管理、互联网平台运营等系统构建为基础，全面升级展馆，为游客提供更便捷、更舒适、更有趣的体验和服务。把握互联网和新媒体环境下爱国主义教育工作所具备的优势，注重信息传递的速度与效果，强化官网、官微、微信公众号建设，激发全民主动分享、传播、参与博物馆相关活动及内容创作，为爱国主义教育工作的有效开展提供保障。

以学术研究助推基地建设。推进人才队伍和学术建设，尽快建立起覆盖全面、专业突出和梯次完备的学术团队，在项目申报、课题研究、学术成果出版等方面再发力、再提速、再攻坚，以博物馆宣传教育工作为主题，编辑出版论文集，营造浓郁的学术氛围。建立专业电子资料室——大沽口炮台特色数据资源库，汇集国内外的主要图像、文献资料，理清相关学科的发展历史，掌握学术前沿基本动态和最新科研成果，加深与学界的联系互动。坚持有址可寻、有物可看、有史可讲、有事可说，着力策划打造主题突出、导向鲜明、内涵丰富的革命文物陈列展览精品，提升革命文物展示水平。

推广打造红色文化宣讲团。凝聚社会志愿力量，充分发挥其在爱国主义教

育传播工作中的重要作用,在构建老中青、多层次志愿服务体系的基础上,以博物馆宣教工作人员和社会各界志愿者为主力,建成建强红色文化宣讲团。作为天津市首个红色文化志愿服务队伍,红色文化宣讲团以开展红色文化普及、宣传教育活动为使命,走进社区、学校、企业、农村、部队进行宣讲,让红色文化牢牢扎根、花开遍地。当前与今后,红色文化宣讲团不仅要成为博物馆学雷锋志愿服务活动品牌,更是打造"爱国主义教育第一站"的先锋力量。

作者:崔志华
大沽口炮台遗址博物馆
滨海新区博物馆

新时代革命遗址类博物馆的多元化探讨

——以大沽口炮台遗址博物馆为例

刘新欣

博物馆是征集、典藏、陈列和研究代表自然和人类文化遗产实物的场所，并对那些有科学性、历史性或者艺术价值的物品进行分类，为公众提供知识、教育和欣赏等文化教育的机构、建筑物、地点或者社会公共机构。在新时代，大沽口炮台遗址博物馆作为保护、研究和展示文化及历史遗产的非营利机构，面向社会的功能越来越多元化，逐渐完善并具备文物保护与开发、学术研究、多维化纵深教育、精品展览多元化创新、助力文旅融合发展、信息技术的开发与传播等功能，以满足人们的多样化需求。

一、文物保护与开发功能

随着社会经济的发展以及人们生活水平的提高，人们对文物的保护意识逐渐增强，文博领域的学者与专业技术人员也对文物的保存方式进行了深入的探索和研究，经过多年的经验积累以及技术水平的发展，文物的保护方式和保护措施逐渐丰富，有效提高了文物保护的水平，延长了文物存在的时间，继而保障了文物的历史价值、研究价值、文化价值与工艺价值。[1] 大沽口炮台遗址博物馆立足全国重点文物保护单位，做好革命文物保护利用工作，在保护中发展、在发展

---

[1] 原佳伟、赵哲瀚：《新时代背景下我国博物馆功能形式的多元化设计》，《戏剧之家》2018 年第 35 期。

中保护,《大沽口炮台遗址本体抢险加固工程方案》《大沽口炮台遗址铁器保护方案》《大沽口炮台遗址安防实施规划》三个项目,得到国家文物局的立项批复及项目资金支持,为文物保护工作的实施,提供了国家级的技术保障和千万余元的资金支持,现已圆满完成。2019 年启动了"大沽口炮台遗址总体保护规划 2020—2035 编制",整理完成大沽口炮台保护管理资料、环境资料、基础图纸资料、考古研究资料、展示利用资料等,为总体规划设计工作提供支持。大沽口"高"字炮台遗址申报完成,成为第八批国家重点文物保护单位;加强文物巡查力度,定期对重点保护区及建控地带进行文物安全巡查,确保发现问题及时上报处理。定期对周边单位及住户进行文物保护法科普宣传,提高全民文物保护意识。对建控地带内确实有施工要求的工程,做好指导协助办理文物建设报批手续。《大沽口炮台遗址环境整治规划工程方案》获得国家文物局批复,该方案对遗址重点保护区进行了环境整治,揭示了遗址原貌概况,进一步展示了遗产价值。

二、发挥学术研究的重要功能

博物馆是历史实物证据得以保存、展示、诠释的主要场所,在学术研究中具有重要作用。博物馆拥有丰富的学术研究资源,除了丰富的藏品、文献资料,博物馆的各种设备、相关的标本以及参观者、工作者都可以成为博物馆学研究的对象,为其开展各学科的研究工作提供了便利条件,从而提高了专家学者研究的积极性。例如自然科学博物馆收集到不同地区的植物标本,并对这些标本进行研究,从而为自然科学的发展提供重要的学术研究依据,引领该学科的发展方向。而医学类博物馆,则可以发掘前人在医学方面的学术成果,为现代医学的发展提供参考和借鉴。[①] 2016 年,中国国家博物馆对该馆的 19 项优秀学术成果进行奖励,进一步提升了国家博物馆的学术研究水平。大沽口炮台遗址博物馆深入文博课题研究,有效利用珍贵馆藏文物和重要的时间节点,组织重量级学术研讨会议,组织开展多期学术研究论坛,云集政府机构,全国知名学者,国内外历史、军

---

① 潘辉华:《初探官方博物馆文化社会服务功能的多元化延伸与拓展》,《海峡科学》2017 年第 1 期。

事专家，国家文博专家，爱国教育基地成员，新闻媒体人，旅游从业单位共同探讨，加强文物遗址的保护利用研究，推动文物工作更好地融入经济社会、区域旅游发展，在现有专著的基础上拓展新的学术专著，为旅游产业的可持续发展提供文化支撑和学术支持。

三、多维化纵深教育于一体的功能

教育是博物馆的重要职能之一。大沽口炮台遗址博物馆积极拓展全国爱国主义教育示范基地辐射面，打造集党员培训教育、研学游学、国防教育、红色教育、家教家风、互联网教育等多维化纵深教育于一体的新时期宣教工作模式，不断增强学习教育活动的仪式感、参与感，使党员干部和广大群众充分感受新中国成立发展的艰辛历程和中国共产党的初心与使命。进一步发挥全国爱国主义教育示范基地在庆祝中华人民共和国成立70周年和开展"不忘初心、牢记使命"主题教育等重大活动中的作用：一是广泛开展"我和我的祖国"群众性宣传教育。打造京津冀全域教育第一站，组织开展"我们的中国梦——文化进万家"青年志愿研学实践，与高校共同开展天津市爱国主义教育基地建设和功能调研社会实践活动，以及推进"口袋博物馆"进校园活动。二是结合中华人民共和国成立70周年，举办系列宣传教育活动。举办艺术展演暨"我和我的祖国"儿童画展、"话时代强音　筑中国之梦"京津冀红色故事讲解大赛、"讲述革命精神·续写双拥新篇"走进武警部队宣历史振军心活动、"巾帼心向党·建功新时代"家教家风宣讲实践等活动。三是结合"不忘初心、牢记使命"主题教育，加强党团组织建设。以"夯实党建基础、提高党员素质、促进文博发展"为核心，依托"学习强国"等全媒体平台探索党员学习新模式，坚持继承与创新相结合。搭建主题教育平台，实现主题党日活动设计"一站式"、订单化、智慧化提升，增强党员教育的实效性、知识性。

四、精品展览多元化创新功能

在博物馆展览形式上，注重展览形式的多样化，不拘泥于室内展示，勇于打破过去传统的博物馆展览形式，将展览形式转变为户外室内、线上线下并存模式。大沽口炮台遗址博物馆致力于提升革命文物展示水平，着力策划打造主题突出、导向鲜明、内涵丰富的革命文物陈列展览精品。其中"海上国门"荣获"全国十大精品展"优胜奖、天津市"第一届原创展览"特别奖；"津沽御侮——天津市纪念抗日战胜利 70 周年"荣获"第二届天津市原创展览"优秀奖。设计布展"不忘初心、牢记使命的好公仆——孔繁森""李大钊在京津冀的光辉足迹"特别展览，以不同的视角、不同的专题多侧面烘托大沽口炮台的历史积淀和文化底蕴。"新中国 70 年，镇馆之宝 70 件"全国文物和档案故事网上征集活动评选结果公示，大沽口炮台遗址博物馆镇馆之宝、国家一级文物——大沽铁钟脱颖而出，成为全国最震撼网民的 70 件镇馆之宝之一，并到国家博物馆进行巡展。所有的展览均开通线上参观模式，并到学校、社区、企事业单位等进行巡展。这样既满足了精品展览走出去的观赏价值，也满足了观众想参观而无法到馆参观的需求。

五、助力文旅融合发展的功能

作为文化和旅游产业相融合的产物，博物馆逐渐成为旅游发展的前沿阵地与有效载体。想要吸引游客，除了保留自身的传统功能之外，还要适当开拓旅游服务，满足人们的需求，使博物馆打破死气沉沉的气象，助力文旅融合与发展，满足人们参观学习和休闲旅行的需求，为博物馆打响知名度。大沽口炮台遗址博物馆以文旅融合为基础，打造红色旅游矩阵新标杆，立足全国红色旅游经典景区，始终高标准定位，按照国家 4A 级景区细则规范化、标准化推进场馆运营，提升旅游服务质量，实现 4A 级景区 5A 级服务；培养红色旅游"五好"讲解员；对未成年人、退役军人等实行免费开放，为观众提供智慧化便民服务设施；作为天津市优秀志愿服务岗，积极打造社会公众志愿服务文化平台，凸显与历史文化遗存总基调相融合的宣传环境。以爱国主义教育为主线，开展博物馆"寻宝之旅""跟着博物馆去旅行"等活动设计，创新遗址博物馆旅游新模式，打造有温度、有情怀，知识性丰富、互动性充盈的新时代博物馆，让文博旅游"热"起来。

六、信息技术的开发与传播功能

互联网信息技术、数字技术、虚拟现实技术、人工智能技术等科技的进步为博物馆的腾飞发展插上翅膀。博物馆致力于智慧化发展，通过利用微信、微博、短视频等众多新媒体技术平台加大对公众的教育宣传工作，充分融入和利用科技手段、信息化方式，开发藏品展示与宣传教育的新方法、新手段。大沽口炮台遗址博物馆启动智慧型博物馆创建工作。运用创新钥匙开启博物馆"活化"之门，打造新时代"博物馆＋"。博物馆数字官网全新上线，PC 端和移动端全线开通。集 VR 全景展示、三维典藏文物、精品展览展示、收藏研究成果、全新文博资讯、活动服务信息于一身。通过专业智慧导览终端、手机导览终端 App（应用软件）、手机支付等，增强观众体验，实现经营模式与移动应用、社交网络紧密结合。"口袋博物馆"项目正式首发，入选国家文物局"互联网＋中华文明"项目示范库。微信表情包上线，"抖音"平台、官方订阅号相继推出，让观众尽享文旅融合新成果。深入挖掘教育资源，通过数字博物馆、虚拟旅游等方式，开设两个"互联网＋"线上线下博物馆公众教育数字化；线上观展、线上宣讲、线上专题教育，通过线上真人语音朗读红色故事、特色主题微展览、优秀模范直播宣讲等互动式、开放式、多元式的教育形式，让历史文物和红色文化在新时代融合新鲜血液、焕发新的生命力，让冰冷的、静态的博物馆"活起来"。

七、结语

随着社会经济的发展，博物馆越来越彰显它的重要性。博物馆是一个公共场所，能有效地对公众进行教育，通过物品陈列和细致讲解，使公众了解到相关的历史，激起公众的求知欲望，增强公众的民族自豪感。新时代下居民的生活水平不断提升，有了"忆苦思甜"的念头，同时对于知识的渴求程度也越来越高，对高品质、多元化文化的需求也越来越大。博物馆作为公众精神享受和休闲娱乐的场所，是公众接受教育的重要场所，是接受民族精神文化教育的第二课堂。参观博物馆展览，能够极大地提高群众的文化修养，能够唤起群众的民族自信心和自豪感。根据数据显示，我国博物馆的客流量是世界上最大的，公众对博物馆的认知和需求不断增长，说明人们已由原来单纯的物质追求转向精神层面的追求，对文化的需求水平越来越高。① 新时代下参观博物馆的群众不仅是学校的红领巾少先队，还包括多种党团、企事业组织集体带领大家去参观，或是知识分子、学者等有行业代表性的学习平台，更多的是平民百姓、青年人等以个体和家庭小众的方式开始大量涌向博物馆，感受历史文化，形成了新的城市文化消费模式，是城市休闲文化的首选之一。因此目前我国博物馆单一的形式、简单的功能越来越不能满足群众的需求，博物馆的多元化功能正逐步完善，要让昔日严肃的博物馆成为人们休闲娱乐、学习研究等的场所，让群众不只是参观者，也是参与者，融入展览氛围、爱国情感中。新时代，在革命遗址类博物馆的建设过程中，大沽口炮台遗址博物馆面对观众数量多、层次需求多的现状，注重引进和发挥现代化科学技术手段，将陈列展览、藏品管理、学术研究、公众服务、科技手段对接，构建多样化的服务体系，开发多元化的社会功能，搭建起智慧管理、智慧认知、智慧保护、智慧传承等新平台，使大沽口炮台遗址博物馆成为一座创造新型的、充满活力的博物馆，为城市发展助力与添彩。

作者:刘新欣

大沽口炮台遗址博物馆

---

① 郭春明:《关于现代博物馆功能走向多元化的思考》,《黑龙江科技信息》2011 年第 24 期。

关于爱国主义教育基地智慧化建设的思考

——以大沽口炮台遗址博物馆为例

马文艳

爱国主义教育基地是激发爱国热情、凝聚人民力量、培育民族精神的重要场所，肩负着深入开展爱国主义教育、理想信念教育和革命传统教育、大力弘扬爱国主义精神、培育和践行社会主义核心价值观等重要职能。因此，以智慧化建设为依托，保护好、利用好宝贵的爱国主义教育资源，让爱国主义教育精神始终激励国人为中华民族的伟大复兴贡献强大力量，是保证爱国主义教育示范基地可持续性发展的关键所在。

习近平总书记强调："让收藏在博物馆里的文物、陈列在广阔大地上的遗产、书写在古籍里的文字都活起来。"活化利用爱国主义教育示范基地资源，就要更好地促进融合发展。以互联网、大数据、信息共享、跨界创意、智慧应用与融媒传播为重点，借助"更彻底的感知、更广泛的互通、更深入的智能化"，促进文物保护利用与现代科技融合发展，进一步发挥爱国主义教育资源在培育弘扬社会主义核心价值观、构建中华优秀传统文化传承体系、公共文化服务体系中的独特作用，真正让爱国主义教育资源"活"起来。

一、爱国主义教育示范基地智慧化建设

（一）爱国主义教育基地智慧化建设的意义

促进精神文明建设与教育机构相配合等环节。通过智慧建设，深度挖掘文物内在的历史文化精髓和价值，并运用新技术手段进行展示、传播，能够显著扩

大博物馆的传播影响力,对于更好地开展爱国主义教育、满足人民群众的精神文化需求、提升国民素质、增强民族凝聚力、展示文明大国形象、促进经济社会发展具有十分重要的意义。因此,智慧化设具有极高的社会效益。

(二)爱国主义教育基地智慧化建设的目的

以"建设一流的智慧博物馆"为目标,以文物为核心,以管理及利用为基础,重点构建智慧博物馆体系,推动文物保护科技含量和装备水平进一步提高,彰显文物资源公共文化服务功能和社会教育作用,加快博物馆从数字化、智能化向智慧化的转型升级,最终在数字化交互展示和智慧化运营管理方面走出一条适合遗址类博物馆和爱国主义教育示范基地智慧化建设的特色之路。

(三)大沽口炮台遗址博物馆智慧化建设的背景

大沽口炮台是第二次鸦片战争及八国联军入侵中国的重要战场,是中华民族抗击外来侵略、不畏列强的历史见证,在中国近代史中占有重要地位。大沽口炮台遗址博物馆客观而生动地展现大沽口炮台历经外敌入侵、几经兴废的悲壮历史和中国军民不畏列强、顽强抗争的史迹,更多地体现了大沽口炮台在中国近代史上的重要地位及丰厚的历史沉淀。

作为全国重点文物保护单位、全国爱国主义教育示范基地,大沽口炮台遗址博物馆努力尝试搭建智慧化建设平台,逐步开展基础网络设施搭建,文物数据三维采集及藏品、史料信息资源管理,场馆运营管理,公众服务管理等业务子系统的创建;2018 年"互联网 + 爱国主义教育研学传播"项目入选国家文物局示范项目库,并完成大沽口炮台遗址博物馆数字化应用项目;可移动文物数字化保护方案——馆藏资源的知识图谱自动构建以及示范应用系统开发;VR 党建课程等智慧化方案设计,在爱国主义教育基地智慧化建设及文物智慧化保护利用方面寻求发展。

二、国内外智慧博物馆建设现状和趋势

(一)国内现状

1. 预防性保护中的智慧化建设

《国家文物博物馆事业发展"十二五"规划(2011—2015 年)》和《国家文物保

护科学和技术发展"十二五"规划(2011—2015年)》针对可移动文物预防性保护，以"显著提高馆藏文物和遗产地风险预控能力"为发展目标，坚持"建立科学保护文物的长效机制，推进文物的抢救性保护与预防性保护的有机结合。各爱国主义教育基地以加强文物的日常保养，监测文物的保护状况，改善文物的保存环境"为基本原则，尝试运用先进传感技术、互联网技术和通信技术，应用适宜的博物馆环境监测技术、调控技术和预警管理技术，建立统一与共享的全国馆藏文物保存环境监测网络系统；建立有效调控馆藏文物微环境的手段和管理体系；在实践中增强文物预防性保护意识，形成科学保护文物的长效机制。

2. 国内智慧化博物馆建设现状

我国智慧博物馆建设起步较晚，但进步很快。对于智慧化发展逐渐成为博物馆发展的新业态和新模式趋于认同。如中国国家博物馆针对展览推出了网上展览，以图文结合的形式与社交网络的观众进行互动，同时推出与微软的合作项目"在线展厅"，使展品在虚拟展厅中进行展示；上海博物馆运用大量的虚拟现实技术、三维展示技术和多媒体技术提供三维场景游览、三维藏品展示、绘画技巧介绍等内容，主要呈现出的特点是注重智慧服务，体现在智能导览服务以及利用VR、AR等虚拟展示服务方面，而在智慧研究、智慧管理、智慧保护和智慧传承、有效利用方面缺乏统筹。

3. 遗址智慧化保护建设现状

近年来，我国政府和社会各界对可移动文物、不可移动文物的抢救与保护做了大量卓有成效的工作，投入了大量的人力、物力和财力，并采取了移动互联、云计算、大数据等技术手段积极有效的保护措施，使得文物保护工作不断得到加强和改进。"预防性保护为主，抢救性修复为辅"现已成为国内各大博物馆、爱国主义教育示范基地的共识。国内各大文博单位都把预防性保护作为文物遗产保护的最重要的工作，通过保护文物遗产所处环境，把文物遗产损害减到最低，然后通过抑制损害并使其处于稳定状态，防止被进一步损害。

(二)国外现状

国外博物馆在智慧建设方面更注重于界面交互设计人性化、建立数字藏品展示的全方位知识链接、虚拟展示形式多样,注重虚拟展示的细节、注重设计不同类型观众的学习,注重博物馆的教育传播职能,注重与观众的互动和沟通,学习方式寓教于乐。

1. 国外智慧化文化遗产保护现状

在国际上,加强文化遗产与优秀传统文化的认知与保护、传播与影响,并将其作为重要的战略资源,催生新兴产业,是文化遗产保护和公共文化服务科技领域未来一个时期的主旋律。许多国家为抢占未来的制高点和话语权,纷纷将文化遗产保护纳入本国和本地区的科技规划或单独设立科技行动计划,例如,欧盟的"地平线2020计划""地中海地区文物认知与保护计划"、法国的"国家级文化遗产研究计划"、意大利的"文化遗产安全计划"和美国的"拯救美国财富计划"等。与此同时,借助文化创意产业的空间数字化、文化传播网络化、文体装备智能化等现代高科技手段,构建较为完善的现代公共文化服务体系已经逐渐成为当今世界的热点,美国、英国、法国、意大利、澳大利亚、日本等主要发达国家都形成了完备的文物保护机制。

2. 国外博物馆智慧信息化建设现状

在信息化建设方面,国外博物馆更注重于界面交互设计人性化,建立数字藏品展示的全方位知识链接,虚拟展示形式多样,注重虚拟展示的细节,注重设计不同类型观众的学习,注重博物馆的教育传播职能,注重与观众的互动和沟通,以及学习方式寓教于乐。比如卢浮宫博物馆引进"任天堂3DS"掌上视频游戏控制导游系统,该系统表现为一个可实时定位的交互式地图,使游客随时知悉其在馆内的具体方位,并可依据游客的不同要求直接引导其前往想观赏的某一件或几件展品。在纽约的大都会艺术博物馆,运用4K交互式屏幕展示的震撼体验,让游客感受科技与艺术的结合。游客可通过绘画相应的形状来检索相关文物,也可以通过"信息收集笔"与系统联动,获取更详细的文物本体与文物关联的文化信息。智慧博物馆在数字信息技术的基础上,极大地提升了管理效率和服务水平。

3. 先进技术在博物馆中的应用现状

对于与公众互动性和融合度的关注是国外智慧博物馆的显著特质。以美国探索馆为例，从地心探索到宇宙探秘，从远古生物到人体器官奥秘，馆内有几百种可供操作的互动活动展示，探险者的精神被表现得淋漓尽致。又如英国科学博物馆在互动展览方面一直是全球同行中的佼佼者。在这里，孩子们可以抛开枯燥的书本，亲手按动电钮，看机器运转。妙趣横生的视频动画、憨态可掬的动漫人物、饶有趣味的互动游戏都大大增加了普通民众和文化的融合度。网络虚拟博物馆的建设也是基于网站虚拟展示的技术手段，较早在国外智慧博物馆被推出的。通过使用"街景视图"的技术，虚拟博物馆可以使用户随时随地登录，也可"搬"出去做巡回展出，最大限度地发挥博物馆的知识传播作用。包括美国大都会博物馆、纽约现代艺术博物馆、英国泰特美术馆等一些知名博物馆，使用特别设计的街景全景拍摄设备，对一些精选的美术馆内部环境进行了 360 度全方位拍摄高分辨率的图像，观众能够仔细地考查作品的笔触与细节，还可以从 3 万件艺术作品中任意选择，挑选最中意的细节，创建自己的个性艺术馆。这些有益的尝试，为智慧博物馆的发展提供了很多可供借鉴的经验。

三、智慧化博物馆建设的必要性与需求分析

（一）必要性分析

1. 践行培育社会主义核心价值

以习近平同志为核心的党中央着眼于实现中华民族伟大复兴，高度重视传承弘扬优秀历史文化和革命文化，把爱国主义教育基地作为激发爱国热情、凝聚人民力量、弘扬民族精神、传承红色基因的重要场所，广泛开展理想信念教育、爱国主义教育和革命传统教育。

2019 年 8 月 22 日，中宣部印发《关于在重大活动中进一步发挥全国爱国主义教育示范基地作用的通知》，要求各地区、各有关部门高度重视、加强领导，做好统筹安排，加大支持力度，确保爱国主义教育基地服务保障重大活动取得积极成效。

2. 文物数字化保护的刚性需要

遗址类博物馆不仅具有一般博物馆的某些共性,而且更具有不可移动文物保护的艰巨责任,因此建立科学的保护理念就显得尤为重要。文化遗产保护应在前沿科技的保障下,形成长效的机制,采用分区管理和分级管理相结合、国家管理经验与地方管理方案相适应的管理体系,从而在保护历史文化遗产的过程中起到关键性的作用。这样才能让陈列在广阔大地上的遗产,融入生活、回归社会、服务人民,以实现历史文化遗产的可持续发展,为高效的文物管理与科学的文物保护提供基础支撑。

3. 加强文物资源利用及关联性

截至 2019 年 9 月 16 日,中宣部共命名全国爱国主义教育示范基地 473 家,加之省级、市县级爱国主义教育基地,这些优势资源发挥着越来越重要的社会教育职能。但因为隶属关系、智慧化发展程度等实际问题,这些文博场馆、文物遗址信息尚缺乏有效的资源共享,使研究和利用受到一定程度的制约。正如大沽口炮台遗址博物馆系遗址类博物馆,展陈的文物数量比历史类博物馆相对较少。但在明清海防大遗址海防体系中,虎门炮台、厦门胡里山炮台、威海刘公岛炮台等多为全国重点文物保护单位、全国爱国主义教育示范基地,这些相关历史遗迹与展品,与大沽口炮台有着极大的相关性,通过数字化采集,观众可以在参观大沽口时浏览相关遗迹的数字化成果,更深刻地感悟历史。这样有助于将文物资源系统加以利用,使藏品与藏品之间的关联性得以保持。

4. 提高文物认知与文化传承能力

对藏品实行信息数据采集不仅可以全方位地了解文物,而且为改善文物保护现状由封闭式看管向开放式转变、由被动型向主动型转变、由传统型向科技转变提供了不可缺少的依据。同时也为推动文物资源的合理利用,减轻劳动强度,提高工作效率打下了基础。为了让文物更完整的传承,文物的数据采集急需在行业分析标准的指导下,借助科学的采集仪器开展。互联网、富媒体的发展为文物的多样化展示提供了可能,如基于文物复制数据的复制品展陈,基于文物扫描数据的 VR 展陈,多维的文化交流形式,丰富了公众的参展体验,加深了公众对文物的认知、对中国传统文化的认同，增强了公众的民族自信心。

（二）智慧化需求分析

按照国家文物事业发展"十三五"规划的国家战略部署，以文物为核心，以"建设智慧化爱国主义教育基地"为总体目标，利用最新的信息技术、感知技术、虚拟现实技术、智能制造技术和大系统集成技术，创建全新架构的文物保护和文化传承系统，在统一的平台下实现智慧管理、智慧认知、智慧保护和智慧传承。

1. 智慧管理

智慧管理的最大优势体现在提高库房管理能力、管理管控能力、辅助决策能力、文物本体管理能力、应急指挥能力等方面，简化业务管理流程，提升博物馆运行效率。利用物联网、云计算、大数据等新型信息技术，结合博物馆的管理流程，自动采集相关数据并根据管理流程自动进行数据流转，通过数据挖掘分析为博物馆提供辅助决策支撑等，提高博物馆的管理效率。

2. 智慧保护

智慧保护需要在安全防控能力、文物保护能力、专用消防能力、环境监测能力、环境调控能力、不可移动文物本体监测能力、防雷能力、智能探测能力等方面进行提高，强化博物馆不可移动文物及馆藏文物安全保护。通过高精度监测和调控文物保存环境，高精度监测文物本体位移、倾斜、病变等技术手段，提高文物保护能力。

3. 智慧认知

智慧认知关键在文物管理能力、科研管理能力、文物智能识别能力、智能分析能力、文物智能检索能力等方面进行提高，深化博物馆文物价值认知，为文物分析应用提供决策支持。通过采集文物的物理特性数据、化学特性数据、历史数据、关联数据等并进行分析，为文物的深度研究、鉴定提供支撑。

4. 智慧传承

智慧传承侧重在文化传播能力、文化教育能力、公共服务能力、智慧导览能力等方面进行提高，凝聚文化共识，强化公民国家意识，实施国家记忆行动计划，建立全民共识的国家精神标识、文化标识、地理标识。利用 3D 建模、VR、AR 等先进技术,创新文物展览、展陈方式,提高文物的文化传播效应。

四、智慧化建设的实际应用

智慧化建设旨在深度挖掘文物内在的历史文化精髓和价值,并运用包括传感器复用、信息二次加工等新技术进行展示、传播,能够显著扩大传播影响力,更好地开展爱国主义教育,满足人民群众的精神文化需求,提升国民素质,进而不断增强民族凝聚力。在智慧化建设过程中需要逐步重点解决以下问题:一是体系设计,智慧化建设中尚缺乏统一平台和体系,通过体系的设计,确保系统的先进性和适用性;二是管理规范和标准的适应与适用;三是解决信息孤岛,使孤立于各爱国主义教育示范基地(相关遗址间的)的信息得以充分利用,在信息的充分处理之上形成智慧;四是运维与保障体系的建立。

(一)博物馆运营管理体系建设

智慧运营管理体系建设是智慧化建设的中枢,主要针对博物馆内部业务管理和公众服务,利用先进的互联网开发、物联网技术,秉承"顶层设计、可扩展性开发"的设计思想,以博物馆内部数据中心为基础支撑,以文物为任务主体,通过建设业务系统,将博物馆藏品数据、业务数据等数据资源进行可视化存储、处理及输出应用。

通过与公共安全管理系统、可移动文物预防性保护系统、文物本体信息管理系统、文物虚拟展示系统等一批重大功能性应用系统对接,开发软件示范平台。借助平台实现日常业务流程管理的信息化呈现,博物馆工作人员通过平台进行一键式、智能化管理办公,为内部管理与公众服务提供大数据分析,自动生成业务报表,指导业务管理及服务效率分析。为专业人员提供各种管理和科研应用平台,逐步健全以手机智慧导览、博物馆门户网站与公众号、实景历史场景观摩、MR/AR 互动沙盘等个性化沉浸式体验为代表的公共服务体系建设,拉近民众与爱国主义教育基地的现实空间距离和网络空间距离,对博物馆的实施与运行进行监督与指导。

（二）文物预防性保护系统建设

1. 不可移动文物预防性保护

将多种信息采集、处理、分析等技术手段有效融合集成，合理设定监测的指标体系，并开发应用具有针对性的关键技术，建立适应大沽口炮台遗址保护特点的监测、预警、管理、决策、研究的综合信息平台，实现"动态管理、智能预警、高效决策、科学研究"，为大沽口炮台遗址保护提供科技支撑。针对大遗址规模大、人地环境复杂、保护形势日益迫切等问题，以大沽口炮台大遗址为对象，将多传感器监测、多源数据融合与共享、数据挖掘、专家系统等先进技术进行无缝集成创新，以基于地理信息系统的平台建设为核心内容，建立大遗址动态监测指标体系，建立多源异构集成的统一时空动态管理数据库，建立一站式大遗址动态管理与决策支持平台，建立大遗址动态管理与决策指挥分级管理模式，为早期预警和行政决策提供技术支撑，为我国大遗址保护提供先进的科技手段支持和示范。

2. 可移动文物预防性保护

需建立一整套环境监测评估系统，实现对全部文物库房、展厅和重点展柜等文物保存环境质量的及时感知。包括：布设无线传感实时监测系统；配备必要的手持式环境检测仪器，定期检测和评估无线监测系统运行状况；应用"无动力扩散采样器—离子色谱分析技术"定期对环境污染物进行监测；建设计算机网络系统。应用被动及主动调控措施，改造提升文物保存微环境调控及展厅/库房小环境质量改善，配备藏展材料评估筛选手段，整治优化文物保存和展示微环境质量，达到"稳定、洁净"状态。制定藏品预防性保护管理制度，设立相关岗位职责，形成藏品保护管理、协调、监测、分析、处理、预案等一系列风险预控机制，全面提升馆藏文物的预防性保护水平。

（三）智慧化信息资源体系建设

信息资源体系建设涵盖大沽口炮台馆藏资源的大数据组织与管理，大沽口炮台馆藏资源价值分析与挖掘，相关知识提取与知识图谱构建与可视化平台开发，基于知识图谱的互动展示系统构建等重要内容。

大沽口炮台馆藏资源的大数据组织与管理，是在博物馆现有资源的基础上，补充采集三维、二维等馆藏文物信息,然后对数据进行预处理,构建博物馆数字化资源大数据库,将这些数据组织并管理起来,并制作知识分析提取用的标注数据集;大沽口炮台馆藏资源价值分析与挖掘,是以重点事件、某一主题为切入点进行人为价值分析与挖掘,形成几个主题的展示内容;相关知识提取与知识图谱构建与可视化平台开发,是基于馆藏资源大数据资源以及制作专门用于知识提取的数据集,进行知识的提取与分析,并构建知识图谱以及可视化系统;基于知识图谱的互动展示系统开发,是基于知识图谱的互动系统开发,主要开发基于投影互动的展示系统以及 VR 展示系统,系统交互的内容与形式以知识图谱的形式表达。通过云平台,打造文物的"知识地图",大众就可以打破不同博物馆之间的局限,对同一"文化标签"下的文物进行综合性欣赏。

(四)互联网爱国主义教育传播

依托大沽口炮台遗址珍贵的实地历史遗迹资源与爱国主义教育资源,定位于打造面向全国青少年与博物馆观众的中国近代史爱国主义教育研学课堂与口袋博物馆,为扩大爱国主义教育价值传播覆盖范围,并为深入基层开展宣传教育提供全新的应用示范平台。

打通线下博物馆单独开设场馆现场体验、线上 VR/AR 互动体验、线上与线下连线体验等多种方式共存的互动体验渠道,打造 VR 课堂;重点运用虚拟现实(VR)、增强现实(AR)、全息互动技术,以移动互联网、智能终端、VR 设备、AR 设备等为载体,形成中国近代史爱国主义 MINI(迷你)流动博物馆产品示范;复合展陈系统借助虚拟现实技术实现实体文物与虚拟文物复合展陈,参展者在现场可观赏大沽口炮台遗址博物馆的实体文物展览,同时可观赏同类型的数字文物展览,通过虚拟展览了解该类文物的发展史及研究情况,从而达到虚拟与现实结合的参观体验。"口袋博物馆"带来的前所未有的便携性、互动性、沉浸感、科技感以及可复制性和形式载体简单而内容不简单、又特别易于操作是成为爱国主义教育传播示范的关键。

爱国主义教育示范基地凝聚了中华民族自强不息的奋斗精神和众志成城、坚韧不拔的爱国情怀,凝结着中国共产党的光荣历史和优良传统,书写了中国人民英勇奋斗的壮丽篇章，承载着催人奋进的红色基因和革命力量。把红色场馆管理好、红色资源利用好、红色传统发扬好、红色基因传承好，最大化地整合信息资源及智慧化技术，更好地推动爱国主义教育示范基地的智慧发展进程，是有效发挥基地职能、保障文博事业可持续性发展的有力保障。智慧化建设的道路任重而道远，需要以创新、协调、绿色、开放、共享的发展理念为统领，借助政府支持、社会参与、开放协作、创新活跃的业态环境，不断扩展爱国主义教育资源的社会服务功能，打造具有示范性、带动性和影响力的融合型智慧化建设产品和品牌，让爱国主义教育示范基地真正"活起来"。

参考文献：

[1] 宋新潮：《智慧博物馆的体系建设》，《中国文物报》2014 年第 5 期。

[2] 邬宏：《浅谈新时期如何充分发挥博物馆的爱国主义教育基地作用》，《大众文艺》2015 年第 6 期。

[3] 渠国庆、熊峰、牛倩、吴祖伟、吕北轩：《基于知识地图的知识推送方法研究》，《计算机技术与发展》2017 年第 9 期。

[4] 经赟：《未来博物馆的新形式——智慧化博物馆刍议》，《文物鉴定与鉴赏》2019 年第 4 期。

[5] 陈刚：《智慧博物馆——数字博物馆发展新趋势》，《中国博物馆》2013 年第 4 期。

[6] 张茜茜：《用"智慧"打造"未来博物馆"——广东省博物馆馆长魏峻访谈》，《中国文物报》2015 年第 10 期。

[7] 李宗康：《文物·传承·智慧化——基于智慧博物馆背景下的文物管理保护工作研究》，《常州文博论丛》，2018 年。

作者：马文艳

大沽口炮台遗址博物馆

"委输寥廓帝畿东"

——关于保护历史遗产发展滨海文化的建议与瞻望

王振良

天津市滨海新区地域,历史上以海河为界长期分治:海河以北先属宝坻县(今宝坻区),后为宁河县(今宁河区);海河以南先属静海县(今静海区),后为天津县。1949 年 1 月,天津滨海地区全部解放,虽然海河两岸统合为塘大市(1949年 3 月改为塘大区,1952 年 4 月改为塘沽区),但此后塘沽、汉沽、大港仍然分设,造成"两岸三地"社会、经济、文化发展的不平衡。2009 年 11 月滨海新区正式设立,长期割裂的行政管理才实现统一。如今十多年过去,行政一体化逐步完善,交通和经济一体化迅速发展,推进文化一体化进程也迫在眉睫。

在京津冀协同发展背景下,滨海新区面临着新的发展机遇。如何抢抓这一机遇进行高度统筹,逐渐淡化"塘沽人""汉沽人""大港人""泰达人""天津港人""保税区人"等概念,而强化"滨海人"的认同感和归属感,应该是滨海新区发展建设的核心目标之一。只有这样才能真正地凝心聚力,最终实现科学的长期的可持续发展。而强化这种认同感和归属感的基础,归根结底一定是历史和文化的认同。历史和文化的认同解决了,文化的发展才能跟进,经济的繁荣和社会的进步才会生出源源不断的动力。根据滨海新区的历史和现状,迫切需要解决好宏观、中观、微观三个层面的问题,也就是解决好现有历史文化遗产的保护、利用、传承的问题——在"点"上保护,在"线"上利用,在"面"上传承。

一、宏观层面问题是最重要的问题,就是在历史文化遗产充分普查调研的基础上,做好"点"的全面保护和利用规划

滨海新区虽然历史上南北分置、互不统属,但依河枕海的共同地理环境,仍表现出极强的文化共性,尤其是渔业、盐业、航运业以及民国以来相继崛起的海洋化工,构成了历史上塘、汉、大三区共同的发展基础。因此,滨海新区文化乃至经济、社会未来关注的重点,应是强化核心区及北部片区、南部片区共有的文化元素,并在保护利用的基础上继承弘扬。滨海新区的历史文化资源,原本毗连成片、丰富多样,这本是一个潜在的巨大的优势资源,但在城市建设的快速推进下,目前不可移动的具可视性的历史文化资源已相对有限,并被分割为零散孤立的点,但由于这些点的重要性还在,所以保护利用价值仍然很高。在滨海新区整体规划方面,必须重视结合历史文化发展脉络以及文旅等产业发展,做好至少四个"点"的保护,即在制定和调整滨海新区的控规以及街镇或区片的详规时,充分考虑重点保护或部分恢复塘沽、大沽、北塘、汉沽等原来作为古镇的历史风貌,并以此为依托,大力发展文化、旅游、休闲、商贸和服务业等。

第一个"点"是塘沽,重点保护规划塘沽南站、《塘沽协定》签订旧址以及海河沿线的历史风貌,未纳入文物保护范围的塘沽南站机车修理房和北工段工房旧址尤其应该注意保留,它们不仅与塘沽南站共同见证了中国第一条官办铁路的修建历程,而且北工段工房还留下了詹天佑的生活足迹。

第二个"点"是大沽,重点保护规划大沽炮台、北洋水师大沽船坞以及潮音寺、关帝庙的历史风貌,除搞好具有全国乃至世界意义的炮台和船务旧址的利用,可考虑围绕潮音寺打造佛教文化及渔业和漕运风情旅游区,保护好大沽龙灯等非物质文化遗产,适时恢复东沽戏楼,通过庙会等推进产业发展。大沽还可考虑做足历史名人的文章,其相关遗迹和传说应该得到保护或搜集,择机建设陈列馆及相关设施,促进新旅游业目的地的形成。

第三个"点"是北塘,重点规划建设民俗文化旅游区,依托北塘民俗学会等民间团体,保护传承丰富的北塘乃至滨海民俗,尤其是渔业习俗。同时应考虑做足北塘名人文章,建设北塘名人馆或者纪念馆、陈列馆等。

第四个"点"是汉沽,重点保护规划京山铁路桥及附近的盐业遗址、遗迹。北部片区沿海的盐滩,也应该选择风貌完整且典型的予以重点保护。

此外,新河、新城的军事文化,大港的石油文化,在规划时也应当充分考虑。大港的崛起得益于大港油田的发现和建立,从一个侧面见证了中华人民共和国石油工业发展的历程,距今虽然时代尚近,但其历史文化价值已初步显现,其标志就是大港油田港 5 井被公布为天津市文物保护单位并入选第三批国家工业遗产名单。

在文化遗产的保护利用上,滨海新区应该有超前的眼光。前述重点的"点",虽然有的已遭到较大的破坏,但若规划保护利用得当,在适应现代社会生活的前提下,仍有恢复历史文化风貌和生机的可能。而结合这些相对较大的"大点"规划,滨海新区应利用好具体的重要的"小点",建设一批能够突出历史文化资源优势并代表新海新区形象的遗址公园和大型博物馆。滨海新区作为天津经济社会发展的排头兵,随着城市建设和文旅产业发展的需求,利用各类遗址、遗迹建设遗址公园和博物馆、纪念馆是十分必要的。目前滨海新区遗址公园和博物馆、纪念馆、陈列馆的密度低于天津市区平均水平,更远低于世界发达城市的平均水平,而滨海新区具备发展遗址公园和博物馆事业的良好资源(历史文化丰富)和有利条件(经济繁荣发达)。建议在"十四五"时期,充分考虑六大遗址公园以及相互配套的博物馆、纪念馆和陈列馆的建设,并公布为爱国主义教育基地。

一是大沽炮台和北塘炮台遗址公园。晚清以来大沽炮台发生过四次反对列强侵略的防御战,在中国近代史上书写了中华民族团结御辱的壮丽篇章。同时,大沽与鸦片战争、第二次鸦片战争、甲午中日战争、八国联军侵华战争以及抗日战争都有密切关系,其近现代军事历史内涵积淀之丰厚,国内绝无其匹。因此可结合遗址公园和博物馆建设,建立中国近代对外军事主题的纪念馆。北塘三河岛作为北塘炮台遗址之一,其规划建设也已具备遗址公园的特点,稍加调整、协调、丰富即能成形。

二是大沽船坞遗址公园。船坞附近的海河燕子窝,是北洋水师的诞生地(非山东威海刘公岛),可结合大沽船坞遗址公园建设,建立北洋水师诞生地纪念馆。

船坞遗址范围内的海神庙遗址，是封建王朝最高等级的祭祀海神场所，又是马戛尔尼使团登陆处、鸦片战争时期"白河投书"发生地，多有文献记录和题咏，文化内涵丰富多样，纪念意义十分重大。

三是天津碱厂遗址公园。随着天津碱厂搬迁，腾出的原碱渣山已改造为紫云公园，可在此基础上建立各种主题的纪念物，改建成遗址公园；幸存下来的原天津碱厂科学厅建筑目前为闲置状态，可以考虑利用起来；原属天津碱厂范围的文化中心广场（碱厂盐滩）及万达广场、中国塘居民小区等，均可增设相关纪念设施，如主题雕塑、碑记和铭牌等。天津碱厂前身久大盐厂、永利碱厂和黄海化学工业研究社，是中国海洋化学工业的发祥地，素有"中国化工摇篮"之称。同时还可考虑利用黄海化学工业研究社旧址进行改造，配套建设"天津化工博物馆"或"中国海洋化工博物馆"。

四是长芦盐业遗址公园。长芦盐场是中国最大的海盐产地，明清以来其产品长期作为宫廷"贡盐"。可选择汉沽盐场典型滩地、坨地予以保留利用，恢复盐母庙等，同时建设"长芦盐业博物馆"。

五是结合北部片区规划建设，选择适当地段（不需要很大）建设唐山地震主题遗址公园或广场，配套建设"天津地震博物馆"或者"天津抗震救灾纪念馆"。也可考虑选址今蓟运河滨河广场汉沽抗震纪念碑附近。唐山地震是一场波及整个滨海地区的自然灾难，在这场天灾面前，滨海人民和天津其他地区的人民一道，创造了可歌可泣的抗震救灾精神。滨海新区今后的发展，仍然离不开能凝心聚力的抗震精神。

六是利用国家工业遗产大港油田发现井——港5井，建设天津（或华北）石油工业遗址主题公园，配套建设"天津石油工业博物馆"等。

除了前述，还可结合更具体的项规划设计，鼓励建设大中小型博物馆、纪念馆或陈列馆等，全方位、多角度展示新区的历史文化。如依托中心渔港建"天津渔业博物馆"，依托天津空港建"天津航空博物馆"，依托天津碱厂遗址公园或临港工业区建"天津滨海工业博物馆"，利用塘沽港湾局或新港海员俱乐部建"天津港口博物馆"，利用塘沽南站建"天津铁路博物馆"，利用日本大院建"《塘沽协定》签订旧址陈列馆"，利用万人坑建"华北劳工纪念馆"等。此外，还应鼓励历史比较长、有经济实力的单位建立企业博物馆或其他纪念设施等，如汉沽化工厂、大沽化工厂、新河船厂等。新区可出台具体政策，鼓励设立各种类型和规模的私人博物馆等。

二、中观层面问题是做好滨海新区文旅产业项目规划

文旅产业规划必须以具体历史文化资源作依托，因此要在文化遗产保护的前提下进行。根据滨海新区历史发展脉和现存文化资源，应该重点利用渤海湾西岸、海河沿线、贝壳堤三条历史遗址遗迹丰富的"文化线路遗产"，促进文化和旅游等产业的协调发展。

一是在普查基础上保护利用好渤海湾西岸明清海防遗产。这是中国明清海防遗产重要的组成部分之一，曾有动议整体申报世界文化遗产。主要点位包括大沽炮台、北塘炮台、营城炮台、北洋水师大沽船坞以及其他相关军事设施的遗址遗迹。建议重点调查北洋水师诞生地燕子窝的遗址遗迹，树碑标记并大力宣传。

二是保护利用好塘沽海河沿线历史文化遗存，进一步发挥海河爱国主义教育基地（航线）的作用。主要点位包括沿岸老码头遗存、万人坑遗存、卡子门炮楼、水线渡口遗存、亚细亚火油公司旧址、《塘沽协定》签订旧址（日本大院）、塘沽南站、久大永利公司旧址、塘沽港湾局、塘沽新港海员俱乐部等。

三是保护利用域内古海岸遗迹贝壳堤，可考虑在沿线选择三四处典型遗迹地区建陈列馆，作为科普教育基地。可在完善上古林贝壳堤博物馆的基础上，另选白沙岭、双桥子、蛏头沽建设新的馆址和基地。

三、微观层面问题是做好几件具体的事，这些事虽小但事关滨海新区历史文化传承和未来发展面貌

滨海新区行政一体化任务已完成十余年，但原来塘沽、汉沽、大港的老居民，以及开发区、保税区、中新生态城等各大功能区的新居民，都对滨海新区缺乏整体的文化认同，这已成为制约新区长期可持续发展的重要因素之一。建议在充分调查研究的基础上，采取具体措施挖掘原塘汉大地域共有的文化基因，推进滨

海新区文化一体化进程。

一是成立滨海新区历史文化研究会，全力推进新区历史文化研究，同时着重寻找挖掘原来塘沽、汉沽、大港共有的历史文化元素，例如渔业、盐业、航运、化工等，通过各类媒体整体宣传推介，使滨海新区的居民了解滨海历史，认同滨海文化，进而真正融入滨海新区并形成文化自豪感。

二是组织专家学者在充分研讨挖掘的基础上，编辑《滨海历史文献集成》，进一步强化原来三区文化的同源共生性质，打破历史上塘沽、汉沽、大港各自地域认同的心理隔阂。同时，利用文献资源推进新区历史文化研究，服务于文化旅游产业发展。

三是组织专家学者每年举办一次滨海新区历史文化研讨会。每次可以结合当年或转年新区文化工作重点确定主题，会后结集出版学术论文集，及时挖掘固化新区历史文化研究最新成果，为经济社会发展服务。

四是大力借用外脑，公开征集并整合学界既有历史文化资源，编辑出版《天津滨海文库》。此举可以减少前期资料查找和图书写作的投入，成本相对较低，而且可在三五年内即形成规模效应。

五是在区属报纸开辟专版，在区属电视台及新媒体开辟专栏，集中力量宣传滨海新区历史文化。同时可拍摄以历史文化为题材的系列纪录短片，形成文化传播的集聚效应。

四、小结

以上所述宏观、中观、微观三个层次的问题，宏观点的保护是基础和前提，中观线的利用核心和重点，微观面的传承是方法和手段，三者可以互相依托、互相支撑、互相促进。

一是只有重要点位保护下来，才能够谈后面的利用和传承，试想基本资源如果都没有了，所谓利用和传承都会落空。但这个保护的问题太大，涉及规划范围和发展方向，必须在滨海新区层面乃至天津市层面予以足够重视才可能实现。其中少数文物保护单位，因为有相关法律做支撑，简单留存下来不是问题，关键是有关规划制定时给予它们什么样的位置,就是如何保护? 如何利用? 如何传承? 这里有个对文化遗产价值认识高度的问题。保护不成问题了,价值认识清楚了,具体的文旅规划才可能推进和实现,否则即使文化项目规划了,旅游线路制定了,也很可能成为一纸空文——这里刚规划完,可是那里依托的资源已经消失了。

二是文旅等产业规划发展好了,向宏观可以推进更高层面规划的落地实施,向微观可以促推滨海新区历史文化研究的趋热。

三是历史文化挖掘、研究和宣传等传承工作搞好了,才能够更好地促进宏观的规划保护和中观的开发利用。当然,微观工作虽然具体,也要靠工作规划来推进,想做到并不很难,它既依托于文化遗产的保护和利用,反过来又会为保护和利用提供学术支持。有些历史遗产的保护价值,有些文化资源的利用方向,是要通过挖掘、研究和传承逐渐加深认知的。譬如一册线装古籍,它会有自身的文献价值;但如经过鉴定是活字本,价值就会大为提升;若再经鉴定是泥活字本,那就能定为重要文物了;假如再深入挖掘证明是宋代毕昇弄的泥活字本,那这册古籍就能进入国宝行列了。不可移动文物以及其他文化遗产也是同样的道理,很多附着的价值是随着研究的深入逐步体现的。最后还要说明一点,所谓滨海新区历史文化发掘,不是为了研究而研究,而是要时刻服务于滨海新区社会、经济、文化发展的。

滨海新区海河以北的土地旧属宁河县(今宁河区)。宁河秀才廉垣写过《海天东胜》七律一首,描写了渤海湾海天激荡的胜景:"委输寥廓帝畿东,极目汪洋浸碧空。但觉虚含云雾合,谁知气满地天同。晶莹日射千层浪,磅礴鹏博万里风。左辅雄图推独盛,载赓清晏庆时隆。"首句"委输寥廓帝畿东","委输"指物资转运,"寥廓"写海的状貌,"帝畿东"则标明了位置,仅七个字就对天津滨海的地理环境和经济样态做了高度概括。今拈此句作为本篇文字标目,冀望滨海新区以丰厚的历史文化为依托,引领天津社会、经济和文化更好更快地发展。

作者:王振良

天津师范大学古籍保护研究院

论遗址博物馆及其教育功能

汪红梅

文物是历史和文明的见证，是珍贵的人类文明成果，博物馆是集中展示文物的场所。遗址博物馆属于博物馆大家族的一个分支，具有收藏和保护文物，展示文物及遗址，利用文物遗址开展爱国主义教育等功能。本文从梳理遗址博物馆的教育功能入手，探讨新时代遗址博物馆如何发挥爱国主义教育基地作用。

一、遗址博物馆及其研究概述

（一）遗址博物馆的定义

早在 20 世纪 50 年代，我国文物博物馆工作者就提出了"遗址博物馆"的概念，《文物》1958 年第 4 期上，有一篇介绍西安半坡博物馆的文章，题目就是《我国第一座遗址博物馆开放》。之后，张文立在《文博》1985 年第 5 期上发表《遗址博物馆科学研究的探讨》，拉开了学者专题研究遗址博物馆的序幕。1990 年张理智的著作《遗址博物馆研究》出版，1999 年吴永琪、李淑萍、张文立主编的《遗址博物馆学概论》出版。1999 年中国博物馆协会史前遗址博物馆专业委员会在浙江余姚成立，2009 年中国博物馆协会考古与遗址博物馆专业委员会在陕西临潼成立，这是我国与遗址博物馆相关的两个学术团体。

关于遗址博物馆定义主要有四个：一是吴永琪等主编的《遗址博物馆学概论》认为，遗址博物馆是指"在古文化遗址上建立针对该遗址文化进行发掘、保护、研究、陈列的专门性博物馆"①。二是张男认为遗址博物馆是"建立在遗址之上或遗址区范围内的以保护遗址、研究遗址和展示遗址为其主要任务的博物馆"②。三是崔光海认为遗址博物馆是在遗址保护区划内,以遗址保护为前提,以遗址价值展示为目的,对文化和自然遗址本体及(或)其附属的可移动文物进行保护、研究、收藏和展示的专门机构。③ 四是单霁翔定义遗址博物馆是"依托考古遗址,以发掘、保护、研究、展示为主要功能的专题博物馆"④。

(二)遗址博物馆教育功能的研究与实践

遗址博物馆直观地展示文物的出土地和遗址本体,具有极强的观瞻效果,因而吸引力极强,如何利用遗址博物馆的优势,充分发挥其教育功能已成为人们的共识。1905 年,张謇在建设南通博物苑时,就非常注重利用"解说"来达到博物馆宣传教育的目的。他提出:"当遴派视察员、招待员,用为纠察导观之助。必得通东西洋语言文字二三人,以便外宾来观,有可咨询。"⑤文中提到的"招待员"即解说员,他们负责"导观"来宾,同时要求具备外语讲解能力,以便接待好国外来宾。在早期博物馆学的著作中,也强调博物馆的教育作用。曾昭燏、李济在《博物馆》一书中指出博物馆最大的"功用"是保存有价值的物品、辅助研究工作、实施实物教育和精神教育。⑥

中华人民共和国成立后,党和政府明确提出,博物馆应以历史唯物主义为指导,举办展览,建立群众解说工作制度,使博物馆走出"庙堂",密切联系人民大众的文化生活,使博物馆教育功能得以体现和发挥。

遗址博物馆的遗址本体是无价之宝,保护和利用好文物遗址是发挥其教育

---

① 吴永琪、李淑萍、张文立:《遗址博物馆学概论》,陕西人民出版社 1999 年版,第 7 页。

② 张男:《遗址博物馆建筑研究——"区外"模式遗址博物馆建筑初探》,天津大学硕士学位论文,2004 年,第 3 页。

③ 崔光海:《中国遗址博物馆建筑研究初探》,清华大学博士学位论文,2008 年,第 5 页。

④ 单霁翔:《实现考古遗址保护与展示的遗址博物馆》,《博物馆研究》2011 年第 1 期。

⑤ 张謇:《上南皮相国请京师建设帝室博览馆议》,原载《张季子九录》,转引自李淑萍、宋伯胤选注《博物馆历史文选》,陕西人民出版社 2000 年版,第 155 页。

⑥ 曾昭燏、李济:《博物馆》,重庆正中书局 1943 年版,第 16 页。

功能的关键。因为文物出土地和遗址的氛围给观众以强烈的、身临其境的现场感,所以非常受欢迎。在北京故宫、秦陵兵马俑、敦煌莫高窟、成都金沙、四川三星堆、汉景帝阳陵、南越王宫、盘龙城、河姆渡遗址博物馆,经常能看到观众在遗址前驻足观赏的情景。那么,遗址博物馆如何发挥发挥爱国主义教育基地作用,田静女士认为必须强化遗址博物馆的社会教育能力。她指出:"遗址博物馆的社会教育能力是指遗址博物馆为社会大众提供的教育产品和服务的综合实力,主要包括策划的教育活动、出版的教育书籍、开发的文化产品等。遗址博物馆的社会教育能力建设是一个系统工程,蕴含在博物馆工作的多个环节,涉及遗址发掘与保护、陈列展示与讲解、科学研究与管理、文创产品开发与营销等部门。"①

二、遗址博物馆如何发挥爱国主义教育基地作用

爱国主义是中华民族的光荣传统,是社会主义精神文明建设的重要组成部分。遗址博物馆作为爱国主义教育基地,在提升和培育大众的爱国主义观念中扮演着重要角色。遗址博物馆如何发挥爱国主义教育基地作用,笔者认为要在三个方面发挥作用:要在讲解遗址中发挥作用,在陈列展示中发挥作用,在宣传文创中发挥作用,三个方面要形成合力,才能发挥好爱国主义教育基地的作用。

(一)在讲解遗址中发挥作用

走进博物馆,在展厅内外、社会教育活动现场,都能看到讲解员的身影,讲解员认真解说的样子,已成为博物馆最美的风景。

梳理博物馆解说发展的历程,就能明白解说工作的重要性。1889 年,艾若斯·米尔斯开始解说生涯,并认为这是"一个将其见闻与体验传达给体验较少的人们的角色"。1890 年,约翰·穆尔作为美国国家公园服务部的奠基人,首次提出"解说"的概念。1896 年,波士顿艺术博物馆试验性引入解说工作。1907 年设立"博物馆教师"(docent)为观众进行解说。1957 年,费门·提尔顿在《解说我们的遗产》中指出,解说是一种教育性活动,其目的是借着实物,亲身体验或解说媒

---

① 田静:《论遗址博物馆的社会教育能力建设》,《中国博物馆协会考古与遗址博物馆专业委员会 2011—2013 年年会论文集》,西北大学出版社 2014 年版,第 51 页。

体来显示某种意义或关联,而非仅是传递一些表面的知识或事实。

美国博物馆协会(AAM)把博物馆解说定义为:一个博物馆借以执行使命和教育角色的媒介(活动)。这种解说活动包括但不限于展览、参观、网址、授课讨论、出版物,还有扩展活动。

综上所述,一个完整的解说系统应该有五个方面的功能:一是信息功能。解说可给观众提供有关展示主题的准确、有趣的信息,对于充实观众的体验有直接贡献。二是引导功能。透过解说服务系统引导观众,减少观众对陌生环境的不适应、不安全的感觉,并对所参观地的历史沿革、环境设施、参观程序有所了解。三是教育功能。让观众了解文物藏品并与之互动,引发其求知的兴趣,引导观众继续学习。四是娱乐功能。帮助观众获得一个美好的、愉快的参观经验,达到寓教于乐的目的。五是启发功能。使观众对所描述的事物产生新的见解与热情,并激发其好奇心。

遗址博物馆有丰富的、直观的遗址,是进行爱国主义教育的最佳素材,遗址和文物中蕴含着大量的信息,是进行社会教育、科普教育、唯物史观教育、爱国主义教育的鲜活素材。解说的目的还在于通过解说让观众了解文物的价值和重要性,增加观众的欣赏能力,促使观众产生保护文物的意识。

在文物与旅游深度融合的今天,博物馆旅游在大众旅游中占据重要地位,博物馆的教育功能越来越受到社会的关注,博物馆展品及其陈列涉及复杂的专业知识,观众对解说服务的要求也越来越高。然而,我国博物馆解说系统的规划设计在某些方面会忽视观众的知识需求,这就会影响观众的体验效果,并进一步影响到博物馆教育功能的实现。好的解说为观众还原历史,激发观众的热情,拓展知识,活跃气氛。如今,在"互联网 + 中华文明"行动计划中,博物馆为观众提供的解说媒介包括人工讲解、语音导览、陈列说明、电子触摸屏、宣传海报、导览折页、视频放映等。

(二)在陈列展示中发挥作用

陈列展览是博物馆将藏品蕴含的信息传递给观众并与公众进行交流的重要方式,也是博物馆实现教育使命的重要媒介。文物不会说话,但文物蕴含着丰富的信息，成功策展者能达到这样的效果：所有的展品都应在人们看到它们的第一眼就向观众讲述自己的故事。

无锡鸿山遗址博物馆的基本陈列分为古墓惊现、等级之尊、奢华生活、贵族玉礼、乐库华章、千古之谜六个板块，叙述了鸿山墓群发现、发掘和保护的过程。玉器是文物中的亮点，也是展示的难点，由于其形体小而纹饰精细，设计者巧妙地将玉器拓片图像做成动画，在墙面投影展示，同时将文物放大旋转动态展示，给人以强烈的视觉冲击力，并专门设置了放大镜观看放大的玉器实物。玉璜和玉环分别置于高低相间的独立玻璃柜内展示，交叉使用两种亮度、色系不同的灯光，使展览达到了"小中见大"的效果。在"乐库华章"展区，观众可触摸感应装置，聆听美妙的古音。在"千古之谜"互动区，当参与者触动投影大屏幕时，漫天星辰便徐徐散开，深受观众喜爱。

成都金沙遗址博物馆是由遗迹馆、陈列馆、文物保护中心、园林区等部分组成。园林区以生态保护为主，强调对遗址的保护，选择常绿植物如桢楠、银杏、水杉等。为了不破坏地层，树木全部栽种在深达两米的垫土之上。讲解员边走边解说："沿着左边的这条小路设置有'玉石之路'。我们远古的先民就是在一片荆棘中从遥远的高山上采选、运输出一块块玉石，留下了一件件精美的作品。走在这条玉石之路上，我们可以体验古人玉石之路上的艰辛。"在遗迹馆内，观众不仅能够现场感受三千年前古蜀国宏大的祭祀场面，还可以亲眼观赏珍贵文物出土的场面。

浙江余姚田螺山遗址馆是一座"边发掘边展示"的陈列展览馆，由文物陈列厅和发掘现场展示区两个部分组成。现场展示区以边发掘边展示为理念，在各个文化层面保留遗迹和遗物，观众不仅能看到史前聚落遗迹，还能近距离地观赏遗址考古发掘场景。另外，在发掘现场展示区设有模拟考古区域，观众可以体验考古工作的神秘。

北京丰台大葆台西汉墓博物馆策划了模拟考古、汉剧表演、书写竹简、投壶礼仪和器物翻模及修复等系列教育活动。2004 年，该馆在丰台区 20 所中学推出了"中学生历史实践课"，有机整合博物馆的馆藏资源与学校的教育资源，把活动项目上升到了博物馆课程的高度。博物馆人员带着展板和课件走进课堂，与学校教师共同策划活动、编写教材、拟定问卷，加强了馆校间的沟通，也增强了学生参观博物馆、学习中华优秀传统文化的兴趣。

（三）在宣传文创中发挥作用

为了让博物馆的文物"活起来"，各地遗址博物馆立足馆藏文物，积极开发文化创意产品，共享文化、共享遗产，践行博物馆的社会教育职责，也扩大了博物馆的影响。北京故宫博物院和台北故宫博物院，几乎所有的收藏文物都有衍生品。北京故宫博物院"朝珠耳机""皇帝折扇""花翎伞"等文创产品备受社会公众的追捧。2010 年发行的《故宫日历》，将传统文化和古代艺术进行了生活化、日常化的推广普及。2012 年至今，《故宫日历》进行了多次更新，在全彩印刷、编辑体例、明确主题和内容介绍上都做了持续不断的创新尝试，深受文物爱好者、收藏者喜爱。台北故宫博物院仅翠玉白菜的衍生品就多达 204 种，有公交卡、项链、挂饰、文件夹、雨伞等诸多文创产品。最神奇的是雨伞，收卷起来俨然就是一棵翠玉白菜，打开后，伞面白绿相衬，十分清新，结构和形状与一般伞相似，还具有防紫外线的功能。

2016 年 11 月，国家文物局、国家发改委、科技部、工信部、财政部发布《"互联网 + 中华文明"三年行动计划》，要求"深入挖掘和拓展文物蕴含的历史、艺术、科学价值和时代精神，彰显中华文明的独特魅力，丰富文化供给，促进文化消费"。为了调动文博单位用活文物资源的积极性，文件规定"通过文化创意产品开发所取得的事业收入、经营收入和其他收入等按规定纳入本单位预算统一管理，可用于加强公益文化服务、藏品征集、继续投入文化创意产品开发、对符合规定的人员予以绩效奖励等"。

近年来，各地博物馆积极策划并落实"互联网 + 文物教育""互联网 + 文物文创产品""互联网 + 文物素材创新""互联网 + 文物动漫游戏""互联网 + 文物旅游项目"，推动文物与互联网跨界融合，使丰富的文物资源借互联网、云计算、大数据、人工智能等技术"活起来"，打破了文化产品仅限于文物复仿制品、书刊、画册、明信片等的局限，尝试跨界、跨领域与各种产业合作，通过创意，让那些只能隔着玻璃被欣赏的文物变成现代人生活中具有各种功用的日用品。

2019 年 7 月，良渚古城遗址申遗成功。如今，良渚古城历经沧桑变化，早已发生翻天覆地的变化。当人们再次来到遗址上，已经很难辨识出原先城市的样貌。2019 年 10 月，在浙江乌镇的世界互联网大会互联网之光博览会上，数字良渚古城为观众打开了深入了解良渚的一扇窗户。踏上走步机，抬起双手，一块 5 米 ×2 米的巨型屏幕上就会出现五千年前的良渚古城。隔空点击便能"穿越"到五千年前的良渚，畅游在河流、稻田、宫殿中。观众惊呼："这实在是一种神奇的体验，原来五千年前的人是这么生活、劳作的。"国家文物局"互联网 + 中华文明"策展团队成员、浙江大学信息技术中心高级工程师王勇超说，这一套良渚文明沉浸式体验装置运用了体感交互、AR 等技术，重建了五千年前的良渚全貌，让大地上的遗产真正"活"了起来。王勇超介绍说，互动体验由观众前方的动作捕捉摄像头、后方的图像采集摄像头和地面的走步机来协同实现，可以现场体验 10 个场景。其中有 5 个场景复原了当年的地貌和生活场景，另外 5 个场景以博物馆形式展现良渚文化。

这些成功的案例说明遗址博物馆深挖文物内涵，依托文物资源可以研发出多种多样的既有趣又实用的文创产品，使文物变成与大众生活有关联的日用品，让文创产品具备承载文化、传播文化的功能。

三、制约遗址博物馆发挥教育功能的因素

遗址博物馆是建立在文物遗址或考古遗址上的博物馆，因遗址本身承载的重要历史内容而成为博物馆学的重要研究对象。遗址博物馆开展社会教育工作具有很多优势，但也有短板，这是由遗址博物馆的特性决定的。制约遗址博物馆发挥教育功能的因素来自三个方面：一是多数遗址博物馆遗迹价值重大但观赏性稍弱，如西安半坡、北京周口店、沈阳新乐、柳州白莲洞、安阳殷墟、成都金沙、余姚河姆渡等遗址，如果没有通俗易懂、深入浅出的解说，普通人很难看懂，这是讲解的难点，也是策划社会教育活动的难点；二是考古知识对一般人来说艰涩难懂，这限制了讲解的发挥以及与观众的沟通交流；三是由于遗址具有独特的文化

内涵,要认识遗迹的价值必须依托相关的历史信息,这对遗址博物馆的展示和讲解都提出了较高要求。

遗址博物馆要发挥好爱国主义教育基地作用,必须多部门合作。这是因为遗址博物馆社会教育工作涉及博物馆建筑、展厅陈列、解说导览、产品营销等方面,是一个系统工程,需要相互沟通、多方配合。遗址博物馆的遗址、展品和展览主题与小学的爱国主义教育、中学的素质教育、大学的教学实践等有密切关系,可以根据不同参观对象策划不同的教育活动。在这方面,周口店遗址博物馆的经验值得借鉴。该馆与教育部门合作,参与教材研发,向教材编写者介绍"北京人"最新考古发掘和研究情况,丰富教材内容;开设了"房山文化"高中地方课程,引导青少年热爱家乡;开发"历史课——中华大地的远古人类""周口店遗址的古生物""远古人类的用火"等课件;按学段开发小学、初中、高中"北京人"的课程目标。为了让观众了解石器的制作过程和打制方法,由专业人员指导进行石器加工,模仿北京猿人制作石器切割动物、人工取火,体验远古人类的生活。

在秦陵博物院,面向公众展示的秦俑一号坑考古发掘和文物修复现场,始终是最吸引人的地方。在考古发掘区和文物修复区,观众可近距离地观看考古发掘的过程,了解遗址保护的难点,探索"保鲜膜下的秘密",聆听文保专家讲秦俑彩绘脱落的原因,学习脆弱遗迹的提取流程,动手体验修复兵马俑。

西安半坡博物馆的经验也独具特色。该馆"史前工场"综合体验活动,设计了钻木取火、原始房屋搭建、神奇的尖底瓶、石器时代、原始服装秀、植物染色、心中的半坡、原始钻孔这八个常设体验项目,向观众呈现六千多年前半坡先民的劳作场景,其特点具有广泛的参与性、亲密的互动性、科普性的寓教性、寓乐性的趣味性。通过体验活动,让青少年学生在乐中学,在教中乐,更好地感受史前文化的魅力,体悟半坡文化的深邃,享受参与体验活动带来的快乐和愉悦。在一张简易的弓上,连接两头的绳子缠绕住一根圆木,来回摇摆引发快速旋转,很快圆木下面的一片木头就开始冒白烟,木头下面垫着的火绒(植物纤维)也被钻透,冒烟,快速将火绒捧起,轻轻吹一会儿,就会变成一团火,点燃一支火炬。小朋友连连惊叹:"原始人取火太不容易了!"

　　1997 年 7 月中宣部向社会公布首批百个爱国主义教育示范基地，2001 年 6 月公布第二批百个全国爱国主义教育示范基地，2005 年 11 月公布第三批 66 个全国爱国主义教育示范基地，2009 年 5 月公布第四批 87 个全国爱国主义教育示范基地，旨在深入开展群众性爱国主义教育活动。已公布的 353 个全国爱国主义教育示范基地中，有很多是遗址博物馆，就是因为遗址博物馆的现场感和原址性是独一无二的。

　　总之，爱国主义教育是提高全民族整体素质的基础性工程，是促进中华民族振兴的一项重要工作，遗址博物馆要在保护好文物遗址的前提下，加大研究力度，编写通俗的科普书籍和讲解词，将文物遗址蕴含的优秀传统文化和时代价值释放出来、宣传出去，切实发挥好爱国主义教育基地的作用。

作者：汪红梅

秦始皇帝陵博物院

爱国将领乐善与大沽口炮台

付琳雅

大沽口炮台又称"海上国门",因巩卫京畿的特殊地理位置,成为19世纪英法联军入侵中国的主要军事目标之一,是第二次鸦片战争的主要战场之一。第二次鸦片战争期间,大沽口地区发生了第二次和第三次大沽口保卫战,清军在大沽口炮台与英法联军交战,涌现出包括龙汝元、史荣椿、乐善在内的一批杰出爱国将领和将士,体现了中华民族英勇不屈的民族气节和顽强抗争的民族精神。其中,清军将领乐善于1858年第二次大沽口保卫战中力战英法联军,与众清军一同成功击退了英法联军的军事入侵,立下赫赫战功;于1860年誓死守卫大沽口北岸石头缝炮台,以身殉国,竖起精神丰碑。后人为了纪念在大沽口地区英勇抗击外来侵略、浴血牺牲的爱国将领乐善,铸造了1884"乐威毅公祠"铁钟,又名"大沽铁钟"(大沽铁钟现为国家一级文物,收藏于大沽口炮台遗址博物馆)。清朝杰出爱国将领乐善,在大沽口炮台抛头颅、洒热血,用一片赤血丹心报效国家,他的光辉事迹和不朽精神也因此永远地留在大沽口炮台。但近年来,与乐善相关的学术研究成果不多,特别是系统研究不足。2020年是"1884年'乐威毅公祠'铁钟"回归祖国15周年,笔者希望借由此文整理、综述乐善与大沽口炮台的相关历史史实,从而呈现出乐善作为大沽口炮台杰出清军将领、民族英雄的立体历史形象。

一、受命于临危之际,建功于危难之间

清朝将领乐善,生年不详,伊勒忒氏,蒙古正白旗人,咸丰七年(1857)任河北

镇总兵。是年，正值第二次鸦片战争时期，太平天国起义发展得如火如荼，社会局势动荡，国际社会虎视眈眈。咸丰六年（1856），英国军队先行开展军事入侵行动，炮轰广州城，态度强硬。次年十一月，英法联军攻占、封锁广州。咸丰八年（1858），英、法、美、俄四国公使前往上海，拒绝了两江总督何桂清南返的提议后，率领四国军舰封锁大沽海口。清政府派直隶总督谭廷襄为钦差大臣，前往大沽口地区与英法联军议和。但当时英法侵略者的"和谈"与外国公使的"调停"不过是为了进行军事准备而拖延时间的手段。四月十六日（5月20日），英法联军炮轰大沽口炮台，主和派官员谭廷襄弃守逃亡。驻守大沽口炮台的清军在孤立无援、缺少指挥、武器不足的情况下无可胜之机，第一次大沽口保卫战以失败告终。清政府被迫与四国政府分别签订了《中英天津条约》《中法天津条约》《中俄天津条约》和《中美天津条约》。由于四国不平等条约的签订，中国的政治、经济、文化等多方面的利益进一步受到了侵犯。

然而，屈辱的不平等条约并没有换来真正的和平，贪婪的侵略者在中国攫取更多利益与特权的脚步尚未停下。经受战败的大沽口炮台作为国都的海上门户，依然是19世纪国际利益争端中首当其冲的军事要塞。在此危急之刻，乐善被调往僧格林沁天津营，防守大沽口炮台。咸丰九年（1859），英法联军再度北犯，挑起第二次大沽口之战。正值原定在北京交换《天津条约》的预定日期，清政府已指定各国代表由北塘登陆到北京换约，并在沿路设站，派官员接待。然而英法侵略者拒不接受中国方面的合理安排，据直隶总督恒福奏，"该夷人照会不接，食物不收，北塘又不肯行走，是与奴才已成决裂之势"[1]，蓄意挑起新的侵华战争。

战斗打响，大沽口海防将士，同仇敌忾，誓歼顽敌，经过一昼夜的激烈战斗，取得了反侵略战争中一次辉煌的胜利。这是鸦片战争以来，清政府在反侵略战争中取得的最大的一次胜利。在这次战役中，直隶提督史荣椿、大沽协副将龙汝元，先后阵亡，以身殉国。乐善扼守阵地，英勇作战，猛烈轰击敌舰，与清军一同击退进犯之敌，取得第二次大沽口战役的胜利，因在战役中立功，擢升为直隶提

---

① 齐思和等编：《第二次鸦片战争》（四），上海人民出版社1978年版，第106页。

督,补缺史荣椿。据咸丰九年五月二十七日上谕:"至夷人狡悍,来图报复,亦在意中……所有直隶提督,已简放乐善。"①直隶提督乐善可谓受任于危难之际的大将。

二、枪林弹雨自岿然,誓与炮台共存亡

在第二次大沽口战役中惨败的英法联军,于次年卷土重来。咸丰十年二月(1860年3月),英法联军的舰队陆续开抵上海;闰三月初二日(3月22日),英法侵略军侵占舟山;四月十九日(6月8日),法侵略军占据烟台;四五月间(6—7月),英军兵船陆续向北集中,在今大连集中兵船最多时达一百五十七只,在烟台集中的兵船亦有四十余只,英法两国军兵合计近一万七千名;六月十五日(8月1日),万余人的英法联军在北塘登陆,水陆两面紧逼大沽口。

在大沽口战役中,直隶提督乐善奉命防守的北岸石头缝炮台首当其冲。面对英法联军的进犯,乐善率官兵固守西北炮台,抵挡万余英法军队急攻。乐善既有杀敌之心,又清楚看到形势的严重性。据《清史稿》记载:"十年夏,(英法)舰队复集天津大沽口,提督乐善奉命驻兵大沽,至则以关防交僧格林沁,令所部愿留者听,得千余人,誓死守。"②直隶提督乐善在保卫石头缝炮台的战斗中,抱着"炮台存,乐善生;炮台亡,乐善死"的决心,指挥官兵与英法联军展开血战。

七月初四(8月20日)早上,英军派巴夏礼将军和几位军官到北炮台,逼迫清军投降,"炮台的司令官,一位中国将军下令外国人立即撤退,并补充说假如他们要这些炮台的话,那末就让他们来打吧!"③根据历史情形和时间,有学者推断这位在大沽口西北炮台下令的中国将军"无疑就是乐善"④。七月初五日(8月21日)清晨,敌军开始向大沽口北岸炮台进攻。直隶提督乐善率领清朝守军英勇反击,不幸炮台火药库中敌炮弹起火,清军火力被迫减弱,因而英法联军获得了冲

---

① 贾祯等编:《筹办夷务始末(咸丰朝)》(四),中华书局2014年版,第1450页。
② 赵尔巽等:《清史稿》(四十五),中华书局2015年版,第13669页。
③ 齐思和等编:《第二次鸦片战争》(四),上海人民出版社1978年版,第277页。
④ 魏建猷:《第二次鸦片战争中的爱国将领乐善》,《上海师范大学学报(哲学社会科学版)》1983年第2期。

过壕沟等阻碍闯进炮台的可乘之机。即便如此,清军守将仍拼死作战,抗击到底,无一人试图逃走。直至敌人已盘踞炮台内部,清军仍从附近房屋和草棚中射击还击。战斗就这样一直延续到十时半,经过了六个小时的激战,大沽口西北炮台完全失陷。最终,第三次大沽口战役中,西北炮台清朝守军千余人,全部壮烈殉国,在西北炮台作战指挥的直隶提督乐善也壮烈捐躯。大沽口炮台失陷,英法联军由此进军天津、北京,火烧圆明园。初六日(22 日),僧格林沁奏报"乐善登时阵亡,阖营覆没";恒福奏报"该夷由北岸出队,攻击石缝炮台,提督乐善力竭阵亡"。①

三、后人纪念铸铁钟,英雄长歌永流传

尽管第三次大沽口保卫战以阵地失守、炮台沦陷为结束,但直隶提督乐善率众清军将士顽强抵抗的精神力量和功绩不能磨灭。据《天津县新志》(1931 年刻本)记载,在大沽口战斗激烈进行过程中,僧格林沁"知不可守,檄令暂退。乐善谓使者曰:'速归告王,炮台存,乐善生。'"②炮台虽最终失陷,但西北炮台的清朝守军没有失责,他们慷慨捐躯、血洒海疆的精神,在大沽口炮台竖起了永恒的精神丰碑,激励着一代又一代的华夏儿女顽强奋斗。清军西北炮台的最终抵抗,实际上也给进攻的英法联军队伍造成了约一半人员的伤亡。据法军格朗登上校回忆,"进攻的队伍有一半人员都遭到伤亡",英法联军"共有两百人,其中包括六名法军军官和十七名英军军官,或被击毙,或身负重伤"。③

在统治者软弱求和、指挥官指挥失误、大部队撤退的情况下,乐善面对坚船利炮的强敌,仍岿然不动,誓死守卫边疆要塞,其身躯虽死,但精神永存。军民上下,举国内外,无不为顽强抵抗、驻守到最后一刻的众守军将士动容。咸丰十年七月初八日(1860 年 8 月 24 日),清政府下令追封乐善,谥号"威毅",赠太子少保,建立专祠。守军的英雄行为,也为敌人所敬服。参与此次战役的法国人科尔

---

① 贾祯等编:《筹办夷务始末(咸丰朝)》(六),中华书局 2014 年版,第 2124~2125 页。
② 齐思和等编:《第二次鸦片战争》(一),上海人民出版社 1978 年版,第 610 页。
③ 齐思和等编:《第二次鸦片战争》(六),上海人民出版社 1978 年版,第 277 页。

迪埃在书中回忆道："我们还不知道我们的损失和敌人的损失究竟有多少,然而抵抗是顽强的,中国人表现出令人难以置信的勇敢。"①

光绪十年(1884),乐善殉国二十四年后,一支保定的练军奉命调往驻守大沽口,因受感于乐善英勇无畏的崇高精神而自发筹款,铸造了一口铁质优良的钟,用于纪念在大沽口西北炮台壮烈捐躯的直隶提督乐善。因乐善谥号"威毅",这口铁钟被命名为"1884 年'乐威毅公祠'铁钟",因与大沽口炮台的不解之缘,又称"大沽铁钟"。1900 年,铁钟被英国士兵作为战利品掠走,存放在英国朴次茅斯市维多利亚公园内;在经过了 105 年的海外漂流后,于 2005 年由英国政府无偿返还;现为国家一级文物,于大沽口炮台遗址博物馆主题展陈中展出。大沽铁钟口径为 585 毫米,钟体高度为 650 毫米,重量 105 公斤,钟口呈波浪圆形。钟顶正中有"天眼"洞孔,其周残留双吻双爪六点支撑蒲牢钟钮断裂痕迹,并环以莲花瓣浮雕;钟肩为弧弦纹"上带",并留有 4 个铸芯洞孔;钟体外壁上段分为"八宫"(八方),每"宫"(方)铭铸"风""调""雨""顺""国""泰""民""安"钟铭,其中,"风""调"与"雨""顺","国""泰"与"民""安"分别呈对角线布局;中带为一道弧弦纹;下宫亦分八宫(方),钟款铭文在下一宫,镌铸"大清光绪十年立　海口大沽乐威毅公祠",下二宫铭文:"皇图巩固保定府练军官兵全人公立",下三宫至下七宫无铭文,下八宫异形浮雕纹饰;下带为弧弦纹;钟裙铸有"八卦";钟口为八波(曲)荷叶边。

2020 年是"1884 年'乐威毅公祠'铁钟"回归祖国 15 周年,笔者希望能借此具有纪念意义的时刻回顾民族英雄乐善的英雄事迹,重新梳理清军将领乐善与大沽口炮台的历史事件,从而加深对历史的理解,抒发对民族英雄的追思与怀念。

作者:付琳雅

大沽口炮台遗址博物馆

---

① 科尔迪埃:《1860 年中国之征》,转引自中国史学会:《第二次鸦片战争》(六),上海人民出版社 1979 年版,第 287 页。

对于博物馆教育功能的探讨

郭　宇

现如今博物馆快速普及推广,公众积极深入博物馆去探究历史文物,了解传统文化,对于文物的认知水平逐步提升,传统文化也得以继承和发展,这就充分展现出了博物馆的社会教育功能,博物馆成为社会进步的重要标志。信息时代下,博物馆教育功能的发挥,对于公众整体审美水平的提升也至关重要。本文就博物馆教育功能的特点进行阐述,阐述发挥博物馆教育功能的原因,进一步探究提升博物馆教育功能的主要途径,旨在提升公众的思想道德水平,促进社会的良性发展。

一、博物馆教育功能的特点

博物馆内文物藏品众多,展陈体系丰富,可全面记录国家的发展进程,在社会精神文明建设中发挥着重要作用。通过参观博物馆,公众能够感知国家的巨大变化,回顾重大的历史事件,增强公众的民族自豪感和对国家发展的自信心。在社会教育领域内,博物馆是重要的组成部分。

其一,大众性。博物馆的开放,以社会公众为对象,以任何进入博物馆参观的群体为对象,保证所提供服务的无差别化,促进社会整体素质的提升。

其二,全面性。博物馆内有着众多的藏品,实际覆盖范围较广,从不同主题出发可划分为众多展示单元,分别分析政治、文化、地理等相关社会内容,知识展示更加全面,促进参观者素质的提升。

其三,主动性。以信息技术为支持,博物馆全面展示出各种展品,以图片和影像等资料为载体,以优美音乐为辅助,保证展示的直观化,便于参观者深入理解文物。

二、发挥博物馆教育功能的原因

(一)博物馆作用的演变

中世纪的博物馆作为收藏机构,主要为私人、皇室及宗教团体服务,并不涉及社会教育。进入 17 世纪,自然科学逐步发展,部分博物馆成了独特的研究场所,满足自然科学研究的需求。在贵族社会转化为大众社会的整体环境下,社会大众阶层对于教育存在普遍化的需求,博物馆对于自身所承担的社会教育任务也形成了深刻的认识。随着时代的发展,到 20 世纪博物馆的教育功能发展突出,作为场所之一,为社会教育提供了载体。新时期下博物馆教育功能的产生与强化彰显了博物馆已进入现代形态。

(二)博物馆存在的合法性

在人类社会发展中文化遗产的保存责任应当由博物馆来承担。文化遗产保存的原因在于,被收藏的标本或文物是一种宝贵的财富,见证了人类社会及环境的变化发展,是科学研究中不可或缺的一部分。在这一方面开展研究,有助于我们对自然生活与历史生活进行全方位的了解。以博物馆为载体将其陈列出来,能够发挥文化遗产的教育功能,博物馆存在的合法性也因提供优良的社会教育而得以证明。

(三)博物馆的经费来源

立足现代社会的发展实际对博物馆的生存状况进行考察,发现众多博物馆自觉将社会教育纳入任务体系中。因博物馆具有一定的社会影响,以政府拨款或社会捐赠为经费来源,实际上博物馆在社会教育方面所做出的贡献是决定其社会影响的关键。若博物馆的社会教育力量薄弱,并未获得公众的认可,尚未建立优良的形象,则获得社会支持的难度较大,这是从现实生存角度来考量的。基于此,众多博物馆深入开展调查研究,为优良教育计划的制定提供参考,促进教育功能的发挥,对于社会文化发展也具有重要的推动作用。

三、提升博物馆教育功能的主要途径

（一）立足实际探寻发展方向，加大工作宣传力度

新形势下博物馆必须要明确自身优势，结合自身实际情况探寻未来发展方向，以促进文化事业的持续化发展。在独特的历史文化以及特殊的地理环境下，诸多文物的留存都有着独特的民族地方特色，这是博物馆发展过程中的重要资源。为促进博物馆教育功能的发挥，需要就地区历史资源进行深度挖掘，确保所打造的博物馆具备浓厚的地方特色，以强化居民对于历史文化和民俗风情的理解，国家民俗文化建设也得以有序推进。

为促进博物馆教育功能的有效发挥，需加大博物馆工作的宣传力度，发挥媒体优势，以报刊、网络、宣传单等为载体，做到全面普及。也可印刷宣传海报，向各单位发放，以文化教育群体为重点，通过开办讲座、录制短片与节目等方式进行宣传。以新媒体为支持，精准定位宣传对象，促进博物馆事业的发展。在博物馆教育工作中，以学校学生群体为重点，教育部门可发挥引导作用，在教学计划中融入优秀文化遗产内容及保护相关知识，符合新课改要求，且能够在无形中促进博物馆功能的发挥。学校、学生及博物馆之间的关系要加以协调处理，突破传统的教育模式，增进学生与博物馆之间的良性循环。这就需要博物馆强化教育意识，认识到博物馆教育的终身性，而不是一次性参观博物馆展览，确保教育功能真正得到发挥。通过有效的宣传能够促进工作的全面落实，吸引公众的注意力，博物馆自身的社会影响力也将显著扩大。

（二）充分发挥博物馆产业优势，对观众产生强烈吸引

博物馆教育功能的发挥，需要把握时代形势，积极更新思想观念，坚持与时俱进，重视产业优势的发挥，从而强化社会教育功能。现如今社会经济水平显著提升，公众追求更高的精神层次，博物馆必须要把握实际，强化品牌意识，立足实际组织开展多元化的活动，调动群众参与的积极性，促进社会教育的顺利落实。博物馆可组织开展科普展览、文化鉴赏展览等活动，确保公众的精神文化需要得到满足，公众也更加认可和赞同博物馆。

现代社会经济快速发展,公众的生活水平显著提升,对于精神文化的需求更加强烈。博物馆教育功能的发挥,可通过组织开办精品展览,或相关辅助型教育活动,对观众产生强烈的吸引。比如,博物馆可举办知识竞赛,提高中小学生的知识水平;通过专题性学术讲座的举办,促进研究的深入;联合学校举办爱国主义教育活动,培养学生的爱国精神与民族精神;以博物馆展厅为支持,开展学校的历史课程、生物课程等,激发学生学习的兴趣,促进教学成效的改善。博物馆也可联系旅游团组织参观活动,促进博物馆辐射作用的最大化发挥。

(三)拓展博物馆发展空间,结合其他领域文化进行讲解

基于当地历史文化特色,博物馆可组织开展丰富多彩的社会教育活动,将博物馆的发展空间拓宽,增进各博物馆之间的沟通,促进自身影响力的提升。博物馆应当与社会各界开展积极合作,发挥人力资源优势,探寻博物馆教育的新路径,以促进教育功能的发挥。博物馆可以与学校、机关等单位开展密切合作,打造专属教育基地,组织开展丰富多彩的文化活动,培养公众的科学探索精神,博物馆的社会教育功能也得到有效发挥。

博物馆展览过程中,若展示方式相对单一,则难以呈现出丰富展品的魅力,无法对公众产生吸引,实际讲解也比较枯燥,这就极易影响展览的效果,不利于博物馆教育功能的发挥。因此博物馆需立足自身实际进行深入分析,构建并完善自身独特的展览体系,保证展览质量的提升,从而促进教育功能的发挥。博物馆可汇集各领域的文化知识,以知识讲座为辅助开展教育宣传,从展品内容入手讲解相关文化,其中贯穿其他领域的知识内容,循序渐进式实施教育推广。博物馆工作人员需要积极学习其他领域的知识内容,结合博物馆主题知识进行讲解,促进文化知识的丰富和完善,博物馆教育功能的发挥也具备了优良的条件。

(四)打造专业化人才队伍,提高服务质量

就博物馆的性质来看,属于文化事业单位,为确保其教育功能的充分发挥,需要打造专业化的人才队伍,全面提升管理人员的综合素质,博物馆教育的专业性也得到保证。在社会发展新阶段下,博物馆必须加大人才培训力度,提高管理人员的认知水平与综合素质,正确运用文物知识去解答公众的提问,依照规范维

护并研发文物，全面提升博物馆文物建设的质量，促进博物馆的持续健康发展。

公众对于博物馆的需求表现在观赏、学习、社交、互动及参与演示等方面，这些需求的总和就相当于教育需求。博物馆应当重视公众的这种需求，将观众置于首要地位，更新观念，保证讲解服务的优质化，促进教育功能的有效发挥。讲解员相当于一架桥梁，联系着展览与观众，博物馆的教育功能因优质的讲解而得以发挥，便于公众深入了解博物馆展览的内容，获得知识，自身需求也得到满足。博物馆应当重视提供良好的设施服务，营造温馨的参观环境，讲解员需最大限度地满足观众的差异化需求。

（五）强化博物馆服务职能，探索网上博物馆形式

新时期下博物馆的发展需要更新思想观念，强化服务意识，积极主动为公众提供辅助，促进博物馆优良形象的树立，其教育功能也具备了发挥的条件。比如以社区文化展览形式为载体，展示优秀藏品及名家书法等，缩小公众与艺术作品之间的距离。博物馆展陈活动的开展，可深入事业单位，以促进博物馆公信力的增强。博物馆应当客观认识自身的功能，就藏品实施多元化挖掘，促进自身社会参与度的明显扩大。以互联网为载体，就知识进行吸收、保存和创造，促进博物馆服务职能的充分发挥。

不同地区的博物馆类型存在差异，收藏内容有所不同，公众无法参观所有的博物馆。在数字时代下应重视多媒体与互联网的协调应用，打造数字化博物馆形式，满足公众足不出户参观全世界博物馆的愿望，全方位获得知识，拓宽视野，博物馆的教育功能也得到有效发挥。数字化博物馆的建设必须要妥善处理好细节，令公众免受时空限制，产生一种身临其境的感觉。

四、结束语

在精神文明建设过程中，人们的精神文明需求日益增加，对博物馆的发展提出了更高的要求，博物馆需要充分发挥其独具特色的教育功能，不断分析自身所处的环境、面临的现状，同时积极做出相应的改变和调整，要强化服务意识，提高服务质量，增强陈列展览活动的品质，立足博物馆实际，探寻未来发展方向，加强

博物馆社会教育功能的广度和深度,同时也应明确产业优势,将博物馆的发展空间扩大,以专业化人才为支持,促进博物馆教育功能的最大化发挥。

参考文献:

[1] 史吉祥:《博物馆在现代社会中的功能》,《中国文化遗产》2005 年第 4 期。

[2] 孙婉姝:《博物馆教育功能理念的新探索》,《沧桑》2009 年第 1 期。

[3] 封姗姗:《浅析制约地方性博物馆社会教育功能发挥的因素及对策——以中国运河文化博物馆为例》,《黑龙江史志》2014 年第 19 期。

[4] 段星羽:《浅谈如何更好地发挥博物馆的社会教育功能》,《神州》2018 年第 1 期。

[5] 廉钰:《基于终身教育下博物馆教育功能的研究》,《卷宗》2019 年第 17 期。

[6] 陈新恒、王晓航:《探讨如何更好地发挥博物馆的教育功能》,《文物鉴定与鉴赏》2020 年第 3 期。

[7] 王丽明:《博物馆社会教育功能探讨》,《文物鉴定与鉴赏》2020 年第 4 期。

作者:郭　宇

天津滨海新区博物馆

抖音短视频在纪念馆传播红色文化中的
作用探析

王 蔚

　　纪念馆是红色文化传播的重要载体，是具有和平博物馆使命的当代历史博物馆。它承担着广泛社会意义下的公共教育的重要职能，通过让观众基于自身经验的参观行为，获得思考性的历史认知经验，实现爱国主义与和平教育的目的。在互联网技术高速发展的背景下，国内纪念馆纷纷利用微信、微博、H5（运行在微信里的网页链接或二维码）等新媒体手段创新传播形式，提升红色文化的传播水平。纪念馆应该善于利用高度整合的传播渠道，进行红色文化和纪念馆形象的信息传播。与微博、微信相比，短视频更多地利用影像动画、声音，是纪念馆在视觉传播方面的一次全新尝试。短视频凭借着传播速度快、碎片化传播、社交属性强等特点，成为纪念馆传播红色文化、开展爱国主义教育的新场域。全国纪念馆纷纷布局，开通官方短视频账号，其中以抖音平台最为流行。本文通过对纪念馆抖音短视频的运营情况进行调查，从传播学视角，探究在移动互联时代下，纪念馆如何利用短视频构建形象，分析利用短视频传播红色文化的策略与发展途径。

一、短视频及其传播红色文化的作用

　　进入新媒体时代，微博、微信等新媒体形式已经成为人们生活的一部分，甚至改变了人们的生活方式。而短视频是当下最为热门，也是迅猛发展的新媒体形式，可以说，短视频已经站在了"互联网的风口上"，短视频提供了丰富的场景，以直观的方式贴近人们的生活现实,通过精良的剪辑和有温度的文案,以重视人情趣味的表达与细节刻画,展现人们生活中的细节。短视频中大量使用"接地气"的流行语和表情包,迅速拉近了与观众间的距离,获得了巨大的流量与粉丝,有效地提升了传播效果。2018 年,中国短视频用户规模达到 6.48 亿,网民使用率为 78.2%,使用时长占总上网时长的 11.4%。可见短视频已成为继 QQ、微博、微信之后最流行、发展最快的社会化媒体。

一种新的传播介质要普及到 5000 万人,收音机用了 38 年,电视用了 13 年,互联网用了 4 年,微博用了 14 个月,微信用了 10 个月。而作为短视频平台的一员,抖音借助移动互联的东风,在 2016 年 9 月上线后便锐不可当,成为短视频平台的流量之王。据统计,2018 年抖音国内活跃用户突破 2.5 亿,2019 年抖音日活跃用户(Daily Active User)已达 4 亿,正式成为国民级短视频产品。[①]

短视频的时长大都控制在 3 分钟内。在 B 站(哔哩哔哩)、西瓜视频等平台上,短视频一般控制在 5 分钟左右,既能讲清故事,同时又使观众具有代入感,能够准确清晰地表达视频作者所要传达的信息。而在抖音短视频 App 上,个人用户视频长度限制在少于 60 秒。所以就要求抖音中的视频要快速地抓住观众的注意力,满足观众碎片化阅读的要求。相比其他传播媒介,短视频属于"广场式"传播。无论是否关注抖音账号,只要符合观众积累形成的视频风格,抖音大数据就会向观众推送对应的短视频,再由观众进行二次传播。因此这种裂变式传播提升了短视频的传播速度和场域,同时短视频这种接地气、草根化的风格,使其信息接受度高,从根本上重新构建了信息传播的模式与格局。

二、纪念馆利用短视频传播红色文化的优势

(一)纪念馆借助短视频构建独特的网络形象

纪念馆的建立是为了更好地保存、宣传以及研究红色文化,它承担着党和人民赋予的历史使命和现实责任。纪念馆采用接地气、包容、轻松活泼的短视频呈

---

① 《2019 抖音数据报告》,https://wenku.baidu.com/view/424f7f08c7da50e2524de518964bcf84b9d52d7e.html。

现方式，减少了公众对"刻板印象"的抵触情绪，增强了纪念馆的形象和接受度。尤其从人性化视角出发的纪念馆形象更能深入人心。在移动互联时代，将与时俱进的时尚元素融入纪念馆形象的构建中，成为圈粉无数的"网红"纪念馆，吸引更多游客来实地"打卡"纪念馆，让爱国主义教育起到潜移默化的教育效果。在强国、强军、爱国主义和意识形态领域，纪念馆短视频更能营造沉浸式体验，制造仪式感和强烈视觉冲击的奇观化效果。通过人工智能算法，让处于不同生活场景的观众能够沉浸在"爱国""国家"等系列符号中，从而产生强烈的认同感。[1]

（二）短视频带动纪念馆文旅融合发展

纪念馆多坐落在革命圣地，绿水青山。作为文旅融合的重要平台，纪念馆既是公众感受革命精神的殿堂，也是休闲旅游的绝佳目的地。纪念馆丰富的红色资源和鲜明的文化特色使之具备打造优质短视频的独特优势。通过抖音平台的转发和分享，吸引更多游客来博物馆"打卡"，触摸革命历史，感悟先贤精神。

社交属性是短视频蓬勃发展的一个重要因素，也是新媒体时代传播的特点之一。在新媒体时代，信息传播不再是单向的，而是双向的。用户不仅是信息的接收者，也可能是下次传播的发起者。通过点赞和评论，观众可以成为新一轮传播的意见领袖，还可以及时分享带有评论观点的信息，与其他意见领袖进行频繁互动，极大地满足了社交需求。

纪念馆承担着传承红色文化、传播中国声音的使命，通过观众来到纪念馆的"在场感"和"代入感"，使其在体验的过程中对场馆和文物产生共情，受到教育和感悟，形成"个体记忆"，从而实现纪念馆的职能。传统意义的纪念馆（博物馆）观众往往是通过纪念馆展示内容（展览）获得新的历史知识，而当代性的纪念馆（博物馆）更多的是通过观众和纪念馆的互动性体验，在观众和纪念馆之间形成信息的双向流动，实现观众对纪念主题的自主性认知，而这种互动性体验往往更能够加深观众的印象，更好地提升纪念馆的传播效果，更好地发挥纪念馆的职

---

① 贾哲敏、何婧琪：《政务短视频发展现状及在政府传播中的作用》，《北京航空航天大学学报（社会科学版）》2019 年第 6 期。

能。因此,作为纪念馆短视频官方账号,可以充分利用短视频平台的社交属性,发起热门话题,引发更多的受众参与讨论,产生口碑效应,不仅带动线上对于纪念馆形象的持续关注,更能激发受众的兴趣,吸引更多的人参与线下纪念馆爱国主义教育活动,形成深度的社交互动,同时也促进当地文化旅游业的发展。

（三）纪念馆能够为短视频传播注入正能量

当代年轻人似乎对红色文化越来越不感兴趣。他们似乎更加关注快节奏的"文化消费"。如此,虽然他们的物质生活变得越来越丰富,但他们的精神生活变得十分空虚。① 因此,势必要寻找一条符合时代潮流、满足社会群体审美需求的途径来传播红色文化。而短视频恰恰成了"红色文化教育"与"泛娱乐化"的平衡点。纪念馆借助短视频平台实现"年轻化"转型,而对于抖音而言,也可以在某种程度上摘下内容低俗、泛娱乐化的标签。

纪念馆承担着传承中华传统文化、传播精神文明的使命,而运用抖音新媒体是其丰富传播方式、提升传播效率的一种手段。纪念馆要认识到抖音的不足,挖掘抖音的潜力,充分发挥它的优势,做出创新并提高内容质量,在展示内容上多下功夫。通过宣传革命先辈艰苦奋斗、不畏牺牲的感人事迹,在"娱乐化"的平台传播正能量。在这样的新媒体环境下,作为中华民族重要文化载体的纪念馆,通过展示亲民风格的转型、革命精神和红色资源解读方式的创新,使公众特别是年轻观众,对红色文化的兴趣持续增加。综上,以"卖萌"为手段,以传承厚重的文化为使命,是纪念馆利用短视频平台所要遵循的根本原则。

三、纪念馆运营抖音短视频平台的现状及思考

当越来越多的博物馆、文博院、纪念馆等专业机构入驻抖音短视频平台,文物专家、文物爱好者等申请抖音号入驻平台,专业化的内容生产和精准分发,有利于确定目标受众,通过精准送达,提升传播效率。

截至 2020 年 5 月,笔者在抖音短视频平台通过"纪念馆"关键词进行搜索,

---

① 　徐芳、杨扬:《红色文化网络传播的特征、问题及对策》,《党史文苑》2009 年第 5 期。

得到包含"纪念馆"的用户 214 家，其中蓝 V 认证 72 家。按照粉丝量前十位排序，它们的运营情况见下表。

纪念馆抖音运营情况

名称	获赞数（万）	粉丝数（万）	作品数（个）
淮海战役纪念馆	4400.7	168.8	834
侵华日军南京大屠杀遇难同胞纪念馆	551.6	24.9	181
刘少奇同志纪念馆	12.4	1.7	50
中国工农红军西路军纪念馆	1.6	1.7	160
四渡赤水纪念馆	2.3	0.4	21
抚顺市雷锋纪念馆	1.8	0.3	104
平津战役纪念馆	0.9	0.2	69
照金纪念馆	0.7	0.2	49
台儿庄大战纪念馆	67.5	0.1	10

通过上表可以看出，淮海战役纪念馆的粉丝量达到了 168.8 万，获赞数和作品数也遥遥领先其他纪念馆。淮海战役纪念馆的短视频主题定位明确，不局限在"淮海战役"这一个点上，而是以宣传"英雄精神"为根本，通过持续运营，发布了 834 个作品，以剪辑、转发央视等媒体的关于各个时期的英雄、英烈的纪录片、短视频为内容，宣传歌颂英雄精神，与观众获得共情，赢得了大量点赞，也形成了稳定的粉丝基础。

台儿庄大战纪念馆结合自身的红色资源，制作特色短视频，宣传弘扬抗战精神，短时间也获得了 67.5 万个点赞。其他的纪念馆也结合自身特色，充分挖掘红色资源，利用抖音短视频传播红色文化，在网络上构建纪念馆形象。

本次搜索仅局限在包含"纪念馆"这个关键词的抖音用户上，略显局限。还有许多纪念馆利用抖音传播红色文化。例如，中国雨花台同样是定位于宣传歌颂英雄精神，对"四史"中产生的英雄人物进行视频宣传，也圈粉无数。

抖音短视频的走红给纪念馆传播方式带来新的机遇与挑战。通过此次调查也发现了纪念馆在运营抖音短视频平台上的一些问题。例如,有的纪念馆仅是注册了一个账号,并无内容或长时间无内容更新,存在一些"僵尸"账号。有的纪念馆短视频内容既不是展现本馆的红色资源特色,也不是宣传红色文化、传播红色基因,似乎并不是纪念馆方面在进行运营。这些问题反映出纪念馆在短视频运营方面还有欠缺。特别是一些中小型纪念馆,人员经费有限,仅能维持开馆。对于策划、拍摄、制作这些复杂的短视频制作工作更无从谈起了。

四、纪念馆提升短视频传播效率的策略与途径

(一)内容为王,让红色文化与网络流量相结合

"内容为王",这是互联网行业亘古不变的真理。在信息爆炸、碎片化阅读、同质化严重的信息社会,信息传播要获得较为有效的传播效果,就必然重视传播内容的生产,做到内容为王。只有优质的内容才是增加观众黏性、培养观众忠诚度的根本所在。接地气与生活化的内容更能让观众产生共情,对于具有悠久历史、内涵丰富的纪念馆文物来说,尤其要重视创意内容的生产。深入挖掘革命人物、革命文物背后的故事和内涵,采用通过创意文案、走心的视觉形象设计、革命文物内涵的阐述,拉近纪念馆与受众之间的距离,让观众了解革命文物的同时走进短视频展示的革命故事,以新颖的形式达到寓教于乐。

对于抖音一般控制在一分钟的短视频要求,纪念馆就要适应这种媒体平台的传播特点,为抖音用户进行画像,在一分钟内满足他们的审美的同时,传递有效的纪念馆信息和故事,也符合他们碎片化阅读的特点,更利于或更愿意为纪念馆进行二次分享传播。因此,在制作剪辑技术上,首先要在视频开始的15秒内以最直接的方式传递最核心的内容,力争抓住观众的注意力,使其停留在纪念馆的短视频上。接下来的30秒要通过剪辑技术、电影语言把纪念馆故事以最精炼、最准确和最温情的方式传递给观众,这部分是整个视频的根基。最后15秒则要把内容进行升华,通过或新奇、或沉重、或高尚的方式让观众产生思考,留下评论,甚至愿意把这个视频分享转发,进行二次传播。这就是一段成功的纪念馆短视频。

除了对馆藏红色资源的宣传，纪念馆大可以放开视野，对纪念馆的日常进行包装宣传，这样既能吸引粉丝关注形成观众基础，也能对构建纪念馆形象和提升红色文化传播有所帮助。抖音大多数用户都是当代年轻人，他们对于最新的时代潮流有较为敏感的把握度。短视频的内容应该紧跟时代潮流，紧贴当下热点。例如，纪念馆可以借助之前热播的综艺《乘风破浪的姐姐》，以此热点为切入，宣传本馆讲解员的日常工作情况，采用人性化的叙事手法，通过大量日常、生动、感性的细节供给，展现讲解员如何苦练基本功，如何因人施讲，告诉观众如何在纪念馆"打卡"拍照，等等，力求故事感人、生动、富有感染力，突出纪念馆日常业务工作的细致与服务观众的温度，重视观众的情感与态度，使内容接地气，更富吸引力和感染力，提升纪念馆短视频的流量，进而提升爱国主义与和平教育的传播效率。

（二）创新驱动，不断丰富短视频展示形式

相比纪念馆的微博与微信传播方式，纪念馆短视频在表达、叙事、创意方面的自由度和宽容度更高，鼓励纪念馆不断尝试更多前沿、新潮的话语方式，突破纪念馆传播既有风格。短视频内容应该在作品严谨性、创新性与用户需求的交融中寻找契合点。首先作品的内容应该是正确的革命历史，传播正确的价值导向。在此基础上，对短视频拍摄、剪辑手法进行创新，满足观众的"猎奇"需求。

第一，主题要明确。短视频通常只有十几秒时间，因此更追求主题明确，立意简洁，短小精干，通常不设计复杂的多个主题。第二，注重短视频的节奏。通过快节奏的剪辑和音乐"卡点"，形成紧凑、富有张力的画面，力求在固定时间里承载更多的信息量，对观众形成视、听觉的多重冲击。第三，贴近流行文化。纪念馆短视频在话语运用方面与严肃、正式的官方话语体现出明显的不同。注重口语化、简洁与快节奏，更加轻松活泼，平易近人，还大量使用"标题党"、网络流行语、美颜滤镜、表情包。这种方式符合公众观看短视频时追求新奇、趣味的心态，也符合短视频平台的潮流，进一步拉近了纪念馆与公众之间的距离。第四，借鉴其他艺术形式。纪念馆通过讲故事的形式把革命文物和革命人物串联起来，呈现出革命历史的叙事逻辑，从中升华出革命精神。可以借鉴曲艺的一些形式,例如采用"抖包袱""倒笔书""插笔书"等叙事技巧可以造成作品内容的悬念效果,激发观众的好奇心和求知欲。或者形成红色故事的短视频连续剧,一般分为三期,在每一期的结尾留下"扣子"(悬念),从而吸引观众粉丝的持续关注。

整体而言,纪念馆短视频是纪念馆传播风格的一次较为彻底的发展。① 向流行文化学习、尽可能贴近观众、丰富短视频展示形式,是纪念馆利用短视频进行红色文化传播的基本思维,体现了"从群众中来,到群众中去"的革命传统思想的传承过程。

(三)抢占先机,注重平台认证和人才培养

微信、QQ 等即时通信软件允许由任何人注册开通,私人可以"代替"纪念馆发布信息,表达意见。这无疑降低了纪念馆作为公共文化机构和中华民族文明代表的权威感。而国家文物局、国家博物馆、中央电视台、陕西历史博物馆、浙江省博物馆、共青团中央等机构已入驻抖音、快手等短视频平台。许多纪念馆也开通了抖音账号并通过了官方认证。这从根本上确保了革命纪念馆传播红色文化的真实性和权威性,还有助于纪念馆自身品牌的打造。

此外,纪念馆对于短视频等新媒体运营人才队伍建设不容忽视。这也是目前许多纪念馆成立融媒体中心的原因之一。官网、微博、微信、抖音等新媒体平台成为纪念馆对外构建形象、进行红色文化宣传的重要阵地,纪念馆工作人员不仅要加强自身学习,积极掌握历史知识,同时还应努力学习并掌握新媒体技术,深入了解观众的需求,为其提供优质、高效的服务。建立一支可编、可采、可做的新媒体编辑队伍,使包括短视频在内的纪念馆官方新媒体运营更加规范化和专业化。

(四)积极"破圈",着力打造纪念馆短视频"爆款"

自短视频开始发力到繁荣,纪念馆对其特点与功能显示出浓厚的兴趣,着手在抖音、快手等平台布局,纷纷开设账户,积极参与内容制作与传播。2020 年 2

---

① 邵学达、张思梦:《呈现与传播:从抖音看文物类短视频的实践与发展》,《新闻论坛》2018 年 5 月,第 23 页。

月初,一则名为《关于新冠肺炎的一切》的科普视频刷屏。在视频中,回形针 Pa-perClip 团队详细地讲述了突然爆发的新型冠状病毒肺炎是如何发生、传播和感染的,很快这则视频以亿级的传播量火爆全网,被网友们称为"硬核科普"。① 其实,在网络上还有很多这种拥有专业知识的"大 Up 主"(视频上传者),他们经常能够将专业知识通过"简单易懂"的短视频形式传递给观众。纪念馆大可以"走出去",积极"破圈",一方面在短视频平台上坚持输出有深度、有温度、有品质的红色文化内容;另一方面可以深度挖掘纪念馆的品牌原创优势,通过有文化、有态度、有意思的创意内容产出,与其他领域专家或第三方推广公司合作,打造纪念馆短视频的"爆款"产品。例如,平津战役纪念馆深挖纪念馆资源,结合"天津解放 70 周年",打造"七十记得你"话题,通过《走进英雄》《我与老兵讲故事》《平津战役小知识街采》等短视频形式,与参加过天津解放的老战士、天津党史研究人员等合作,形成短视频宣传矩阵,让纪念馆在网络平台上的热度持续上扬,收获了数量庞大的粉丝,引发了社会关注,带来良好的效果和反响,同时也提升了红色文化和爱国主义教育传播的效率。

五、结论

互联网络的飞速发展,给纪念馆红色文化的传播带来了许多有利因素,纪念馆短视频方兴未艾。笔者水平有限,管中窥豹,调查的科学性有待提高。但是短视频平台给纪念馆传播红色文化带来的机遇是不言而喻的。机遇与挑战并存,如何运营短视频,让它更好地为纪念馆讲好红色故事、传播红色基因服务,是当下给纪念馆人的一个时代课题。

在信息化的高点,纪念馆才能走在时代的前列。新时代,纪念馆人应该要用富有前瞻的视角和体现时代性的方式,探索互联网技术的积极功能,去挖掘、传承和弘扬红色文化的精髓,充分发挥爱国主义教育示范基地的作用,把红色资源利用好、红色传统发扬好、红色基因传承好。

---

① 《科普短视频"破圈"指南,让硬核知识人人看得懂仅是第一步》,https://new.qq.com/omn/20200310/20200310A0MRAO00.html。

参考文献：

1.周静:《网络语境下高校红色文化传播的价值及实现路径》,《新闻传播与研究》2011 年第 11 期。

2.徐芳、杨扬:《红色文化网络传播的特征、问题及对策》,《党史文苑》2009 年第 5 期。

3.蔡庆东:《网络传播:特点、问题与规范》,《中共山西省委党校学报》2008 年第 1 期。

4.王蔚:《试谈网络环境下红色文化的传播》,《红色文化论坛》2013 年。

作者:王 蔚

平津战役纪念馆

古建遗址类博物馆的创新发展

——以恭王府为例

郝 黎

文化和旅游部恭王府博物馆位于北京市西城区前海西街恭王府遗址，是北京保存最为完整且唯一对社会开放的清代王府，该遗址 1982 年入选全国重点文物保护单位，2012 年晋级国家 5A 级旅游景区，2014 年被定为"国家非物质文化遗产展示基地"，2017 年被评为国家一级博物馆。恭王府的快速发展与创新密不可分。

作为珍贵的文化遗产，恭王府在 20 年前还寂寂无闻。在恭王府发展之初，既没有政策，又没有资金。人们很难想象，今日熙来攘往的恭王府，在 1988 年恭王府花园开放之初，曾有一天卖不出几张门票、门可罗雀的经历；今天展陈林立、活动丰富的恭王府，在 2008 年全面开放之初府邸建筑空空如也。

恭王府建设博物馆举步维艰：第一，无文物。由于历史原因，恭王府内可移动文物在近百年的沧桑巨变中几乎荡然无存，历史陈列所必需的文物展品严重不足。第二，缺乏历史文献记载。故宫博物院藏有清内务府陈设档，即清宫各处殿堂陈设物品的清册。恭王府在级别上低于故宫，因此相关的档案寥寥。第三，缺乏相关参照物。恭王府是唯一保存完整的清代王府，其他王府或被占用，或面目全非，没有可供参考的参照物。第四，没有相关历史见证人。王府后人溥伟的儿子毓嶦，从未在恭王府居住过。第五，没有专家学者进行过连贯的专门研究。第六，大规模整体复原需要投入巨额资金。

恭王府的管理者以改革创新作为发展的不竭动力，不断超越自我。近几年，恭王府博物馆一直以充满魅力的身姿,活跃在首都众多的文博旅游机构中,越来越多地为广大人民群众所认可和接受,知名度、美誉度不断提升。

一、梳理资源——打造四张名片

恭王府始建于清乾隆中后期(约 1776 年),初为和珅宅。嘉庆四年(1799),庆郡王永璘被赐居于此。咸丰二年(1852),咸丰皇帝将该府赐予恭亲王奕䜣,恭王府始得名。这座建筑见证了中国最后一个王朝的鼎盛以及逐步走向衰败灭亡的过程,因此有"一座恭王府,半部清朝史"之说。1937 年以后,恭王府成为辅仁大学校舍,私属宅园时代结束。中华人民共和国成立后,恭王府曾先后被北京艺术学院、中国艺术研究院、中国音乐学院等单位和 200 多户居民占用。历经多年的搬迁腾退及修缮工作,2008 年,恭王府终于以完整的面貌呈现在世人面前。

2008 年之前,恭王府以古建修缮和旅游开发为主,工作比较单一;全面开放后,恭王府的工作重心逐渐转移到以业务建设和开放为核心的全面事业发展上来,因此必须对恭王府的定位等系列战略规划适时地予以调整,才能满足发展的需要。

恭王府的管理者认真梳理、深度发掘恭王府的历史文化资源,总结出以恭亲王奕䜣为代表的清代王府文化的"历史牌"、以和珅一生传奇经历为背景的"旅游牌"、以《红楼梦》与恭王府关系为核心的"文化牌"、以福文化为体现的"民俗牌"这四张名片,从而为各项职能的发挥提供了空间。

具体而言,恭王府围绕历史牌,打造了"清代王府文化展""恭王府历史沿革展"等常设展览,以及多福轩、锡晋斋、后罩楼系列复原陈列,每年举办相关的文物临展;在旅游服务方面,着重讲解游客关注的人物和珅;开放了《红楼梦与恭王府》常设展览,此外在花园里建设了红学家周汝昌的纪念馆,每年举办相关主题的讲座;恭王府的文化创意产品主要围绕福文化开发,在业界颇有名气。这四张名片是开展博物馆工作的总纲,纲举而目张,经倾力打造,精彩呈现,受到各方肯定,取得了令人欣慰的社会效益和经济效益。

二、创先争优——参加行业的评估定级

恭王府兼具博物馆和景区的双重职能,因此积极参加两个行业的定级评审。

标准是国内外先进技术、方法的总结，标准化是文博旅游行业管理的重要手段。评选国家 5A 级旅游景区、国家一级博物馆，是国家对行业的重要管理手段，目的是以评促建，提高公共文化服务水平。

（一）申报国家 5A 级景区

2006 年 3 月，国家旅游局发出通知，在全国开展 5A 级旅游景区创建试点和评选工作，意在推选出一批质量过硬、在国际上具有竞争力的旅游精品。2006 年 12 月，国家旅游局确定了 66 家 5A 级旅游景区创建试点单位。2007 年 3 月，国家旅游局通过了验收评定。

国家旅游局开展 5A 级旅游景区创建工作，其目的就是要在众多的旅游景区中评选出一批资源品位高、产品开发优、景区管理好的旅游区作为典范，引导全国的旅游景区向国际化、标准化方向发展。"5A"意味着在国际上有竞争力，在国内真正成为标杆的旅游精品景区。截至 2017 年 9 月 2 日，国家旅游局共确定了 249 家国家 5A 级旅游风景区。

国家 5A 级景区是国内景区的最高标准，标准较 4A 级旅游景区更加注重人性化和细节化，更能反映出游客对旅游景区的普遍心理需求，突出以游客为中心，强调以人为本。

不同于其他博物馆，恭王府是从旅游发展起来的。1988 年 7 月恭王府花园对社会开放，旅游开放即成为恭王府的日常工作。北京是著名的历史文化名城，拥有众多的文化旅游资源，恭王府是其中一支绽放的奇葩，其旅游资源具有珍贵的特殊性、唯一性。在景区质量等级评定之初，恭王府即被旅游主管部门确定为 2A 级景区。经过 20 年的发展提升，2008 年 4 月，恭王府被国家旅游局评定为国家 4A 级旅游景区。经过审慎思考，2009 年恭王府继续申报国家 5A 级旅游景区。恭王府紧紧围绕 5A 级景区创建标准和质量要求，查缺补漏，全方位改造和完善服务设施，大力提升管理水平、服务质量。创建 5A 级景区，为恭王府的繁荣发展提供了有力保障。

（二）创建国家一级博物馆

2012 年 2 月，恭王府荣膺国家 5A 级旅游景区后，适时提出了创建国家级博物馆的奋斗目标,旨在通过创建国家级博物馆,主动接受行业管理,充实馆藏,丰富展览,加强科研,全面提升恭王府的业务水平。

2008年2月国家文物局发布《全国博物馆评估办法》,组织开展博物馆评估工作,旨在加强博物馆行业管理,提高博物馆质量,充分发挥博物馆的社会服务功能,促进博物馆事业发展。博物馆经评估确定相应等级,从高到低依次为一级博物馆、二级博物馆、三级博物馆。

一级博物馆,是中国国家文物局为加强博物馆行业管理,充分发挥博物馆的社会服务功能,促进博物馆事业发展,而对中华人民共和国境内所有正式登记、注册并接受年检,具有文物、标本收藏保管、科学研究、陈列展览功能的,对外开放的各类博物馆,经该国家局组织设立的全国博物馆评估委员会在综合管理与基础设施、藏品管理与科学研究、陈列展览与社会服务等各方面进行综合评议,并以打分方式产生的博物馆最高等级划分。

2008年5月评出首批国家一级博物馆83家,2012年11月评出第二批17家,2013年5月4家博物馆因未达到国家一级博物馆标准,被降为国家二级博物馆,至此,全国一级博物馆数量共96家。2017年1月20日,中国博物馆协会发布的第三批国家一级博物馆名单显示,国家一级博物馆再添34家,总数达130家,恭王府榜上有名。

工作伊始,创建小组多次前往北京市文物局了解创建工作应注意的问题,多次走访一级博物馆吸取创建经验。同时对照博物馆评估标准,结合实际情况进行自评分。一方面,我们欣喜地看到,通过多年努力,我们已具备了申报国家级博物馆的基本条件;另一方面,我们认清了薄弱环节,有利于采取措施加以改进,促进事业发展。根据实际情况,向中心领导提出合理化建议,最终确定了"先申请国家二级博物馆,未来三至五年通过不断地自我完善再申请国家一级博物馆"的申报步骤。2013年恭王府成为二级博物馆,2017年恭王府获批一级博物馆。

恭王府博物馆建设从无到有,从小到大,犹如一株生命力旺盛的小苗,在辛勤而智慧的园丁哺育下,苗壮成长。创建国家顶级景区和博物馆不是目的而是手段,创建成功不是终点而是起点。

三、团队预约——昔日引领行业潮流，今日促景区复工

恭王府自全面开放以来，每年的旅游旺季游客人数都爆满。针对游客多、面积小的情况，自 2009 年 9 月起，恭王府顶住外界压力，探索性地实施了团队游预约参观制度，有效控制游客的接待量，开北京旅游景区预约参观的先河。

据统计，仅 2010 年"十一黄金周"期间，系列游团体预订人数就达 10 万人次，谢绝调整参观人数每天在 6000～8000 人次，切实有效地达到了"削峰平谷，调控客流"的目的，最大限度地保护了游客和文物的安全；提供舒适、优良的参观环境，最大限度地满足人民群众的需求；杜绝各种安全隐患和管理漏洞，减少对周边居民的干扰；增强了旅行社和导游行程的计划性，他们不必因为长时间等待或找不到停车位而与游客和交通管理部门发生纠纷。恭王府内外秩序井然，实现了保护与开发的适度平衡，探索出一条新的发展思路。恭王府此种做法受到北京市旅游委的大力推崇，很多博物馆也开始效仿。

时至今日，预约旅游已经成为景区的基本管理方式。2020 年初，突如其来的疫情打乱了人们的正常生活。在国家强有力的管理下，疫情得到了有效控制，旅游行业也开始逐步复工。在疫情防控常态化形势下，很多旅游开放单位要求预约，合理控制景区每日的接待人数不超过最大承载量的 30%，以减少拥挤，保持适当的距离。预约制发挥了积极的作用。

四、赠送保险——关怀游客和志愿者

恭王府是著名的旅游景点，旅游开放是重要的工作内容。为进入府邸和花园的每一位游客提供日益人性化的优质服务，已经成为恭王府全体干部职工共同的职业操守和奋斗目标。

自 2009 年起，恭王府出资为每一位游客购买意外伤害保险。一旦发生意外事故，中国人寿保险公司累计赔偿额可达 1000 万元，每次事故赔偿限额为 500 万元。其中，人身意外伤亡赔偿限额每人为 10 万元，意外医疗赔偿限额每人为 2 万元。此外，恭王府为志愿者购买了义务团体人身意外伤害保险。

来恭王府参观的游客以及义务服务的志愿者多了一份保险，更多了一份安

全保障。这体现了恭王府自觉的抗风险意识和对社会的高度责任感,更是完善旅游开放功能和文博事业功能的重要组成部分,体现了恭王府"以人为本、以游客为本"的服务理念。北京市旅游委高度评价恭王府此种做法,拟在全市旅游行业推广。

五、打造活态文化空间——王府充盈满满活力

著名红学家周汝昌表示,一个府邸,修缮得再完好,也无非是个物质空间,想要尽可能地复其原貌,必须要将其内在的精神活动加以复原,还原其内在的生命力。这是恭王府打造活态文化空间的初衷。

恭王府博物馆引入非物质文化遗产(以下简称"非遗"),经常举办"非遗"展览,如"广作华章——广绣历史文化与传承展""绩续——夏布技艺传承与文化生活展"等。除了静态展示,还推出一系列精彩的品牌活动。每年"文化遗产日"期间,恭王府举行"非遗演出季",邀请名家在大戏楼表演昆曲、古琴、南音等。"锦绣中华""非遗"服饰秀用时尚的方式展示非遗在现代服饰中的应用。恭王府博物馆还配合二十四节气举办"春分祈福""中秋寄唱"等活动。

（一）引入"非遗"

文化遗产包括物质类和非物质类两种。由于历史原因,恭王府馆藏文物匮乏,修缮完毕的 1000 间空房大门紧闭。恭王府博物馆的领导积极想办法、谋发展,后将王府这一珍贵的物质文化遗产作为非物质文化遗产的展演场所,扬长避短开展博物馆工作,这可谓是一个创造性的设想。由于表现出色,2014 年恭王府被文化部确定为国家非物质文化遗产展示和保护基地。

我国历史悠久,文明荟萃,是世界上"非遗"入选项目最多的国家。截至 2019 年 6 月,共有昆曲、古琴艺术等 32 个项目入选联合国教科文组织"人类非物质文化遗产代表作名录"。因此必须甄选在国际上知名度高,同时又适合王府环境的非遗项目,才能使王府的物质文化遗产和非物质文化遗产水乳般地交融为一体,使人感觉浑然天成。

恭王府选取了与王府颇有渊源的昆曲、古琴等项目,自 2008 年起于每年夏

天举办"非遗"演出季。我们的演出不同于牟利的商业演出，也不同于用以谋生的剧团演出，而是用于欣赏、玩味的纯艺术演出，是一方文化的净土。从剧目挖掘、编排、宣传、推广无不体现品位。在王府这一历史文化空间里还原京剧、昆曲、古琴等传统演出形式，使其置身于本初的环境，再现了情景交融的意韵。从活动之初鲜有人问津，到如今场场爆满，一票难求，既反映出人们对优秀传统文化的认可和热衷，更表明了恭王府在传承传统文化方面的不懈追求。到恭王府观看"非遗"演出已是文化界的一件盛事，已成为恭王府的又一张名片，无论对"非遗"还是恭王府都是很好的传播方式。

恭王府博物馆最早设立了一道古建风格的"非遗"精品长廊，用以展示各地国家级非物质文化遗产项目和技艺，之后建造了中华传统技艺精品馆，后又将后者周边的房间辟为"传统工艺创意生活馆"，更全面地展示了"非遗"保护工作成果。

由于"非遗"具有无形文化遗产的特性，单靠静态展览无法传达与之相关的传统技艺等非物质事项，无法完整表达其内涵，因此，恭王府引进了传承人进行活态展示。

展演方面则以演出的方式展示非遗。比如已经成为恭王府品牌项目的"非遗演出季"就是利用恭王府古色古香的大戏楼演出昆曲、古琴等艺术，再现其神韵。

同时，利用部分展厅展销，其原理和博物馆销售文化创意产品是一致的。当观众对"非遗"有了一定的了解，对产品有了购买的意愿，博物馆需要去满足观众这种内发的需求，增加销售渠道。

（二）重启海棠雅集

自 2011 年起，每年 4 月海棠花开，春意盎然之时，历史上名动京城的"海棠雅集"重现恭王府。

海棠雅集的重启与红学家周汝昌先生的大力推动是分不开的。认为恭王府即红楼大观遗址的著名红学家周汝昌先生，呼吁对恭王府进行保护与开放，2008年恭王府全面开放以后，更加关注与支持王府建设。2010 年，九十三岁高龄的周汝昌致信恭王府，倡议重启海棠诗社。这一活动始于清末盛于民国，自清代恭亲王奕䜣时期开始，到其后人载滢及其孙辈溥儒一以贯之，再至辅仁大学时期，陈垣校长以《红楼梦》中人物探春所起的"海棠诗社"为题，每到司铎书院（今恭王府）海棠花开之际，遍邀京城学人来府雅集，写诗品茗，畅谈古今，其间王国维、鲁迅、顾随、张伯驹等名宿巨擘时常流连于此，互有唱和，极尽风雅。后来因多种因素的影响，该活动中断。

2011 年 4 月 21 日，恭王府"海棠雅集"重新开启。周汝昌先生特意为海棠雅集写来贺诗两首。郑欣淼、郑伯农、李文朝、周笃文、吴钊、陈平等学者、诗人、艺术家莅临恭王府，月下赏花品茗，或挥毫泼墨，或赋诗填词，或弹奏古琴，一时文人雅士汇聚，佳词翰墨飘香。周汝昌称："我们的海棠诗社，在首次集会、发题、开社之后，获得的反响之迅速，质量之优美，大大超过了预计估量，我得知后，喜不能寐……"遗憾的是，2012 年初春，周先生因病去世。

随着海棠雅集活动的影响力与日俱增，吸引了一批中青年诗人参加，弘扬传统文化，歌咏时代新风。中华诗词文化在恭王府焕发新春。

（三）中秋寄唱诗会

中秋节是合家团圆的日子，对于文人墨客而言，更是诗兴大发、遣兴抒怀之时。在古色古香的王府之中，遥望千里皓月咏怀抒情，酬和互答，此乐何极！2013 年中秋佳节，由恭王府、中华诗词学会以及中国戏曲学院梅兰芳艺术研究中心共同主办的恭王府中秋诗会在恭王府大戏楼举行。诗会精选出包括马凯、叶嘉莹等 14 位诗家的 16 首诗词作品，经中国戏曲学院作曲家的二度创作，以京剧及昆曲演唱的形式，再度呈现，是一次诗词与戏曲艺术的联姻，是弘扬诗词与戏曲文化的有益探索。

结　语

创新是进步的灵魂，是永葆生机的源泉，是兴旺发达的不竭动力。对于文化遗产，习近平总书记说："每一种文明都延续着一个国家和民族的精神血脉，既需要薪火相传、代代守护，更需要与时俱进、勇于创新。中国人民在实现中国梦的进程中，将按照时代的新进步，推动中华文明创造性转化和创新性发展，激活其生命力，把跨越时空、超越国度、富有永恒魅力、具有当代价值的文化精神弘扬起来，让收藏在博物馆里的文物、陈列在广阔大地上的遗产、书写在古籍里的文字都活起来，让中华文明同世界各国人民创造的丰富多彩的文明一道，为人类提供正确的精神指引和强大的精神动力。"

作者：郝　黎

恭王府博物馆

博物馆小志愿者活动的实践与探索

李　霞　　王春慧

近年来,随着社会的持续进步和博物馆事业的不断发展,越来越多的人加入博物馆志愿者的行列,积极投身于公众文化服务之中。其中,有一类非常特殊的人群,他们热爱文化遗产,热爱自己的家乡,虽然个子小,年纪轻,脸上依然稚气未脱,却活跃在服务公众的最前沿,成为博物馆一道独特的风景线,他们就是博物馆小志愿者。什么是小志愿者? 小志愿者到博物馆能为社会、为公众做什么服务? 博物馆开展小志愿者活动有何意义? 博物馆应该如何有效开展小志愿者活动? 本论文以滨海新区的优秀博物馆为例,对博物馆小志愿者活动作相关的探讨。

一、"博物馆小志愿者"现状

博物馆小志愿者是指在不为任何物质报酬的情况下,以博物馆为平台,利用自身兴趣和特长来服务大众的中小学生,他们贡献个人的时间及精力,传播优秀文化、传承中华文明、弘扬志愿精神,从而实现自我价值和社会价值。

我国博物馆小志愿者活动始于 20 世纪 90 年代末,早在 1996 年辽宁省教委面向全省中小学开展的雏鹰行动中,旅顺日俄监狱旧址陈列馆就成为旅顺口区登封小学的社会实践场所,与其建立了志愿服务关系。之后,小志愿者活动发展十分迅速,目前,很多博物馆陆续开展了小志愿者活动,在社会上引起了强烈反响,不仅受到广大学生与家长的欢迎,还获得了公众的一致肯定和广泛赞誉。

滨海新区的博物馆近些年蓬勃发展,也越来越重视志愿者这种社会力量支持博物馆发展的趋势。大沽口炮台遗址博物馆作为全国重点文物保护单位、全国红色旅游经典景区、全国爱国主义示范基地，对中华优秀传统文化的传承和弘扬，社会主义核心价值观的培育和践行，未成年人的培养与引导都起到了良好的推动作用。经过多年的阵地建设工作探索，大沽口炮台遗址博物馆逐渐积累了一支由"小小历史宣讲员""青年志愿者"，以及社会人士组成的年龄跨度大、职业分布广、社会服务能力强的志愿团队。

二、"博物馆小志愿者"活动的意义

1. 帮助中小学生认识社会，培养良好的道德品质、实践能力和社会适应能力，促进其健康成长和全面发展

在博物馆小志愿者活动中，青少年广泛参与博物馆志愿服务，除了发挥自己的一技之长，为他人提供服务，实现自我价值之外，也获得了学习新知识、新技能的机会，开阔了眼界、增长了知识、提高了能力。为提升小志愿者的综合素质，给孩子们提供一个自我展示的平台，大沽口炮台遗址博物馆"小小历史宣讲员"根据自己独特的品牌优势，结合青少年对历史文化知识的兴趣和对语言表达艺术的追求，从 2013 年开办至今，已经培养 200 多名优秀的小小历史宣讲员。培训课程通过富有针对性的朗诵艺术培训，使小学员在学习知识的同时逐步增强口语表达能力，以及在公共场合讲话的艺术。

2. 彰显博物馆的公益性，发挥博物馆的教育职能，推动博物馆走向社会，更好地服务未成年人

为助力"双减"政策落地，丰富学生精神文化生活，滨海新区的各博物馆充分发挥公共文化服务平台作用，拓展服务功能，开辟学生"第二课堂"，推送精彩纷呈的青少年教育活动，为"双减"时代的孩子们提供最佳新体验，先后开展了"小小讲解员""小小文明引导员""环保小卫士"等多个志愿服务培训项目，鼓励青少年成为滨城的"文博小使者"，开展志愿服务。近 30 场的志愿服务活动吸引近千名志愿者参与其中，让孩子们在快乐奉献的同时释放压力，体味讲解的魅力，收获自信与成长。

2021年9月以来,博物馆推出"'N+1'实践服务新课堂进校园系列活动",深受学校的欢迎和喜爱。活动依托"滨海文化""红色文化""海洋文化""工业文化"等"N"主题,结合"1"种实践体验,通过线上、线下等形式,向青少年学生传递滨海历史,普及科学知识,提高青少年自我保护意识和应急避险能力,锻炼创新能力和动手能力,为祖国培养"懂文化""懂科学""懂技术"的全能时代新人。

3. 弘扬中华传统文化,拓展青少年的思维能力,开辟学生实践"第二课堂"

大沽口炮台遗址博物馆开展的"拥抱新时代,我与祖国共成长""阳光少年""国防教育"等活动,通过红色阵地寻访、现代科技参观体验、手工制作等形式,让青少年在活动中了解党史故事、增强国防意识。博物馆还推出了"小小历史宣讲员""小小文博志愿者""水上交通课堂"等特色主题夏令营,既能让孩子在历史的天空下感知文化的魅力,也能在独具特色的体验中感受动手制作的乐趣。

为增强活动的趣味性,博物馆特别设计了创意活动教具,其中,"口袋博物馆"互动项目通过采集文物数字资源,让孩子们进入VR影像,身临其境地"逛"博物馆,AI聆听智慧讲解员的讲述。同时,透过智能软件扫描《儿童海上国门》绘本,可呈现文物的立体展示,实现场景还原、实景模拟,给孩子们带来崭新的文化体验。

三、对博物馆小志愿者工作的思考

博物馆开展小志愿者活动不仅为广大中小学生提供了一个展示和提升自我的平台,而且推动了博物馆事业的发展以及和谐社会的构建。可以说,于志愿者、博物馆、社会是"三赢"的好事情,在"志愿者精神"日渐普及的今天,如何吸引更多的中小学生加入博物馆小志愿者的行列,如何在博物馆中持续有效地开展小志愿者活动?结合滨海新区博物馆小志愿者工作开展的实际情况,笔者认为应做到以下几点。

1. 博物馆成立专业团队,健全运行机制

为确保博物馆小志愿者工作的顺利开展,博物馆应挑选具有亲和力和责任心、富有工作经验的教育人员担任小志愿者工作管理人员,成立专业运营团队,负责小志愿者活动策划、宣传、招募、培训、指导、管理、考核和表彰等相关工作，并作为枢纽和桥梁与小志愿者进行联络和沟通。博物馆还应制定和完善管理制度，规范博物馆小志愿者的招募、面试、培训、考核、表彰等相关工作，同时，对志愿者的权利和义务加以规范，使小志愿者活动的开展走向制度化和规范化。

2. 加大宣传力度，广泛对外招募

目前，虽然中小学生参加各种志愿活动比较多，但是参加博物馆小志愿者的人数并不多。因此要加大宣传力度，采取各种手段，让公众特别是中小学生知晓博物馆是他们奉献爱心、提供服务的重要平台，了解博物馆小志愿者服务的内容以及意义所在，让更多的人来关注博物馆小志愿者活动，不断扩大博物馆小志愿者的社会知晓度和影响力。例如滨海新区博物馆，一是采取与学校、社团的主管理部门共同合作，由其负责宣传、推荐甚至初选；二是利用微信、微博、官网等媒体平台公布招募信息；三是通过现场活动向市民发放招募信息、张贴海报等。

3. 提供各类培训，抓好日常管理

博物馆小志愿者可谓是博物馆形象代言人，其志愿服务的质量应符合博物馆公众服务的要求。所以，为培养一支高素质的小志愿者队伍，博物馆一方面应建立完善的培训机制，系统提供各种培训，另一方面应坚持不懈地抓好日常管理，对小志愿者的工作进行及时的督导评估。

4. 减少博物馆小志愿者流失

博物馆志愿者流失问题一直以来都是志愿服务工作管理的难点，除了定期招募新的志愿者外，还要在其他几个方面下功夫。首先，要认清博物馆和志愿者的关系，不能把志愿者当成免费劳动力，要对他们的服务工作表示尊重、肯定和感谢。其次，要完善管理机制，合理安排志愿服务时间和工作内容，使志愿者在正常的工作学习之余提供志愿服务，避免时间冲突。最后，对于志愿者的激励机制应该多样化。志愿者提供志愿服务大多不求物质上的回报，他们希望精神层面上得到满足，除了对优秀志愿者进行精神奖励外，还可以通过学习激励、工作激励、培训激励等方式，使志愿者可以通过志愿服务实现自我价值和社会价值。

总之，志愿服务是学生磨砺意志、陶冶情操、提高综合素质的有效途径，不单为社会作出了一定的贡献,弘扬了新风气、新风尚,而且人生的价值也在志愿活动当中得到体现。相信,在"三贴近"思想的正确指导下,在博物馆工作者的不断实践中,未来博物馆小志愿者活动将会持续完善,推动博物馆事业不断发展和社会向前进步,而博物馆小志愿者也将会茁壮成长,真正成为优秀文化的小使者、志愿精神的传承人。

参考文献:

［1］ 洪文梅:《公共图书馆志愿者服务管理的探讨》,《图书馆论坛》2010 年第 1 期。

［2］ 姜军辉、李侃、褚红轩:《浅谈我国无障碍博物馆建设中的志愿者服务》,《西南农业大学学报(社会科学版)》2010 年第 2 期。

作者:李 霞 王春慧
滨海新区文物保护与旅游服务中心

探究革命文物党史学习教育的着力点

——以大沽口炮台为例

崔志华

革命文物承载着党和人民英勇奋斗的光荣历史，记载着中国革命的伟大历程和感人事迹，是开展党史学习教育的红色资源和生动教材。2021 年 3 月，天津市文物局公布了第一批天津市不可移动革命文物名单，大沽口炮台名列其中，位居榜首。为贯彻落实习近平总书记在党史学习教育动员大会上的重要讲话精神，近一年时间以来，大沽口炮台结合庆祝中国共产党成立 100 周年和党建引领共同缔造美丽"滨城"建设工作，提高政治站位，强化政治引领，聚焦服务主题，拓展服务方式，提升服务水平，高质量服务好党史学习教育，努力探索革命文物党史学习教育的实践路径和长效机制，全力彰显党史学习教育主阵地、主渠道、主力军的责任和担当。

一、加强科学规划，注重统筹施策

立足建立革命文物党史学习教育的长效机制，统筹推进和实施革命文物规划利用工作，加强顶层设计和科学规划是摆在我们面前的重要课题。

1. 加强顶层设计

着力构建发展新格局，逐步形成主题鲜明、层次分明、主体多元的革命文物体系。党史学习教育开展以来，大沽口炮台依托深厚的红色历史文化底蕴，聚焦党史学习教育主题，以党建工作为引领、以革命文物保护为重点、以基地建设为主体、以价值传播为导向，紧紧围绕"全力传承红色基因"这一定位，提出了全力建设联动京津冀、辐射沿海地区、服务全国的新时代"爱国主义教育第一站"的目标和方向。同时，制定了《大沽口炮台党史学习教育三年行动计划（2021—2023）》，对这三年革命文物党史学习教育的指导思想、基本原则、发展目标、主要任务和保障措施进行全面谋划和精心设计。通过具体目标设定，逐步推动党史学习教育有序开展，展示革命文物展示利用水平不断提升。

2. 彰显时代价值

革命文物彰显的精神力量和时代价值是党团结带领人民不忘初心、牢记使命、继续前行的力量源泉。我们着眼于将大沽口炮台所蕴含的抵御外侮、捍卫民族独立尊严的爱国主义精神融入新时代发展生动实践，聚焦时代主题，突出历史深度，以文物讲历史、以历史说故事、以故事传精神，让历史对话时代，从而达到与观众共情、与时代共鸣的目的。深入阐释传播大沽口炮台深厚的历史底蕴和丰富的时代内涵，精心设计推出"红色之路""红色记忆＋学习实践""红色筑基工程""红色文化宣讲""红色教育矩阵""红色文明示范"六大红色主题，抓住点、连成线、形成面，线上线下联动、动态静态结合，让大沽口炮台精神历久弥新、永放光芒。

3. 优化文物讲解

生动的革命文物讲解，有利于公众加深了解文物后背的故事，引发共情，从而进一步强化革命文物宣传教育效果，润物细无声地推进党的意识形态工作。基于这一思考，我们及时梳理调整了讲解词，使讲解内容在展示大沽口炮台抵御外侮悲壮历程的同时，更多的弘扬在这场战争中历练的民族精神和民族品格，着力增强中华民族的凝聚力与向心力。此外，注重研讨式、互动式解说，增强党史学习教育的沉浸感、代入感、体验感，通过互动把革命文物与党的百年发展历程紧密结合起来，将中华民族站起来、富起来、强起来的伟大飞跃历程传达给公众。建强"红色金牌讲解员"队伍，选拔优秀人才参加全国革命文物百佳讲述人遴选和庆祝中国共产党成立100周年全国博物馆讲解大赛，并取得佳绩，讲解服务水平、党史宣讲水平不断提升。

4. 突出青少年群体

根据革命文物资源服务党史学习教育的大数据分析，2021年以来革命博物馆、纪念馆参观人数整体呈上升趋势，尤其35岁以下年轻群体增长较快，整体占比已超过五成。在党史学习教育中，我们为包括青少年在内的老年人、残疾人等特殊群体开通"绿色通道"，确保党史学习教育活动"一个都不能少"。同时，注重探索并实现青少年红色教育模式，推出"红色筑基工程"，紧贴青少年需求，针对不同年龄段的受众设计不同教育内容，探索符合青少年特点的党史宣传教育方式，引导他们听党话、跟党走。积极开展"党的故事我来讲——争做红领巾讲解员"活动，举办红色主题夏令营、党课进校园、革命故事报告会等特色活动，上好"传承红色基因——博物馆里的开学第一课"，帮助广大青少年接受生动的党史学习教育，增进爱党情感、激发强国使命。

二、创新载体方式，突出精准服务

守正创新，开拓更好发挥革命文物教育功能的多元路径，对于弘扬革命文化、传承红色基因和开展党史学习教育有着重要意义。为实现教育功能最大化，大沽口炮台以"我为群众办实事"为核心，精心设计活动载体、活化教育形式，不断增强党史学习教育的"吸引力"，高质量精准服务党史学习教育，实效显著。

1. 红色展览"阵地式"服务

打造红色主题展览，以"阵地式"服务精准对接党史学习教育需求。在认真梳理历史图文资料的基础上，展馆临特展厅推出红色自办展览——"滨城红潮——滨海新区党的革命历程"主题展，重点展示新民主主义革命时期滨海新区党组织的建立发展以及党领导下的革命斗争。自活动开展以来受到区域内党团组织的高度关注，短短几个月时间，前来参观学习的党员群众和青少年学生超过10万人，成为各方学习了解滨海新区红色历程的重要载体。

2. 教育项目"菜单式"服务

立足博物馆常态化教育项目，推出以主展陈、临特展览、主题党课、知识答卷、经典电影等为内容的"红色清单"，为党史学习教育提供多样化选择。同时，深挖革命文物背后所传承的时代内涵,将常态教育资源串联整合,形成一条贯通古今、内容丰富、形式庄严、效果深入人心的红色文化体验链条,让党员群众在参观过程中厚植爱国情怀,感受大沽口炮台作为新时代爱国主义教育第一站的责任与担当。

3. 党团参观"全域式"服务

以各党团组织的需求为出发点,以"红色记忆+学习实践"为核心,推出特色党建主题教育活动。充分发挥鲜活的教育资源优势,结合重大历史事件、重要历史人物、中华民族传统节庆和特殊节点,精心设计活动内容和载体,提供不同主题的宣讲展演、党课、临特展览、党识互动问答等活动项目,并推出活动策划、环节设计、全程摄录、信息推送等贴心服务措施,为各党团组织开展党员教育打造一张"自助式""一站式"活动清单,全力实现主题教育全域服务。

4. 拓宽空间"主动式"服务

从多角度、多领域、全方位进行教育方式方法创新,积极开展"五进"活动,通过线上知识普及、线下主题活动、静态展览展示、动态宣讲传播等多种方式,将红色展览、党史宣讲、党课等相关教育项目送至校园、社区、部队、企业和居村,以"主动式"服务,链接社会"神经末梢",打通党史学习教育"最后一公里"。2021年以来,先后为塘沽七中、杨家泊镇中小学校、临港区域党建联盟单位送去各类教育服务活动达百余场次,助推党史学习教育常态化。

三、坚持科学管理,着力实事实效

坚定不移地谋划新时代革命文物高质量发展,真正用心用情用力保护好、管理好、运用好红色资源,传承好红色基因,是时代发展的必然要求。大沽口炮台聚焦党史学习教育走深走实,围绕深研究、强阵地、优队伍、树品牌等目标建设持续发力,讲好红色故事,赓续红色血脉,增强革命文物服务党史学习教育的实效。

1. 加强红色资源研究阐释

充分发挥好革命文物的功能作用,不能仅停留于策展、陈列、讲解等基础或常态工作,还需加大科学保护力度,深化研究阐释,厚植文化底蕴,从而厚积薄发，为革命文物保护利用的一系列相关工作提供坚实的根基和土壤。持续在文物保护、学术交流、藏品征集、人才培养等领域下功夫，编辑出版一批有深度的理论成果，为弘扬革命精神提供学术支撑。加强与高校院所、学术机构的合作交流，推动研学基地和课题项目建设，深化拓展革命文物教育功能，推进红色资源创造性转化、创新性发展。

2. 推动宣传教育活力创新

着力开展好红色宣讲，为弘扬传播大沽口炮台精神打造一支先锋队伍。一年来，我们广聚社会志愿力量，构建起集老、中、青三代人员于一体，多领域、多元化、长效化的志愿服务体系——红色文化宣讲团，这也是天津市首支红色志愿服务队伍。宣讲团以红色文化传播为使命，深入学校、部队、企业、居村进行宣讲，让革命精神花开遍地、牢牢扎根。努力提升宣讲工作的水平和实效，组织编写宣讲教材，精心设计宣讲节目单，丰富宣讲方式，加强培训排演，积极拓展党史学习教育动态传播，不断掀起红色基因传承新高潮。

3. 搭建学习教育"云平台"

大力开展互联网和新媒体能力建设，积极推动官方网站、微信公众号、微博账号及其他新媒体的建设和运营，拓宽传播推广渠道，营造"党史随时学"的社会氛围。推进"互联网＋革命文物"行动计划，增强革命文化和科技创新互联互通，积极运用 VR 互动、3D 投影等高新技术手段，提升观众的实时参与感和体验感，在微信公众号开通"党史学习教育专栏"，依托特色资源数据库推出"革命文物"模块，通过云展览、短视频、全境 VR 等推介宣传革命文物、红色展览等，方便党员干部通过手机端随时随地开展学习教育，为党史学习教育提供便利，让党史学习教育线上线下齐"开花"。

4. 深化"我为群众办实事"

创新服务，以加强文化建设为己任，以满足公众的文化需求为出发点，以完善创新服务举措为途径，将"我为群众办实事"落到实处。进一步加强与各党团组织、中小学校及相关红色遗址的交流合作，不断创新协同发展新方式，打造党史学习教育共享阵地，使大沽口炮台真正成为全区、全市党团组织开展教育活动的首选阵地。在挖掘阐释传播革命文物的时代价值,讲好红色故事的同时,采取开放、自助、人性化的服务模式,关注公众需求,多角度着眼让服务更贴心,多形式征求意见让沟通更真诚,强化引导,服务下沉,通过延时开放、特定时段免费讲解等具体服务措施,为公众构筑起一种全新的文化生活方式,以此积聚提升大沽口炮台文化服务力和对外影响力,以全心全意"办实事"推动各项工作"开新局"。

作者:崔志华
大沽口炮台遗址博物馆
滨海新区博物馆

遗址保护研究

大沽口炮台建设之研究

马文艳

大沽口"外接深洋,内系海口"①,"当河海之要冲,为畿辅之门户"②,素有"京津屏障"之称。其首都门户的重要战略地位,受到明清统治者的重视。大沽口炮台自明代防倭设防,从嘉庆年间修筑海河河口南北岸各一座炮台,到第二次鸦片战争发展到南北岸大炮台五座、小炮台三座,再经洋务运动整饬,形成明清海防体系中完整的要塞防御……其间历经战火、几经兴废。

大沽口海口在北洋乃至中国沿海的战略地位,每每被有识之士提及。光绪三十四年(1908),近代启蒙思想家严复,在为直隶总督杨士骧代拟的《筹办海军奏稿》中,追述北洋海防形势时指出,清政府建都蓟燕(指北京),具有天险之势,即以天津大沽为门户,以渤海为天池,而以旅顺、大连和芝罘(烟台)、威海作左右臂,为之拱卫。大沽口炮台是我国清末北方军事防御设施的代表遗存,炮台修筑吸收了中国古代传统城池建筑之工艺,又借鉴外国炮台的先进经验,成为近代沿海炮台建筑文化之典型。这里建有多种该时代典型的防御工事:方形大炮台、圆形大炮台、长炮台、平炮台等,还出现了围墙与士兵住房相结合的特殊形式——滨海大墙炮洞兵房,各类设施结合成为严密的防御体系。大沽口炮台是重要的历史遗存,历史信息含量丰富,对军事科学史、中国近代建筑史等研究均具有较高的研究价值,更是中华民族抗击侵略、不畏强暴的历史见证,具有极高的文物

---

① 中国第一历史档案馆编:《鸦片战争档案史料4》,天津古籍出版社1992年版,第383页。
② 黄彭年等撰:《畿辅通志》第九册,河北人民出版社1989年版,第95页。

价值和社会价值。

一、大沽口炮台设防考辨

我国在沿海设防可追溯到很早以前，但明以前，除元朝时有抵御外敌从海上入侵的作用外，其余多是对付一国的敌对势力或国内其他民族，而且限于个别地域，没有完整的防御体系。因此，这些不过是海防的萌芽，真正形成防御体系，则在明代。① 明清畿辅海防以大沽、旅顺及威海卫为战略防御体系的三个支撑点，其各自的火力配系建成后，构成了畿辅海防三角形海岸防御体系。"以旅顺口为首冲，大沽、北塘及山海关内外为要冲，尤以关系畿疆要害。"②大沽系畿辅咽喉之地，其建设更成为要塞火力配系的重中之重。

关于大沽口最早的设防，《明史》"兵志三"记载："自世宗世倭患以来，沿海大都会，各设总督巡抚……"蓟于辽则大沽宿重兵，领以副总兵并设置铜铁大炮。③ "以来"应理解为世宗时及以后，所以自明世宗嘉靖年间始，大沽口已正式设防。这一地区除具有防御外敌入侵这一海防共同任务外，还有一层特殊而重要的任务，即拱卫京畿。

明嘉靖三十五年（1556）四月，倭患频繁侵扰我国沿海地区，明朝不得不认真考虑如何应对，在派兵征讨的同时，也加强了沿海地区的防务。尤其是大沽口，因其是离京师最近的海口，更要防范倭寇的侵扰，大沽口炮台便应运而生，大沽地区开始有了简易的炮台。大沽口炮台最初的防务是守卫大沽口。从明代设防早期高一丈二尺，木架、稻草结构，烽火台形式的瞭望台，发展到在墩堠之间"每隔一里设轰雷炮二座，每座炮由六人操作，二人瞭望，二人司火，二人拽线"的具有真正意义的炮台。

另据《天津通志·大事记》记载，万历二十年（1592）、二十五年（1597）明朝曾派数千、数万明军援朝抗倭，天津成为军队转输地，其出口在大沽口。为加强

---

① 范中义：《明代海防述略》，《历史研究》1990 年第 3 期。
② 顾廷龙，戴逸主编：《李鸿章全集 10 奏议十》，安徽教育出版社 2008 年版，第 532 页。
③ （清）顾廷玉等撰：《明史 8》，中华书局 1974 年版，第 2247 页。

天津防务,还调山东右布政使万世德任天津海防巡抚,并确定了出海巡逻制度(每年二月初至六月初、八月初至十一月初),进一步佐证了大沽地区的军事活动。

大沽口炮台自明代嘉靖年间设防,清嘉庆年间修筑炮台,几经战火洗礼,历时久远,牵涉历史事件众多,所以学界对于大沽口炮台阶段性研究的侧重点各有不同。从国家海防建设的全局意义上分析,我们将炮台历史分为三个阶段:第一次鸦片战争前、第二次鸦片战争时期、洋务运动时期。

二、第一次鸦片战争前

英国阿美士德使团的到来以及之后所发生的礼仪之争,引起了嘉庆帝对于大沽口海防的重视。嘉庆二十一年(1816),嘉庆皇帝谕内阁:"天津为畿辅左腋,大沽等海口,直达外洋,从前曾建设水师驻防,后经裁撤。该处拱卫神京,东接陪都,形势紧要,自应参考旧制复设水师营汛,以重巡防。"[1]同年十一月又谕令:"添设水师绿营兵一千名……著两江闽浙两广总督,各就该处地方情形共抽裁名粮一千名,交天津新设之水师营官弁照额募充,分营管辖。"[2]于是在大沽口两岸"添设水师汛衙署兵房及炮台二座",并恢复水师营建制。[3]

鸦片战争爆发后,直隶总督讷尔经额在南炮台修筑防御工事,道光二十一年(1841)正月动工兴建,同年七月基本完成。炮台宽一丈二尺,进深八尺,高一丈六尺左右,比旧炮台高大。为了加强保护,三座炮台前都加筑土垒一座。土垒前,添筑土埝一道,长六尺,宽一丈五尺,高一丈二尺。炮台南接筑土埝一道,埝内筑土垒四座,并在炮台的东北角增筑土炮台一座。北岸炮台距海稍远,也增筑了土埝土垒,布置与南炮台略同。南岸增建的两座炮台,因离海岸较近,其地基密钉木桩,木桩直径约一尺,长一丈五尺左右,钉于地下,然后用白灰三成、土七成混合成"三合土",用夯砸实,再铺石灌浆。炮台外沿建筑用料,上为青砖,下为石头。垒外,再筑

---

① 戴逸、李文海主编:《清通鉴 12》,山西人民出版社 1999 年版,第 5318 页。
② 戴逸、李文海主编:《清通鉴 12》,山西人民出版社 1999 年版,第 5328 页。
③ 齐思和等整理:《筹办夷务始末 道光朝 1》,中华书局 1964 年版,第 535 页。

拦潮坝一道,周围一百三十丈,坝内可容两千多人,坝外筑土埝一道,两旁各开深壕一道,用于阻敌。守兵可以利用拦潮坝为掩体,炮台大炮火力可控制海口。北岸新添造的炮台,在旧炮台东南,离海口较近,规模与南炮台相同。

　　早期大沽口炮台的建设是基于明代简陋的布防,于嘉庆年间始建,并于道光年间对炮台进行添建。英军北上对清政府进行武力威胁,大沽口海防的建设再度为清政府所重视。这一时期的炮台建设有了明显的进步。

　　第一是内部结构的变化。明代炮台内部为木架、稻草结构,嘉庆年间便已向"内用木料,外用青砖砌成,白灰灌浆"的砖石结构炮台形制发展,炮台台身相对坚固。但是,由于敌我双方使用的多是实心或空心的

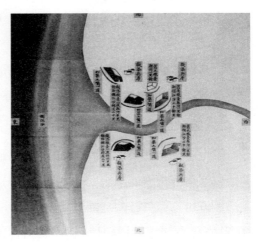

图一　1841 年讷尔经额布防的大沽口炮台　中国第一历史档案馆藏

炮弹,打击在砖石结构炮台台身外,飞溅的石块可为守军带来致命的伤害。

　　第二是土堡、麻袋修筑防御工事,虽为临时建设,但在实际防御中也有一定的效果。"而拒炮之法,惟土堡最为得力。前据讷尔经额奏,麻袋贮土,堆垒九层,百步之外,试以大炮,穿至七层而止,将弁得以避其飞火弹,人心安定。"①

　　第三是增建辅助性设施。清嘉庆二十二年(1817)修筑的天津海口炮台除了两座炮台外,还修筑了"住房九所,火药局一所,校场箭厅一所"。但是,在炮台内部设置火药局和休息场所,却在一定程度上增加了炮台遭遇火炮袭击时的威胁。②

---

　　①　《清实录》,道光朝实录卷三百五十八,中华书局 2012 年版。

　　②　(清)苏楞额、和世泰:《奏为查收新建天津水师营炮台衙署兵房各工情形事》,清嘉庆二十二年六月十六日。

第四是嘉庆时期修筑炮台两座,南北对立而建;道光时期直隶总督讷尔经额在大沽口南岸增筑炮台两座,北岸修筑炮台一座,均为上砖下石,呈长方形,同时修复加固南岸旧炮台。道光时期建成的大炮台五座、土炮台十二座、土垒十三座,组成了大沽口炮台群,增添土埝、土垒和拦潮坝等防御设施,这标志着大沽口炮台的建设已经从单一的海口驻守向大规模海防要塞转变。但是,各炮台间未能相互连接,缺乏相互援助,后勤保障也存在问题。另外,这种炮台只可以防御海上正面之敌,对敌方登陆成功从后路攻击的可能却没有加以充分考虑。

三、第二次鸦片战争时期海口防设之详探

作为第二次鸦片战争的主要战场,大沽口炮台在这一时期得到了进一步建设。咸丰八年(1858)四月,英法侵略军入侵大沽口,经过激烈的炮战,两岸炮台完全被破坏。交战中,守台官兵们发现,弹丸打在用砖石包砌的炮台上面造成砖石横飞,极易产生间接伤亡。同年八月底,钦差大臣僧格林沁到大沽口勘察,决定重建新炮台,共建炮台六座。其中三座在南岸,两座在北岸,分别以"威""镇""海""门""高"五字命名;另一处炮台建在北岸,称"石头缝炮台",以备后路策应。海河河口南岸北炮台高五丈,中炮台高五丈,南炮台高三丈,"石头缝炮台"高三丈;河口北岸两座炮台,高度分别为一丈三尺、一丈五尺。每座炮台设大炮三门,另有小炮台二十五座。在旧的地基上重新修建的炮台,宽度和厚度也有所增加,在外形上出现了方、圆两大类型。南北两岸炮台共设火炮六十门,其中一万两千斤大铜炮两门,万斤大铜炮九门,五千斤铜炮两门,铁炮二十三门,安设一千二百斤以下大小铜炮各八十一门,以加强纵深防御。①

三次大沽口之战,影响了近代中国的历史进程,也使大沽口炮台的海防战略意义更加凸显。在这一时期,英法联军开始使用后装线膛枪炮,并逐步装备了陆军和海军舰队。这种新式火炮射程远、威力大,且命中精度极高,从而使得其破坏力更强、杀伤力更大、杀伤范围更广。

---

① 杨金森、范中义:《中国海防史》下册,海军出版社 2007 年版,第 705 页。

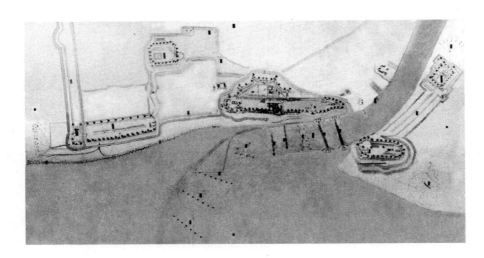

图二　咸丰八年郑介成绘制的《大沽口炮台图》进呈本，图中详细绘制了各炮台与营堡设置

首先，这个时期修建的炮台，在方法上较之前有了很大的改进。炮台用木材和青砖砌成后，外用二尺多厚的三合土夯实，炮弹打在炮台上只能打一个浅洞，避免了砖石飞溅而带来的危险。单体炮台从第一次鸦片战争时期修筑的一丈六尺增高到三丈至五丈，并且增宽加厚旧有炮台来提高其自身的防护能力。炮台建筑技术以及装备火炮的数量和威力都有所提高。

其次，除建设海防炮台外，配套的基础设施逐步完善。炮台两旁的围墙用三合土砸实的土坯砌成，围墙厚两尺。两岸炮台的周围都筑堤墙，沿墙修盖地窖子，堤墙密布炮门发射孔。堤外再挖壕沟，并置木栅，联成排桩，以为副防御设施。

再次，畿辅地区设防初步形成。第二次大沽口战役后，钦差大臣僧格林沁、直隶总督恒福加强大沽、天津的防御布置。在大沽东南两面，修筑长壕一道；在大沽村外挑挖长壕，筑立围墙；拦河设有三道障碍物，有铁戗、铁链，及长为二十四英尺、直径为十八英寸的木质圆筒，间隔十五英尺与大铁索相连，使铁索不至于坠入河底。另在北塘原有炮台旧基之处，挖通地道，装塞火药。在北塘至天津路上，部署马队，在天津城北卸断浮桥，附城一带挑空重濠，筑立土城将四门关厢,圈入重濠,设有警动。①

最后,随着工程的进行,大沽口炮台由单一的海防炮台逐步成为海防要塞。每个单体炮台均有地下工事,既可以独立作战,更可以相互支援,形成掩护,形成有屏障、有前沿、有纵深,相互之间纵横交错、互成犄角的全方位的防御体系。但是,相对于英法联军的船坚炮利,大沽口炮台整体所表现出的技术水平不高,其结果必然难逃战争失败的命运。

四、洋务运动时期大沽口海防战略思想之辨析

同治五年十月(1866 年 11 月),兵部左侍郎崇厚主持修建大沽口南北两岸炮台工程告竣,安设炮位,校阅操防。"查南北两岸炮台五座,大小炮台四十三座,炮洞连房三百九十余间,火药房并窝铺一百三十间。两岸壕墙九百余丈,滨临海面溜势顶冲之拦潮坝四百余丈。土木各工一律加筑坚固。并挑浚海壕修筑吊桥,营门亦均整齐。捐办之大小炮位应配炮盘炮床炮架均择坚实木料仿照洋造成做,如法盘旋进退,运转自如。其安设各门炮位均经一律演放,亦极灵便得力。其分拨驻守之将弁兵丁亲自校阅技艺,亦均娴熟。计大沽六营兵一千八百名,除挑练洋枪炮队官兵八百八十名。现在奉天出师及留津练习外,其留守炮台操防巡查海口大沽地面驾驶巡船之兵尚有九百二十名,均由六营员弁随时认真操练,并分班弹压大沽地面、巡缉海口门户,不准稍形疏懈,以专责成、而固海疆。"②

1871 年秋,李鸿章主持的大沽口炮台大规模的整修工程正式开始。为此清政府多次派出工程技术人员赴西欧考察,并聘请外国专家来华指导,参与大沽口炮台要塞勘察、设计等事项。经过数千人历时三个月的辛勤劳作,到当年河水封冻时,对炮台守军队海口两岸原有的五座大炮台、十座平炮台、炮洞连房三百七十五间、军械火药库、住房五十三间、四十五架窝棚及九百九十四丈营墙、营门四座,进行了修整,重新在营墙内外修筑了四百二十八丈护台壕沟,并在壕沟上搭

---

① 齐思和等编:《第二次鸦片战争 4》,上海人民出版社 1978 年版,第 280 页。
② 《清宫塘沽密档图典·炮台防务》,中国第一历史档案馆,《崇厚报告炮台竣工及校阅操防情形的奏折》,第 168 页。

建了四座木桥，以便出行。直到 1874 年夏天，大沽海口增修护台、添筑炮台等工程"修筑甫竣"。此时炮台的修筑已经到达鼎盛，形成了完整的防御体系，在炮台修筑及防御思想上较以往有了较大改进。

其一，逐步确立海防战略思想。光绪元年（1875）五月清廷发布上谕，第一次把海防问题提升到国家战略地位，这也在某种程度上对李鸿章的海防思想产生了影响。李鸿章提出了组建现代化海军和建设沿海防卫体系等具体主张。李鸿章认为，海防固守之法不外两端："一为守定不动之法，如口内炮台壁垒格外坚固，须能抵御敌船大炮之弹，而炮台所用炮位，须能击破铁甲船。又必有守口巨炮铁船设法阻挡，水路并藏伏水雷等器。一为挪移泛应之法，在兵船与陆军多而且精，随时游击，可以防敌兵沿海登岸。"①其基本思想是，大力加强重点海口防御，以陆防为主，兵船与陆军相互配合，随时游击，防敌兵登岸为上策。同治十年至十三年（1871—1874）大沽口炮台大规模的建设、先进武器装备的引进及兵力的调遣部署也充分体现了李鸿章的海防战略思想。这一时期的炮台建设，无论是在布局、结构、用料，还是在配属火炮方面都较前期有了很大的提高。同时，注重加强新城炮台的建设。新城距大沽三十公里，地理位置重要。在新城屯驻重兵，可以扼制至大沽、北塘的水路，使其与大沽、北塘炮台要塞之间形成三点拱卫、互为犄角之势，战时各火力点能够相互支援。

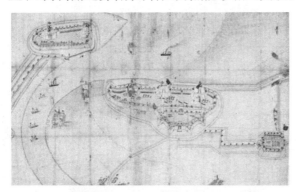

图三　庚子事变前大沽海口清军营盘全图　天津博物馆藏

其二，"师夷长技"，借鉴了美国在南北战争期间的经验以及欧美诸国这一时期的炮台设计理念。李鸿章"托人赴德国觅取炮台小样，令将士略师其意"，参照德国海军军官希里哈著《海防新论》中关于建

①　顾廷龙、戴逸主编：《李鸿章全集 6　奏折六》，安徽教育出版社 2008 年版，第 162 页。

筑炮台方面的相关论述,并直接应用到修建大沽口炮台的实际工程中。但是由于对欧洲炮台建筑的内部结构尚缺乏系统的研究,使得此时期修筑的海防炮台虽可称"中西合璧",但在因地制宜和自身的防护能力建设上还有欠缺,不能在打击敌人的同时有效地保护自己。

其三,改进炮台形制。把原有的一些方形炮台(如"威"字炮台)改成了椭圆形,意欲"取其八面应敌"之意。在炮台正面加筑高出地面数丈的护墙,炮台围墙垛口身脚上窄下宽,筑成斜坡状向上至顶,可使"炮力滑过,不能洞入"①。这也充分借鉴了《海防新论》中"炮房之前面各处应与敌偏行"之说。在营墙上面修筑隔堆,建成平炮台,布置大炮,配合大炮台控制海面、河道。同治九年(1870),大沽口炮台的布防各自独立,不便接应,炮台背后军事防守空虚。为解决这一问题,周盛传称"似不若仍于后面营墙加造长炮台,绵亘里许,外加护墙,内留伏洞,积势较厚,前面守台将兵乃有所恃而不恐"②,遂将"威""镇""海"三座大炮台后原有营墙加挑坚厚、扩宽,在上面配备巨炮,在外面加筑护墙,内设炮洞,将原有营墙改成一座长一里的长炮台,与三座大炮台相呼应。同时,在长炮台后面,修建一道呈四个"人"字形的营墙,在墙上布置火炮,以便营墙两侧守军共同夹击来犯之敌。

其四,改进附属设施。考虑到以往失利战事中弹药库被引燃造成的败局,将其用三合土加厚并建在紧靠炮台身后或炮台内部的隐秘地方,此为学习美国修筑炮台之法。"各营药库须靠炮台隐曲处,以三合土厚筑之,兵房紧靠营墙安设,皆为防避炮路起见,把大炮台前的营墙加厚,内设券洞(有弧拱状门的窑洞),用以兵勇藏身;营墙内侧用砖砌作券洞,以藏兵、藏械,与长炮台共同控制海河内弯,防止敌人从背后攻打炮台。"③对于营房的建设,更是一改传统窝棚兵房的形式,将士兵营房紧靠炮台台墙修建,避免直接被炮弹轰击,此时炮台结构及围墙

---

① 顾廷龙,戴逸主编:《李鸿章全集31 信函三》,安徽教育出版社2008年版,第75页。
② 《周武壮公(盛传)遗书(附:年谱)》,沈云龙主编,周家驹编:《近代史料丛刊》第39辑,台北文海出版社1973年版,第507页。
③ 顾廷龙,戴逸主编:《李鸿章全集10 奏议十》,安徽教育出版社2008年版,第352页。

内部整体布局日趋合理。在修筑炮台的同时，还架设了京城到沿海的电报线路以及相关的铁路设施，逐步形成了以海防炮台为依托，以海口舰队为辅助，以电报通信为工具，以铁路运输为载体的近代化的海防要塞体系。

1900 年 6 月，英、法、美、日、俄、德、意、奥八国联军向大沽口炮台发动进攻。守卫炮台的清军英勇抵抗，与侵略者展开血战。终因寡不敌众，大沽口炮台失陷。八国联军长驱直入，攻陷天津，占领北京。1901 年，清政府与十一国签订了丧权辱国的《辛丑条约》，条约明确规定，拆毁大沽口炮台及有碍京师至海通道的各炮台。据《八国联军占领实录——天津临时政府会议纪要》记载，至 1902 年 8 月，大沽、北塘、新城、山海关一带布防全部被拆毁。至此，清朝成为一个外无主权、内不设防的国度。从嘉靖年间设防至 1902 年被彻底拆毁，大沽口炮台历经沧桑、几经兴废。李鸿章对于大沽口炮台的现代化建设在我国沿海防御体系建设过程中起到了引领和示范作用。岸防炮台的建设更直接带动、影响了武器装备的近代化以及辅助设施的更新，对铁路、电报、电话等近代设施的大规模发展具有很好地推动作用，促进了天津近代化城市建设进程。

参考文献：

[1]　中国第一历史档案馆：《鸦片战争档案史料》(第二册)，天津古籍出版社 1992 年版。

[2]　蒋孟引：《第二次鸦片战争》，生活·读书·新知三联书店 2009 年版。

[3]　齐思和等编：《第二次鸦片战争》(六)，上海人民出版社 1979 年版。

[4]　王宏斌：《晚清海防思想与制度研究》，商务印书馆 2005 年版。

[5]　梁占鳌主编：《天津通志 大事记》，天津社会科学院出版社 1994 年版。

[6]　张巨文主编：《天津通志·军事志》，天津社会科学院出版 2001 年版。

[7]　罗澍伟：《百年中国看天津》，天津人民出版社 2005 年版。

[8]　张侠等：《清末海军史料》，海洋出版社 1982 年版。

[9]　天津社会科学院历史研究所《天津简史》编写组：《天津简史》，天津人民出版社 1987 年版。

［10］　杨金森、范中义:《中国海防史》,海洋出版社 2005 年版。

［11］　中国第一历史档案馆、天津市塘沽区人民政府:《清宫塘沽密档图典·炮台防务》,中国档案出版社 2009 年版。

［12］　茅海建:《天朝的崩溃》,生活·读书·新知三联书店 2005 年版。

［13］　来新夏主编:《天津近代史》,南开大学出版社 1987 年版。

［14］　(清)李鸿章:《李鸿章全集》(第 4、6、10 集),安徽教育出版社 2008 年版。

［15］　陈旭麓、方诗铭、魏建猷主编:《中国近代史词典》,上海辞书出版社 1982 年版。

［16］　王兆春:《中国科学技术史·军事技术卷》,科学出版社 1998 年版。

［17］　吴熙敬主编:《中国近现代技术史》,科学出版社 2003 年版。

［18］　刘海岩等编:《八国联军占领实录——天津临时政府会议纪要》,天津社会科学院出版社 2004 年版。

［19］　戴逸主编:《中国近代史通鉴·鸦片战争》,红旗出版社 1997 年版。

［20］　张宏杰:《饥饿的盛世——乾隆时代的得与失》,湖南人民出版社 2012 年版。

［21］　刘鸿亮:《中西火炮与英法联军侵华之役》,科学出版社 2015 年版。

［22］　［法］佩雷菲特:《停滞的帝国》,王国卿等译,生活·读书·新知三联书店 1993 年版。

作者:马文艳

大沽口炮台遗址博物馆

论文化产业供给侧改革
对促进文博场馆发展的影响力

祁雅楠

改革开放四十多年来，中国经济持续增长，已经开始步入中等收入国家行列，已成为名副其实的经济大国。但随着人口红利的衰减、国际经济格局深刻调整等一系列内外因素的作用，经济发展进入"新常态"。在我国经济进入新常态的大环境大格局下，原来需求侧管理思路开始显露乏力。为了保持经济增长、推进经济改革和转型升级等目标均衡实现，供给侧结构性改革这个新政策给学术界和政策研究界注入了巨大的动力。所谓"供给侧改革"，意在从供给环节出发，通过结构上的优化调整来缓解经济社会中存在的供需矛盾，全面提升中国各方面要素的生产效率，促进经济的健康发展。简而言之，就是充分尊重市场的主观能动性，释放企业活力、提高供给产品的质量和水准，以此来更好地满足人民群众日益增长的物质文化需求，促进经济增值提效。中央提出"供给侧改革"正是基于这样的实际情况进行的前瞻性设计，是全面深化改革的一个必然结果。在这场涉及全面布局的改革中，文博场馆的文化产业也是其中的重要组成部分。

21世纪以来，我国文博场馆以传播文化、肩负教育的姿态走进了文化产业的热潮中。随着经济、社会与文化发展日趋一体化，文博场馆迎来了文化产品开发和文创产业发展的新契机和挑战。开发文化产品和发展文创产业，既符合当代人对文博场馆的精神文化需求，也符合场馆用文化产品讲故事的新传播逻辑。由于目前文博场馆的运行依然是依赖政府的政策和资金注入，因而在文化产品尤其是文创产品的开发方面存在诸多限制。作为文化产品需求的供给方，需要在供给一侧进行改革。而政府作为文博场馆的政策提供者,在这场改革中也承担着政策供给的关键责任。

一、文博场馆文化产业供给侧改革符合国家改革发展的方向

在党的十八届五中全会上,习近平总书记系统阐述了"创新、协调、绿色、开放、共享"五大发展理念。2014 年 5 月 23 日,习近平总书记在上海考察时指出:"牢牢把握产业革命大趋势。科技革命必然引发产业革命。科技创新及其成果决不能仅仅落在经费上、填在表格里、发表在杂志上,而要面向经济社会发展主战场,转化为经济社会发展第一推动力,转化为人民福祉。"①在这样的总体指引下,文化建设特别是文化产业建设扮演着重要角色。在这一进程中,文博场馆的文化产业改革恰逢其时。

文化产业是一种适应新的经济发展形势而出现的、为满足人们日益增长的文化消费需求而产生的新兴行业。同时,它也是一种通过文化资源的开发、创造文化附加值而确立的新兴产业。而博物馆文化产业是整个大文化产业中的一个重要组成部分,由文化产品和文化服务两大部分组成。② 文博场馆是文化产业建设中一支特殊的力量,在全国的文化建设中一直起着不可替代的作用。文博场馆除具有传统的文物征集、收藏、研究、陈列功能之外,正在向文化服务、文化生产等领域延伸,在发展过程中越来越承担起旅游、文化传播、社会服务等多向度的职能。2016 年 9 月,在成都召开的博博会的主题即"博物馆的新驱动:科技引领、创意未来",显示了文博场馆正在通过自身努力把握新形势下文博场馆的新兴文化建设,寻找"文化＋""旅游＋""互联网＋""教育＋"等多个领域与文博场馆的契合点。

经过多年来的发展,文博场馆的文化产业正逐渐成长为一个重要的产业形式。但是,当前文博场馆文化产业存在着观众需求旺盛和有效供给不足的严重矛盾,从而比较严重地制约了文博场馆文化产业的健康快速发展。这一新型文

---

① 中共中央文献研究室:《习近平关于科技创新论述摘编》,中央文献出版社 2016 年版。
② 叶俊之:《我国博物馆文化产业开发问题》,《中国博物馆》2003 年第 4 期。

化产业如何在经济发展新常态下获得长足发展，需要多个领域、多个方面协调进行改革创新。本质上说，若想文化产业在国民经济中的地位进一步提升，必须要建立起现代公共文化服务体系、现代文化产业体系、现代文化市场体系，等等。这些体系的建立，需要充分分析需求侧、供给侧两个方面，尤其是在供给侧方面需要改革。

近年来，随着城镇居民收入的稳步提升，人民群众对于消费的需求已从生存性向发展性升级，因而对文化产品的需求也越来越旺盛。在这样的情况下，观众在参观文博场馆时，希望能够将一些带有突出文博文化特点的产品带回去。文化产品和服务的提供，在实践中已经不单是一种文化行为，更是一种经济活动。在经济发展的跑道上，一旦群众的消费需求遥遥领先在供给之前，不管消费群体多么庞大，消费态势多么强劲，都无法与供给进行有效匹配，实现文化产业经济的健康发展。

文化产业附加值高，产业链延伸潜力大，且具有极强的关联效应和融合特征，既是创新创业的多发领域，也是容易推陈出新、诞生新业态的试验田。比如，文化与科技和互联网融合，形成文化创新和科技创新的"双轮驱动"和"互联网＋文化"的发展战略，这些强劲因子和活力要素正在渗透到文化创作、生产、传播和消费的每一个环节，贯穿到产业发展的各个方面，日益成为文化发展的重要引擎，成为文化产业形态演进中蓄势待发的催化剂。可以预见，文化产业将是新消费诞生最活跃的领域。

满足消费者与日俱增的文化需求并激发潜在需求，文化产品的有效供给尤其是我国文化产品的有效供给需要及时跟进。如果国内不能将丰富的文化元素进行深度的、高质量的产品转化，在供给侧进行深入改革，必然导致由供给约束和供给抑制所带来的文化贸易巨额逆差，这样的情势也势必会影响到我国文博场馆的健康发展。

供给侧改革正是文化产业转型升级的新机遇。根据文化部发布的《中国文化消费指数》显示，我国文化消费的潜在规模为 4.7 万亿元，而实际消费仅为 1.15 万亿元，存在超过 3 万亿元的消费缺口。数据说明，在文化产品供给和需求方面,存在着巨大的不均衡。总体上看,我国居民文化消费潜力远未得到充分释放,我国的文化消费还处于起步阶段。对比另一个数据我们发现,我国居民文化消费仅占消费总额的 10% 左右,而在许多发达国家和地区,居民文化消费占消费总额 30% 以上也是常态。聚焦绝对数的 3 万亿元和相对数的 20%,上述差距都是我国文化产业可以深挖的未来潜力空间。① 这一空间的挖掘,恰是需要通过供给侧改革才能实现,通过新供给创造新需求,将资源要素从过剩的产能中释放出来,以实现资源与需求之间的平衡。

二、文博场馆文化产品有效供给不足

2008 年,中宣部、财政部、文化部、国家文物局联合印发的《关于全国博物馆、纪念馆免费开放的通知》明确要求:研究制定博物馆、纪念馆文化产品经营收入税收优惠政策,促进其依托文物藏品、陈列展示推出各类文化产品,拓展和延伸文化传播功能。在国家推动公益性博物馆、纪念馆和全国爱国主义教育示范基地向社会免费开放的背景下,推动文博场馆文化产品的开发,可以在保证博物馆社会效益的前提下,获得更多的经济效益,在一定程度上弥补博物馆免费开放后面临的管理、运行方面的不足。利用博物馆自身得天独厚的优势,开发本馆特色的文化产品,已经成为业界的共识。2015 年 3 月我国颁布的《博物馆条例》第 34条也明确指出:"国家鼓励博物馆挖掘藏品内涵,与文化创意、旅游等产业相结合,开发衍生产品,增强博物馆发展能力。"这一规定也为博物馆文化产业的发展指明了方向,给国内博物馆文创工作提供了新的动力。

博物馆文化产品的开发和销售是在"不以营利为目的"的博物馆定义下进行的经营活动。事实上,博物馆文化产品是博物馆依照社会的文化需要适应市场经济,依托商业运作开展的商业活动,旨在宣传推广博物馆形象,巩固博物馆的教育成果,是博物馆教育功能的延伸,更是博物馆体验的延伸手段,为博物馆创建一种不同于陈列而使参观者与博物馆及藏品文化产生互动。博物馆文化产品

---

① 林东生:《论文化消费增长与文化产业发展趋势》,《东岳论丛》2011 年第 5 期。

是一种兼具文化内涵和经济价值的博物馆文化产品开发与销售，是丰富参观者博物馆学习体验的重要方式，是博物馆贴近社会、满足民众精神文化需要、扩大社会影响的重要手段。

博物馆商店在国外通常被称为博物馆的"最后一个展厅"。在这里，可以通过文创产品将观众对展品的兴趣和认同转化为文化消费。但就我国绝大多数博物馆在操作博物馆商店的现实做法来看，这一转化尚未真正形成。许多千篇一律、随处可见的不具备该博物馆文化内涵的普通旅游纪念商品被放在博物馆商店里销售，部分存在着非博物馆文化产品的现象。我国拥有近4000家博物馆，就统计学来看，很难掩盖绝大多数博物馆文化产品的低水平现象。比如一些经营条件优越且国际声誉显赫的博物馆，也存在复仿各类简单文物的问题，内涵丰富、意义深刻、自主开发、富有价值的文化产品则相对不足。2009年，国家文物局对全国博物馆文化产品开发情况进行的调查显示，我国博物馆文化产品发展区域分布不均衡。从区位分布来看，文化产品开发较好的博物馆大多处于省会城市，地市级城市比较少，县级城市几乎没有。从区域分布来看，博物馆文化产品产值超过1000万元人民币的博物馆，仅有不到10家。全国博物馆文化产品开发总产值近半数来自东部博物馆，中部博物馆文化产品开发整体水平又强于西部。此外，许多博物馆在文化产品开发上是空白，出现"零"产值情况。

造成这个情形的原因是多方面的。一是经验与经费不足、相关政策不健全。我国博物馆经费只能维持博物馆的日常运营，在开发文创产品方面的资金明显不足，博物馆与市场接触少、营销经验不足，加上国家对文创产品开发、产业发展尚没有具体的相关政策法规，影响了博物馆文创产业的发展进程，也阻碍了社会各界的积极参与。二是缺乏创意类产品、缺乏博物馆特色。有些产品只是对文物实体按比例的简单复制，有些只是将文物的平面图案或者书画作品上的图案直接印制在丝巾、抱枕、手机壳上，有些文创产品与旅游纪念品毫无差异，并不能真正体现博物馆的特色。三是品种雷同、缺乏吸引力。诸如书签、扇面、水杯、雨伞等相似产品屡见不鲜。四是价位高低分化、优质产品匮乏。高端产品工艺讲究但价格非常昂贵,不利于购买与推广。低端产品又制作粗糙低劣,无法激起观众的购买欲,缺乏价格适中、品质优良的产品。另外,我国文创产品开发在创意、设计、制作、生产、宣传、营销、服务等环节的对接有待提高,尚未形成成熟完整的产业链。

上述现实清晰表明,"目前我国博物馆文化产品开发经营还处于起步、探索、培育、发展的初级阶段,整体水平不高,基础比较薄弱,与博物馆文化产品开发发达国家相比差距很大"①。文化产品的供给完全不能满足市场的需求。

三、国外文博场馆文化产品供给的经验与启示

20 世纪 80 年代以来,一些发达国家在市场化理念和新管理主义思潮的影响下,政府部门开始引入企业经营方式,以提升公共服务的效率和质量,其中便涉及博物馆。如英国引入非部委公共团体,美国实施政府性公司,日本采用独立行政法人等形式。这些新形式创设的目的无非是政府部门希望在执行行政任务或提供公共服务时能以更加灵活的方式处理,而这些改革也给文博场馆文化产品的生产和文化服务提供带来了巨大的便利。

在英国,博物馆的运行管理经费主要由政府承担,但在具体管理上,政府不直接参与博物馆的具体事务管理和资金使用。博物馆和政府之间不存在行政隶属关系,政府只是委托"博物馆委员会"以及下设的"博物馆协会"进行分配,博物馆自主控制其资金的具体使用情况。博物馆内部专门成立负责文创产品研发和经营管理工作的机构,或委托专业公司进行管理。另外,政府通过财政和税收政策对文创产业进行监管和扶持,如对博物馆文创产品实行部分或全额免税政策。

美国与英国的模式有所不同。美国主要通过完善的法律制度对文化产业市场进行约束,政府只承担信息和服务供给的角色。博物馆的管理主要是遵循市场机制,通过市场机制为博物馆提供便利政策,鼓励博物馆向社会募集资金,同

---

① 李艳:《文化产品开发成为博物馆事业发展新的增长点》,《中国文物报》2010 年 2 月 10 日。

时也鼓励社会向博物馆捐赠物资，另通过借展费收益、基金运作收益、授权及经营收益等，使其拥有广泛的资金来源渠道。与此同时，美国还为博物馆发展文创产业提供有利的税收政策以及相关法律支持与保护，这种市场化的运作方式使得美国博物馆文创产业得到了繁荣和发展。

在法国，政府与博物馆之间不存在行政隶属关系。中央政府通过各级地方政府对博物馆的具体事务进行监管，主要通过契约、立法、税收等政策实现监管。地方政府通过博物馆协会等社会团体进行沟通，重在监督不在管理，博物馆拥有经营主动权。比如，卢浮宫博物馆自身并不设计生产产品，其经营模式是通过出租场地给博物馆协会，博物馆按照商品种类不同按比例收取费用。产品的研发由博物馆协会负责，卢浮宫的相关专业人员提出意见并对产品进行把关，最终的设计方案由专家监管，确保产品的品质。在营销方面，卢浮宫主要靠其美轮美奂的珍贵藏品和极具艺术魅力的场馆建筑来吸引更多的观众，为销售文创产品带来了源源不断的客源。

日本也探索了适合自己国情和特色的发展模式。日本政府在 20 世纪 90 年代中期便开始启动独立行政法人改革，成功地将政府的"规划"职能与"实施"职能分立，依照公共事务的内容与性质，设立具有人事以及财务自主性的公法人，创设新的组织及营运模式，将市场竞争原理导入行政机关。1999 年 7 月通过《独立行政法人通则法则》并于 2001 年正式施行，国立博物馆、国立美术馆、国立科学博物馆等率先作为施行对象。① 在新的管理体制下，日本各博物馆的文化产品有了极大丰富，这也成为日本文化产业发展中的一大亮点。

四、政策供给是文化产业供给侧改革的关键

我国于 2004 年出台的《文化及相关产业分类》以及 2005 年颁布实施的《文化及相关产业指标体系框架》中将博物馆纳入文化产业。2015 年 3 月 20 日，国家文物局在《博物馆条例》实施首日对外公布了《关于贯彻执行〈博物馆条例〉的

---

① 安来顺：《中日韩博物馆政策环境与博物馆发展的初步检视》，《东南文化》2013 年第 6 期。

实施意见》，鼓励"博物馆立足藏品的生动元素开发注重实用性、体现生活气息的文化产品，同时要求各级文物主管部门大力支持博物馆文化产品的创意开发，推动博物馆联合社会资源，培育创造博物馆文化产品特色品牌，增强博物馆文化产品在文化产业和消费体系中的竞争力"，明确了博物馆文化产业在中国文化产业中的重要位置及发展方向。

我国从 2010 年起全面推进文化体制改革，至今还在不断地努力探索适合我国国情、适合我国国有博物馆文化产业发展的管理体制和运营模式。目前国有博物馆与政府仍是隶属关系，博物馆的运营资金仍然依靠国家及各级地方政府财政拨款。政府对博物馆的管理仍以行政管理手段为主，在博物馆职能限定、机构设置、人事编制、人才引进、职称评定、激励机制、资金分配、财务制度上，政府行政干预仍占主导作用。博物馆对于自身发展的自主权很小，在市场经济下的敏感性很差、参与度很低，这较大束缚了博物馆文创产业的快速发展。而博物馆文创产业在现有体制下缓慢发展，遇到具体事宜，又苦于没有相关的政策法规做指引和保护，举步维艰，这些极大地制约了博物馆人发展文创产业的积极性与主动性。①

在全面进行供给侧改革的过程中，国家已经出台关于促进文博场馆文化事业发展的相关政策，但是在具体的执行过程中，因为没有细则和责、权、离的分配，文博场馆无法实施。由于文化事业存在经营，现行的财政收支政策也存在诸多不便。因而从本质上说，在文化产业供给侧改革过程中，关键是政策供给是否到位。未来的发展过程中，政府应当改变文化管理的方式，改进公共文化产品提供的方式和内容，在促进文化消费中发挥政府的引导和主导作用。如果政府以此改革为契机，深化公益性文化事业单位改革，探索文化事业管办分离的有效形式，推进人事、收入分配、社会保障、经费保障制度改革，必能在相当程度上推动公共文化服务社会化发展，激发各类社会主体参与公共文化服务的积极性。

博物馆文创产业的发展，有利于达成社会效益和经济效益的双赢，促进文化

---

① [美]尼尔·科特勒，菲利普·科特勒：《博物馆战略与市场营销》，北京燕山出版社 2006 年版。

的产业化和产业的文化化；有利于博物馆文化普及到大众日常生活中，促进社会可持续发展；有利于传承和发展历史文化精髓，塑造人们的"文化自觉"和"文化自信"。我国博物馆文化产业尚处于探索发展阶段，需借鉴国外成功的经验以及国内其他行业产业化的先进经验，使博物馆文创产业逐步实现产业化，从文化产业的边缘走向核心位置，形成良性循环，最终取得长远发展。

作者：祁雅楠

平津战役纪念馆

大沽口炮台遗址博物馆文物资源简述

钱　昆

大沽口设防于明代嘉靖年间,大沽口炮台始建于清代嘉庆二十二年(1817年),是北京的海上门户,是第二次鸦片战争及八国联军入侵中国的重要战场,在中国近代史上占有举足轻重的地位,也是国内具有较高文物价值和社会价值的近代海防遗址之一。依托遗址兴建的大沽口炮台遗址博物馆属遗址类博物馆,其主要文物资源分为不可移动文物和可移动文物两种。不可移动文物以大沽口炮台遗址(南岸"威""镇""海"三座炮台遗迹及北岸营盘遗迹)为主,可移动文物以铁器、武器和纸质藏品为主。其文物资源种类具有明显的专题性和历史性,本文旨在对博物馆的文物资源进行梳理分类,阐释其保护及展示利用方面所做的工作。

一、不可移动文物的保护和展示利用

大沽口炮台南岸营盘("威""镇""海")及北岸营盘相关遗存位于天津市滨海新区塘沽街道东部海河入海口两岸,是大沽口炮台的重要组成部分,占地面积20.58公顷。南岸营盘相关遗存包括长炮台、南岸营盘围墙遗迹、相关建筑基址。北岸营盘相关遗存包括墙体基址、道路遗迹和相关建筑基址。北岸营盘及南岸营盘相关遗存均为地下遗存。作为我国清末北方军事防御设施的代表性遗存,大沽口炮台是我国近代史上重要的军事事件发生地,在国家发展历史上具有重要的纪念意义,对军事科学史、中国近代建筑史等均具有较高的研究价值。

(一)统筹规划考古先行,践行文物保护制度

1. 先后三次考古勘探,探明整体遗存分布

2003 年 12 月至 2004 年 4 月,博物馆组织对南岸营盘进行了第一次考古勘

探。基本探明大沽口南岸营盘遗址中"威""镇""海"三座炮台和炮台东侧、南侧围墙位置、形状、布局、尺寸、结构和埋深,长炮台局部位置、形状、尺寸、结构和埋深。2009 年 3—4 月再次对南岸三座炮台进行了考古勘探,修正了 2003—2004 年部分勘察成果,确定了大沽口南岸营盘遗址和南部营盘围墙位置、埋深等情况,为后来拟新建遗址博物馆工程提供了地下文物埋藏资料;确定了"镇"字炮台的位置、形状、埋深及堆积情况;确定长炮台位置,发现入口遗迹 2 处,发现多处相关建筑基址遗存及铁炮、火药等遗物。2012 年对大沽口北岸营盘进行了考古勘探,勘探面积约 52000 平方米,发现北岸炮台的三合土夯土基础遗存、两处墙基础遗址、北岸营盘的道路遗迹等。至此,基本探明南北两岸营盘遗迹分布情况,为各项文物保护、展示、利用工程提供依据。

2. 编制保护总体规划,科学指导文保工作

随着经济建设的发展,目前遗址周边环境已经发生了较大改变。新的考古勘探手段重新确认了南岸营盘"镇"字炮台、长炮台地下遗存及北岸炮台位置及相关结构情况,这对文物的保护、管理和利用等方面提出了新的需求。即既要将这些考古成果纳入文物保护范围内,又要协调保护区域内城市建设的需求。为了对大沽口炮台的保护和利用进行科学、合理地统筹规划,使其真实性、完整性获得有效保护和延续传承。2019 年 3 月,大沽口炮台遗址博物馆组织编制《大沽口炮台保护总体规划(2020—2035 年)》,按照这一纲领性文件,全面科学指导文物保护工作,使得文物保护与生态文明建设、地方经济发展相结合,促进社会效益、生态效益与经济效益协调统一。

3. 本体抢险加固实施,保证文物本体安全

南岸三座炮台,除"镇"字炮台地上遗存不多外,"威""海"炮台地上遗存较为完整,且长期暴露在外,没有进行过科学系统的保护,存在风化、剥落和内部结构倾斜的情况。针对以上问题,博物馆实施了大沽口炮台遗址抢险加固工程项目。主要采用植被清理、土方清理、洞室支护、锚杆加固、裂隙注浆、小裂隙修复、砌补加固、表面清洗、防风化保护、抗生物保护、顶面排水处理、稳定性监测、防护堤加固等措施,先后完成了"海""威"两座炮台的抢险加固,消除和减缓各种破

坏因素,保护珍贵文化遗存,最大限度地将现存文物主体所赋存的形象资料及历史信息留给后人。

4.建立日常巡查机制,动态监管保护区域

大沽口炮台坐落于海河入海口南北两岸,现存遗址较完整地保留了原有的防御体系。根据2015年天津市人民政府(津政函〔2015〕12号)公布的大沽口炮台保护区划重点保护区及建控地带范围面积约为362.9公顷,面对范围较大的保护范围,博物馆成立文物专项巡查小组,每月定期在保护范围及建设控制地带内进行文物巡查,对区域内企业、民众进行文物保护宣传,及时发现违法工程进行劝导制止,并协助指导其办理相关文物报批法定程序。对重点区域进行密切巡查,以确保文物安全,建立并完善文物巡查档案,做到历次巡查均有图文档案可查。

(二)结合环境整治工程,推行大遗址开发展示

目前配合博物馆展示的炮台遗址是南岸营盘中的"威"字炮台。为推动遗址周边整体环境的提升,开发利用南岸营盘,提升展示利用水平,大沽口炮台遗址博物馆组织编制《大沽口炮台遗址公园环境整治规划工程》。该工程自2016年开始推动,于2019年完成方案编制,景观整治区域面积198695.78平方米,合19.87公顷(合298.04亩)。方案设计总体布局以遗址博物馆、长炮台、"威"字炮台、"镇"字炮台、"海"字炮台、炮台围墙为展示重点,划分为5个功能分区,包括博物馆展示区、炮台展示区、要塞环境展示区、海防环境展示区、停车配套区。主要措施包括环境整治措施(平整场地,利于排水;地表清理,利于展示;植物模拟展示,利于后期二次勘探考古;完善游览路径;完善标识系统;完善公共服务设施)和文物本体保护措施(场地整理;拆除工程;边界遮挡;水环境治理)。该方案在严格保护遗址的基础上,通过轻设计、简设计手法,对大沽口炮台军事要塞遗存进行环境整治提升,遵循"重点范围最小干预"原则,通过场地梳理,在遗址重点保护区范围内以展示遗址原貌基底,突出遗产价值为理念,避免过多干预历史环境。对遗址周边环境进行整治提升,彻底改善周边环境脏乱差、地势低洼、排水不畅等诸多问题,且将"镇""海"炮台纳入文物保护管理范围之内,更有利于

文物遗址的安全和管理，也为下一步文化旅游开发奠定基础。

二、可移动文物的保护和展示利用

大沽口炮台遗址博物馆可移动文物以武器、铁器类文物最具特色，因大沽口于明代设防，清代修筑炮台，第二次鸦片战争期间的几次战役发生在大沽口，使得目前保存在大沽口炮台遗址博物馆内的兵器主要集中在清代，另有少量明代兵器。包括明代竹节炮、清代铁炮克虏伯炮以及作战使用的实心铁球炮弹、开花炮弹等为主。新馆建立后，组织过两次大规模文物征集工作，以清代照片、蛋白片、文件等纸质藏品为主。

（一）分级分类科学管理，专项方案指导实施

1. 完成藏品定级工作，实现科学分级管理

为更好地对馆藏文物进行研究，博物馆于 2014 年启动藏品定级评审工作。内部组织评审推荐了 85 件套藏品进行了评审、鉴定和定级。专家组从文物的历史、艺术、科学价值及保存现状等多方面进行评估，对推荐定级的文物逐一鉴定。经过现场勘查、专家评审、最终鉴定等工作程序，最终将 19 件馆藏文物鉴定为国家珍贵文物。其中，大沽铁钟被鉴定为国家一级文物；两门 19 世纪英制铁炮被鉴定为国家二级文物；克虏伯炮轮及 15 门明清铁炮被鉴定为国家三级文物。明确文物级别后，博物馆组织编订文物分级保管、提取、展示等相关制度，进一步提升文物的科学管理水平。

2. 提升改造文物库房，实现藏品分库分类保管

针对原文物库房设施简陋、文物摆放杂乱无章的问题，博物馆重新根据实际文物保管需求，提升改造两处文物库房，一处保存金属器、砖石类藏品，一处保存档案文书等纸质藏品，实现科学分库保存。新增多功能文物柜，用于存放小型炮弹、陶瓷器、纸质蛋白照片等实物类藏品；新增重型文物架，用于存放石碑、大型铁器等重型类文物；新增墙壁挂框类文物架，用于存放文史匾类、框类便于立放的文物；新增珍品柜，适用于储藏银锭、钱币等珍稀贵重的小型文物；新增移动密集架，用于存放文书档案，所有藏品按质地分类保存。

3. 编制专项文物保护修复方案，完成馆藏铁器修复工作

因历史原因，博物馆藏品较多为重型铁器武器。由于铁炮沉重，腾挪困难，加之多年缺乏系统的保护措施，很多铁炮出现较严重锈蚀、剥落情况，严重威胁文物的安全。针对这些问题，博物馆于 2014 年组织编制《大沽口炮台遗址博物馆馆藏铁器保护修复方案》，获国家文物局立项批复，并给予国家重点文物保护专项补助资金。修复项目于 2017 年启动，2018 年完工。修复项目主要根据文物保护原则，以机械法为主，化学法为辅，并遵照金属质文物保护修复档案建设行业标准，建立铁器的保护修复档案。

4. 构建完善藏品管理制度，编制藏品预防性、数字化保护方案

制定完善藏品管理规范，包括藏品档案规范、登录流程、出入库流程、文物展览点交规范、编目卡编制规范等。实行账物分离，分人保管，确保文物保管工作的科学、规范。除做好目前藏品管理工作外，为了提升可移动文物的预防性保护能力和数字化保护水平，编制完成《大沽口炮台遗址博物馆可移动文物预防性保护方案》和《大沽口炮台遗址博物馆可移动文物数字化保护方案》，为下一步文物保护和管理工作提供指导方向，提升博物馆文物展示能力和服务水平。

（二）深入挖掘文物价值，由点及面增加展示形式

可移动文物的常规展示包含博物馆（室内）及遗址区（室外），馆内主要展示小型铁炮、炮弹及其他与展陈内容相关的纸质、石器、木质藏品。室外展区以重型铁炮、克虏伯大炮等为主要展示藏品。

1. 围绕一级文物"大沽铁钟"，深入挖掘时代精神

1884 年乐威毅公祠铁钟，俗称"大沽铁钟"，国家一级文物，大沽口炮台遗址博物馆镇馆之宝，是 1884 年为纪念在第三次大沽口保卫战（1860 年）中壮烈殉国的直隶提督乐善而铸的。1900 年八国联军侵华，大沽铁钟被英军作为战利品掠至朴次茅斯。2005 年 7 月，在中、英政府友好协商和当地华人华侨多方帮助下，漂泊海外 105 年之久的大沽铁钟重回故里，首开外国政府无偿返还流失文物之先河。2019 年，由文化和旅游部、国家文物局共同主办，中国国家博物馆和中国文物交流中心共同承办的"回归之路——新中国成立 70 周年流失文物回归成果

展"中,大沽铁钟作为天津市唯——件入选的国外流失文物返还案例代表参展,与众多海外追索返还的文物一起,共同见证中华文明五千年的血脉绵延与灿烂辉煌,共同讲述中华民族自强不息的民族精神与和平发展的大国担当。2019 年末,以大沽铁钟参展为契机,博物馆组织召开"坚定文化自信,赓续红色基因"大沽口炮台文物价值传播暨遗址发展与爱国主义教育传承学术研讨会。此次研讨会旨在探讨在新时代、新发展的背景下,如何挖掘大沽口炮台的历史文化价值,提升理论研究水平,指导文物价值传播和文化遗产保护工作更好开展,发挥爱国主义教育示范基地传承红色基因的独特作用,为文物遗产保护积累理论研究基础。2020 年,恰逢大沽铁钟回归 15 周年。博物馆以大沽铁钟的传奇经历为蓝本,通过静态展览和动态影片的不同形式,将爱国主义内核深植其中,精心打造"熔铸复兴伟力 厚植家国情怀——大沽铁钟回归 15 周年主题展"和动漫 3D 影片《大沽铁钟回归记》。以不同的展示形式,向不同的观众群体阐释大沽铁钟的历史意义和时代精神内涵。

2. 利用 VR 技术让文物"活起来",广泛开展科普教育活动

为让文物真正"活起来",让博物馆真正"火起来",大沽口炮台遗址博物馆联合滨海广播电视台与滨海新区科学技术协会,共同制作《科普滨海》大沽口炮台遗址博物馆铁器修复与石碑拓片制作特辑节目,将文物修复技艺以青少年乐于参与的形式进行宣传科普。同时开发"口袋博物馆"进校园活动,采用文物 3D 扫描,全景拍摄等手段,采集大沽口炮台三维空间数据,构建数字虚拟展厅,让观众实现远程漫游,展示平时不易看到的近代史遗产文化资源。学生通过 VR 影像,就能身临其境"逛"博物馆,通过 AR 欣赏文物,AI 聆听讲解,配套设计制作文创互动书签、地图等。利用 VR 技术和文创配套设备,多次走进中小学校园,开展科普教育活动,创新了宣教模式。

作者：钱　昆

大沽口炮台遗址博物馆

从大沽口炮台的发展
浅析清代海防思想的演变

王　新

　　清代时我国的海防意识、海防观念处在不断变化之中,进步与守旧的思想观念冲突相当激烈,值得认真探讨评价。大沽口炮台作为清代海防体系的一个重要组成部分,其建设发展是清代海防思想和防御观念演变的一个缩影,清朝的海防战略思想在大沽口炮台海战中也有所体现。清代海防思想研究内容十分丰富,本文把研究重点放在大沽口炮台的发展历史和四次战役上,以期从一个侧面反映清代海防思想的演变,探索清军在反侵略战争中失败的原因。在维护国家独立、不断发展进步的过程中,国家的海上武装力量始终起着决定性的作用,探索清代海防观念的发展过程和规律,能更加直接地为当今国家建设所借鉴,其海防战略的选择仍然可为当代我国安全战略选择提供研究价值和历史启示。

一、草创形成期

　　我国在沿海设防可以追溯到很早。但明代以前尚没有完整的防御体系,基本处于海防的萌芽阶段。明代嘉靖年间,朝廷为了防御倭寇,在大沽口修筑海防工事,构筑堡垒,驻军设防,大沽地区开始成为国家海防重地,防御体系初步形成。早期的炮台高一丈二尺,为木架、稻草结构,烽火台形式的瞭望台,后发展到在墩堞之间"每隔一里设轰雷炮二座,每座炮由六人操作,二人瞭望,二人司火,二人拽线"。此时为大沽口炮台的早期雏形。

　　清前期的海防观念基本上是在明代海防思想上发展形成的。清代初期实施禁海令,虽于清雍正五年(1727)撤销历时十年的南洋贸易禁令,但以禁为防的思想观念对此后历代各朝均有重大影响,形成了"重防其出"的消极海防政策。明代海防在于"重防其入",指的是倭寇来自海外,应当利用战船优势把它堵截消灭在海洋上;清代前期海防在于"重防其出",指的是海上势力出自国内,必须严格限制其出海,防患于未然。这种海防布防并不是针对外敌的大规模入侵,正是在这种思想的指导下,形成了以岸防为主,辅以战船的陆基海防体系。

此时的清政府虽然开始注重陆地和海口建设,但一直以来对海军建设都缺乏足够的认识,仍未形成系统的海防思想。这一点从北洋水师的裁设不定足可看出:清雍正四年(1726),朝廷因满洲兵丁未习水师,设天津水师营,驻海口芦家嘴,有官兵二千余人。乾隆三十二年(1767),因海口久无战事,遂将驻防兵移拨他省,所有水师员额尽行裁汰。雍正八年(1730)建立的专防内河的天津河标营也随之撤去。嘉庆二十一年(1816),廷议在天津复设水师,分左右两营,归天津镇总兵统辖。天津镇总兵专管陆路,不能兼管水师,又增设天津水师总兵一员,专门统领水师。道光元年(1821),又将水师营裁去。

二、缓慢发展期

随着全球海洋时代大幕的拉开,大沽口炮台作为首都的海上门户,其战略地位不断增强。在18世纪末和19世纪初,这里接连成为英国使团登上中国大陆的地点,这使嘉庆皇帝清醒地意识到这一地区"拱卫神京""直达外洋"的战略作用。嘉庆二十一年(1816)清帝下谕旨:"大沽海口直达外洋,以前曾设水师驻防,后经裁撤。该处拱卫神京,东接陪都,形势紧要,自应参改旧制,复设水师。"次年,在大沽口两岸各建炮台一座。南岸炮台紧临河口东缘,为方形;与其隔河口相对为北炮台。两炮台均为砖木结构,白灰灌浆,非常坚固,高约一丈五尺,宽九尺,进深六尺。炮台附近建造兵营,驻清兵千余人,俗称"海防六营"。大沽口从此成为海防要塞,津门咽喉、京都屏障。

1840年6月,英军舰队在广东海面进攻受挫后,率军北上,直达大沽口。英军要求清政府派人到英国军舰接受《帕默斯顿致中国皇帝钦命宰相书》,史称"白河投书"。此时的大沽口炮台因一直未得到应有的重视,炮台设施陈旧且数量很少。得知英军由此登陆,道光皇帝大为恐慌,大沽口的海防建设才再度被清政府重视,此时的海防对象开始从国内的敌对势力转变为外来的入侵者,清朝的海防思想也从"重防其出"转变为"重防其入"。

鸦片战争爆发后,直隶总督讷尔经额被派遣抵达大沽口,修筑炮台、加强防御工事。修筑炮台3座,添筑土炮台2座,炮台土垒共大小炮位48位;新建炮台的拦潮坝内可容兵2000人。1842年8月,中英《南京条约》签订,同年10月,清朝颁布重要谕令,要求沿海各处悉心讲求海防善后事宜,这也是清朝第一次在海防策略上的大讨论。讷尔经额的奏折首先到达北京,他认为陆战是清军所长,只要组织一支擅长凫水的军队,就可以与外敌在海洋上周旋,至于武器,他认为只要勤加练习,现有火炮依然可以发挥威力。他的观点得到军机大臣赛尚阿等人的讨论,他们基本没有提出异议。在此之后大沽口等设施逐渐失修,到第二次鸦片战争前,炮台很多外部工事都已废弃。

三、停滞进步期

1858年4月,英法联合舰队20余艘到达大沽口外,第一次大沽口保卫战爆发,只经过4个小时的激战,南北炮台相继失守,清政府与英、法、美、俄四国签订了《天津条约》。此时除在战争中经历了英法联军的"船坚利炮"的少数前线官员认为应积极筹备海防要务、仿造西方船炮外,当时清廷的海防战略基本可归纳为:放弃海洋,保卫海口,以守为战,以逸待劳,诱敌深入,聚而歼之。这样的思想在第三次大沽口保卫战中体现得最为明显,也为战争的失败埋下祸端。

在第一次大沽口保卫战失败后,清政府对中外在战事防御、武器装备等方面的差异有了直观的认识。为增强海口防务,钦差大臣僧格林沁、工部尚书瑞麟赴大沽口督办,重修5座炮台,增筑北岸石头缝炮台,安设重炮和洋铁炮,设置拦江铁链,还为露天炮台做了掩体,有效避免了露天炮台的缺点。僧格林沁十分重视军事演习,加强军事训练。1859年6月,英军以交换条约为由进军大沽口,双方展开激战,完备的防御措施和精准的射击训练起到相当大的作用,炮台前的壕沟也阻挡了敌人的攻势，联军登陆部队损失惨重，最终清政府取得了自鸦片战争以来在对外战争中的第一次重大胜利。

然而失利后的英法联军从国内调集大量军队，于次年卷土重来，准备第三次进攻大沽口。祖籍北塘的山西道御史陈鸿翊和两广两江总督分别在给咸丰皇帝的奏折中明确地指出，联军可能由北塘登陆，请将兵力移往北塘。但是僧格林沁却认为，北塘地区难于防守，应该弃而不守，诱敌深入。为防止敌军占领北塘，僧格林沁在炮台下埋设了地雷，并挖掘地道，填充火药，准备火攻，并实行马队抄袭的作战计划。他一意孤行，拒绝恢复北塘的防设，为侵略者的登陆作战提供了可乘之机。1860年8月1日，英法联军在北塘登陆，迅速占领了北塘，由后路包抄大沽口炮台，最终南北炮台相继失守。英法联军占领大沽口炮台后，迅即占领天津，侵入北京，举世闻名的圆明园被洗劫和焚毁。1860年10月，清政府被迫与英法两国签订了中英、中法《北京条约》。

四、高速活跃期

三次大沽口战役影响了近代中国的历史进程，却使大沽口炮台的海防战略意义更加凸显。第二次鸦片战争的失败，使清政府于19世纪60年代开始了洋务运动，1870年，清政府任命李鸿章为直隶总督兼北洋大臣，加强海防防务。

1874年，日军借口船民在台湾遇难，大举进攻台湾，东南沿海防务危急，由此直接引发了清廷内部的一次海防政策大讨论。随着外强入侵的加剧，清廷于1879年和1885年又出现了两次海防大筹议。中国历史上长期以陆权思想为主导，因此晚清时期的海防大讨论，对我国的国家安全尤其是海防安全产生了极其深远的影响。它确定了"东则海防，西则塞防，二者并重"的基本原则，标志着中国延续千年的国防战略格局开始转变，海防逐渐成为国防重心，同时必须建设一支现代化的海军。这一时期的海防思想也充分体现在大沽口等沿海炮台建设上。

李鸿章上任后，重修了大沽、北塘炮台，他首先借鉴欧美诸国的炮台设计理念，在大沽地区建筑新式炮台，这种炮台在有效打击敌人的同时，充分考虑自身的防御能力,采用上、中、下三层结构,形状以圆形和方形为主,并在炮台上安置了德国克虏伯大炮、英国阿姆斯特朗大炮等新式岸炮。在炮台下设置水雷,架设了大沽、北塘炮台与直隶总督府之间的电报线及相关铁路设施。此时的大沽、北塘海口南北两岸的海防设施达到鼎盛时期。他积极促成北洋海军的建立,购买铁甲舰和巡洋舰,建设海军基地,兴办水师学堂。由此逐步形成了以海防炮台为依托,以海口舰队为辅助,以电报通信为工具,以铁路运输为载体的近现代化海防要塞体系。

五、一蹶不振期

甲午海战的失败使北洋海军全军覆没,也暴露出清朝在海防建设方面存在的诸多问题。自 1885 年成立海军衙门、1888 年北洋海军正式建立之后的十余年间,海军建设经费一直难以保障,同时"用枪处多,用巨炮处少""举全国之力精练海军一支"等错误思想都反映出,清廷虽然已形成了海陆权并重、拥有一支强大海军舰队的思想,但是并没有付诸实践,也没有给予高度的重视。

1900 年,八国联军全面发动侵华战争,各国军舰聚集在大沽口。6 月 16 日,联军发现大沽口炮台守军在海河口安放水雷,无法登陆,给中国发出了最后通牒,要求 17 日凌晨前交出炮台。遭到拒绝后,八国联军向大沽口炮台发起了进攻。

1901 年 9 月 7 日,清政府与 11 国签订了丧权辱国的《辛丑条约》,条约中规定:赔款白银 4.5 亿两,拆除天津大沽口到北京沿线设防的所有防御工事,大沽口炮台被迫拆毁。从此,清政府成为帝国主义列强统治中国的工具,中国完全沦为半殖民地半封建社会。

六、小结

大沽口炮台记录了近代中国的屈辱与沧桑,同时也折射出近代中国海防建设发展的演变及存在的问题。国家海上力量的薄弱与政府的海权观念、战略政策有着密切关系。清代海防思想与政策的探究,也给我们强烈警示:我们的海防建设需要进一步加强,更为重要的是,全民族的海洋意识、海防观念需要进一步提高。而现代海防观念的树立,应当深刻认识中国海防的历史和现状,居安思危,前事不忘,后事之师。

参考文献:

[1] 王宏斌:《清代前期海防:思想与制度》,社会科学文献出版社 2002 年版。

[2] 王宏斌:《晚晴海防:思想与制度研究》,商务印书馆 2005 年版。

[3] 谢茂发、李京波:《近三十年来国内晚清海防思想研究综述》,《东方论坛》2011 年第 5 期。

[4] 孙占元:《近代海防观的萌发与海防议》,《浙江学刊》1995 年第 5 期。

[5] 翁飞:《李鸿章的海防思想与海军建设——两次海防大筹议过程探讨》,《学术界》2014 年第 10 期。

[6] 高成瑨:《晚清时期的海塞防之争及借鉴意义》,《华中师范大学研究生学报》2010 年第 3 期。

作者:王　新

大沽口炮台遗址博物馆

营口西炮台遗址的保护与利用

李玉颖

营口西炮台始建于 1882 年,建成于 1888 年,迄今已有 130 多年的历史,是中日甲午战争的实物见证,是东北地区规模较大的、保存完整的生土材料建筑遗存,也是我国沿海古炮台中原始风貌保存较好的一座,对研究我国近代史、海防史、营口地方史有着重要的意义。西炮台遗址作为炮台这一类军事建筑的代表,其选址、布局、火器配置、建筑技术是北方沿海炮台建造史上的重要案例,丰富了中国传统建筑艺术的内涵。西炮台遗址文物本体采用的是三合土代替砖石作为建造材料,其建造方法受到了西式炮台影响,是我国炮台建造史上的一大进步,对研究近代军事防御工程和建筑技术史具有重要而独特的科学价值。2006 年 5 月营口西炮台遗址入选国务院公布的第六批全国重点文物保护单位名单。

文化遗产的价值在于它是人类文明历史印迹的直接物证,保护修复文物古迹就是努力减少这些历史印记因岁月或人为因素造成的损毁,或使其在某种程度上得以恢复。对珍贵的历史文化遗产进行深入挖掘、展示和弘扬,是对历史认真负责的交代,是对现实有益的借鉴,是惠及后人的珍存。我们有责任更有义务保护好遗址。文物作为不可再生的资源,是人类文明发展的见证,是前人留给后人的物质和精神财富。随着社会的快速发展,越来越多的有识之士关心和致力于历史文化的保护,使大量文物得到保护和修缮。作为营口百年沧桑历史的见证,西炮台是营口的象征。多年来,西炮台遗址在各级部门的指导和大力支持下,认真贯彻落实《中华人民共和国文物保护法》,始终坚持"保护为主、抢救第一、合理利用、加强管理"十六字方针,不断夯实工作基础,积极做好文物抢救、保护、管理、利用等各方面工作。西炮台遗址在文物本体修复方面，取得了长足的进步，各项社会功能得到充分发挥。

一、加固维护，保持现有状态，最大限度地保护遗址的原真性

（一）常规保护

据历史文献记载，历史上西炮台遗址内建有三座炮台、二百多间兵营库房。在 1991 年的整修工作中曾于南围墙内侧发现旧兵营一栋，并对全台及外围重点部位进行了初步勘探，发现多处遗址，证实了历史文献的记载。1992 年，对三座大门地基进行勘探发掘，发现了地基条石数块，在此基础上恢复了大门、旁门，同一年在原兵营旧址恢复兵营一栋（九间，243 平方米）。2000 年又恢复南兵营一栋（308 平方米）。

2005 年利用中央补助资金、省配套资金、市配套资金，共筹措千万余元对西炮台遗址进行了一次大规模的原貌修复和环境治理。修建护台河护坡、清淤、码头、闸门、坝上景观路、桥、广场、停车场、环境景观绿化等，增加南北练兵场雕塑小品、石刻等园中景。遗址的保护工作在前期的基础上不断朝着科学、规范的方向迈进。2011 年委托东南大学建筑设计研究院和辽宁省文物保护中心制定了《西炮台遗址保护规划》，经过六年论证修改，已经通过国家文物局审批。2018 年争取国家专项资金，加大对遗址本体的保护和基础设施的维修工程，2019 年安装完成安全技术防范报警系统，更好地保护遗址安全。

（二）重点保护

1. 西炮台抢险加固工程（第一期）

西炮台经历了中日甲午战争、日俄战争、抗日战争、解放战争多次战火的洗礼，遭到了不同程度的破坏，直到 20 世纪 90 年代初，文物保护工作才初步展开。西炮台遗址 934 延长米的夯土围墙和三座炮台是西炮台遗址作为全国重点文物保护单位的重要载体，一百多年的风雨侵蚀，又长期受保存环境、保存条件及地下毛细水等的影响，城墙及炮台土体开裂、坍塌、酥碱粉化、片层剥落等病害严重，且这些病害又持续发展，严重影响遗址的长期保存和展示。为了保护历史遗存，急需对遗址本体进行保护加固和保存环境监测,增加遗址的稳定性和完整性。2014 年西炮台遗址抢险加固二期保护工程正式立项,2015 年分别进行了三维数字化测绘和主炮台暗炮洞考古工作。2015 年 8 月对文物本体的围墙部分开始了第一期抢险加固保护工程,对北围墙、东围墙进行了抢险加固保护,已于 2017 年 8 月竣工。对于坍塌、风华凹槽病害主要采取夯筑补贴加固的方法,夯筑土体原材料选择及配比需与原围墙土质相近。针对裂隙采用灌浆方法,围墙夯筑中重新夯筑灰土防渗层,土料选择当地的黄土或黑土,通过实验确定各成分、体积、配比。

2018 年,为配合西炮台遗址二期抢险加固工程,弄清暗炮洞的数量、分布和保存状况,辽宁省文物考古研究所对西炮台遗址暗炮洞和西南、西北两处角台进行了考古调查及发掘工作。主要目的是弄清历史记载中西炮台遗址的八个暗炮洞是否存在,其结构、形态、位置等信息。这对维修保护工程提供了基础的材料支持,更为研究历史史实积累了材料。

2. 第二期保护工程已开始筹划中

根据国家文物局批复的《西炮台遗址文物保护规划》和省文化厅与营口市政府签署的文物保护工程协议,拟对西炮台遗址本土保护实施二期工程。

因二期保护工程以围墙小面积大范围的修补、贴补、灌浆加固、防风化加固等为主,不同于一期工程大面积补夯。二期保护工程以现状保护为主,保护工程要达到可识别性和可再处理性原则。根据考古发掘报告及价值评估,对二期西炮台遗址进行现状勘察、病害调查制作材料及工艺分析检测及病害原因分析,针对病害因素及结合遗址保存环境,选择适合遗址保存环境的加固材料和加固技术进行实验和现场保护加固试验,筛选保护加固材料和施工工艺方法,进行试验性保护修复,并对试验效果进行检测和跟踪监测与评估,并结合一期保护工程效果,为西炮台遗址(二期)保护工程实施提供依据。

西炮台遗址保护加固工程以现状保护为前提,以不改变遗址整体外貌为原则,保护工程实施不破坏遗址,遵循最小干预性,现状保护及最小介入、最大兼容、材料可再处理性原则,优先采取物理保护措施,尽可能保存遗址的历史信息,保持遗址历史真实性。这样使遗址遗存具有较好的保存环境,增加了遗址的完整性、稳定性，防止遗址病害的继续发展，减缓风化破坏速度，使遗址能够长期保存与展示，以便于利用。

二、合理利用，发挥遗址的教育功能

营口西炮台是一座军事遗址的露天博物馆，自 1992 年对外开放以来，始终围绕发挥爱国主义教育作用这一个核心，以构建未成年人思想道德观念体系为重点，采取走出去、邀进来的方式，将阵地教育与特殊文化广场教育、传播传统民族文化、和谐自然教育有机结合起来，进而达到荣辱观、民族精神、时代精神、爱国信念与和谐社会理念教育效果的最大化。

（一）以基本陈列展览为重要依托，充分发挥爱国主义和国防教育基地功能作用

通过内容翔实的陈列展览、完善的配套资源、优质的讲解服务开展爱国主义和国防教育活动。西炮台遗址紧扣爱国主义教育主题，从 1992 年至今三次调整陈列内容。现在的"炮台魂"基本陈列展览，详细介绍了西炮台修筑的历史背景、海防军事工程概况及历史意义；"故垒雄魂——中国近代海防炮台展"于 2019 年开展，包括"历史回声""海防屏障""悲壮史诗"三大部分，计二百余幅图片，对中国炮台形成的历史、炮台在战争中发生的作用、炮台在全国的分布、有关炮台发生的重大历史事件、重要战役以及在战争中涌现出的英雄人物，通过沙盘、微雕、景复原、人物雕塑等艺术表现形式，全方位介绍了我国近代海防设施，增强民众的国防意识与守土有责的历史责任感。

尊重历史史实，讲好中国近代历史。尊重历史史实，并充分利用遗址的资源优势，历史人物事迹如著名民族英雄、督修西炮台的左宝贵将军生平资料，通过文字、图片、雕塑等一系列展示手段，弘扬英雄人物的丰功伟绩，营造浓厚的历史氛围；通过以西炮台为取景地拍摄的爱国主义影片《大清炮队》的影音资料展示，增强爱国主义教育方式的艺术性，更好地向群众普及近代史。室外展出的有：清代旧式前装滑膛炮、克虏伯火炮的原样仿制品；现代火炮展区有：新中国成立以后由中国自主生产制造的 59 式高射炮、54 式牵引榴弹炮、62 式轻型坦克、歼

教 - 6 飞机,同时还有玻璃钢材料制成的仿清兵营将士练兵及作战的场景,通过这些陈列,使观众对近代火器有了进一步的认知,达到教育目的。

(二)以未成年人思想道德建设为重点,充分利用遗址的资源优势,依托节假日和重大纪念日开展爱国主义教育活动,使西炮台爱国主义教育基地成为中小学生入团宣誓、队会、成人仪式、冬夏令营的重要场所

建立并完善未成年人爱国主义教育活动创建工作领导小组,制定创建活动的长期规划和明确年度计划。为确保未成年人教育活动有计划地开展,西炮台与营口市中小学校团委签订思想道德教育共建协议,一直以来都把未成年人的爱国主义教育列入工作议事日程中,并采取措施确保教育活动有计划、有步骤、可持续开展下去。

依托节日开展活动。博物馆利用清明节与中小学校开展了"继承先烈遗址、传承文明礼仪""让青春与责任一起飞翔""唤醒不该忘却的记忆"等主题队会活动,利用六一儿童节与教育局、五四青年节与团市委联合开展以弘扬"民族精神、时代精神和社会主义荣辱观"为内容的主题宣传教育活动。从 2006 年起,开展18 岁成人宣誓活动,已经成为西炮台未成年教育的品牌活动。

在中华人民共和国成立六十周年之际,西炮台组织开展革命歌曲大家唱,放映《大清炮队》《甲午海战》《邓世昌》等与西炮台有关的爱国主义题材电影,举办大型文艺演出,组织全市各界在百米长卷上签名;西炮台广场已经成为市民文化娱乐的好去处,夏季每天都有老年人来此演唱京剧、评剧、放风筝;2008 年 6 月 1日,西炮台为辽南地区少儿书法大赛提供场地;西炮台常年免费接待老年人、现役军人、残疾人参观。多次参与组织学生"12·9"长跑、市民远足、自行车三项赛等活动。这些广场文化活动的开展,为创建文明城市、培育城市精神、提高市民的爱国主义情操,起到了积极的促进作用。

举办临时展览,参与营口市举办的红色旅游活动。多年来我们先后举办过"炮台杯"爱国主义知识征文大赛、"炮台杯"颂中华演讲比赛活动,举办纪念抗日战争战争胜利六十周年巡回展览 103 场,举办"崇尚科学、反对迷信"漫画展活动,举办

营口历史知识竞赛活动、西炮台遗址知识竞赛，吸引全市人民广泛参与。在党的生日、重阳节、八一建军节邀请社区老党员、老年人、115师及武警到西炮台免费参观，开展主题教育活动。在助残日、聋人日邀请残疾人参观。2011年举办"爱家乡，爱炮台"巡回讲座，走进营口万有社区、钢铁小学等进行历史知识讲座。

把开展爱国主义教育和弘扬民族文化结合起来，在传播民族传统文化的过程中注入荣辱观和民族精神的内涵。在文化遗产日的宣传活动中，曾举办"民族魂剪纸展"和"民族魂剪纸表演"，邀请辽宁省的非物质文化遗产剪纸传人靳雪芬现场剪纸。展览的作品以体现爱国事迹和民族英雄人物为主，还现场教授青少年学习剪纸，并将西炮台为主题的剪纸作品开发成旅游纪念品，用非物质文化遗产的可移动性传播物质文化遗产和民族文化。这些活动的开展在传播民族传统文化的同时也传播了民族精神。2011年举办"火炮知识图片展"，仅半个月，参观人数达20500人。

策划开展丰富多彩的广场教育活动。西炮台遗址占地6万平方米，有2万平方米的硬覆盖广场，成为"特殊的文化广场"。西炮台常年为武警官兵提供训练场地，邀请驻军部队在八一建军节进行队列演练，免费接待机关、企事业单位、大中小学校和社区前来举行爱国主义教育活动。同时连续4年，在9月18日当天承办了由营口市委、宣传部主办的"勿忘国耻　圆梦中华"纪念"九一八"主题活动，是全市重要的国防教育活动，也是西炮台每年的重大活动，每年各界代表2000多人参加活动，收到了很好的社会效果。以此弘扬爱国主义精神和伟大的抗战精神，教育和引导广大干部群众铭记历史、缅怀先烈、珍爱和平、开创未来。

（三）发挥西炮台多重身份的整体优势，在活动中有意识地增加人与人、人与社会、人与自然的"和谐"理念的教育内容

营口西炮台位于辽河和渤海的交汇处，既是爱国主义教育基地，又是国家级文物遗址，也是3A旅游景区，这里突出体现了人文景观与自然景观的和谐，也突出体现了人与自然的和谐。因此，我们对前来开展活动的学生发放爱护自然、保护文物、安全防火、自我保护等方面内容的宣传单，并在活动的最后一项，增加捡

拾垃圾、提供树苗让学生栽种等活动，培养他们爱护自然、与自然和谐相处的意识。在六一儿童节期间，组织城市学校与农村学校开展"心连心、手拉手"活动。通过这样的活动，让青少年懂得爱心的重要、人与人之间和谐相处的重要。

（四）全面提高服务质量，确保基地教育无障碍化

西炮台具有完备的配套设施和完善的管理制度，基本建设比较完善，无论从展览厅、升旗广场、大型室外 LED 电子屏、语音导览自助讲解系统等，配套设施齐全。教育资料比较完整翔实，并免费提供音响、乐曲等设备，常年播放语音循环讲解。我们还有一支素质较高的讲解员队伍，针对活动特点，提供导游式讲解和广场讲解等多种形式。日常针对零散游客多的特点，采取播放录音讲解和现场讲解的办法，满足参观者的需求。

（五）互联网信息时代，宣传教育更具实效性

在网络技术迅速发展的今天，遗址官方网站和微信公众平台也已经成为对外宣传和教育的重要窗口。西炮台已正式开通了依托互联网平台创建的微信公众号，包括参观指南、遗址景观、资讯动态等板块，定期向社会公众发布及时有效的信息，以供游客订阅。同时，关于营口西炮台的最新信息也会实时发送和报送到营口西炮台官方网站、"营口 V 文体"等公众号平台，为参观者提供更加多元化的参观体验，更好地整合信息，使未成年人随时随地都能关注和参与到西炮台遗址的活动中来。同时西炮台还重新设计、印发了红色旅游宣传手册，并免费赠送给有需要的游客。

如今，战争的硝烟早已散尽，但这风蚀的围墙和斑驳的铁炮，带给人们的感受是中华民族顽强抵御外辱的精神和中国人民智慧的光芒。我们一直力求将基地的社会化服务与资源相融合，使发展之路越拓越宽，更好地服务于社会，用历史文化遗址的独特语言启发人们热爱祖国、增强民族自豪感，从而成为历史的传承者、文化遗产的守望者，为文化事业的发展做出更大的贡献。

作者：李玉颖

营口市西炮台遗址陈列馆

大沽口炮台遗址文化功能综述

徐建华　　孙立祥

大沽口炮台遗址位于今天津市东南六十公里处的海河入海口大沽口。大沽口炮台是明代为抗倭需要而设置的防御阵地,至清代时炮台、大炮等防御设施不断加强,成为一个完整的防御体系。到清咸丰八年(1858)时,大沽口炮台加以重修,设有大炮台五座(南岸设三座,北岸设两座),并以"威、镇、海、门、高"分别命名。在第二次鸦片战争和清光绪二十六年(1900)抗击八国联军时,清朝军队与义和团曾在此同外国侵略者进行了激烈战斗。光绪二十七年(1901),清政府与十一国列强签订了《辛丑条约》,之后炮台随即被拆毁。大沽口炮台素有"津门之屏"之谓,是中国近代史上最重要的海防屏障之一。大沽口炮台又有"海门古塞"之誉,属于当时的"津门十景"之一。大沽口炮台遗址,不仅是当年历史硝烟的见证者,还以其独特的优势发挥着三种文化功能。

一、大沽口炮台遗址的物质文化遗产活态传承功能

中华人民共和国成立之后,大沽口炮台遗址被国家确定为重点文物保护单位,后来又建立了大沽口炮台博物馆。从此,大沽口炮台遗址进入博物馆的展示时期,在这里不仅可以参观炮台文物,还能了解到相关的历史资料。今天,通过炮台遗址上的古铁炮、古钟、炮轮、石碑等既存文物,参观者可以了解到 19 世纪中国那段屈辱的被侵略史,了解当年中国各族人民奋力抗击外强的英勇业绩。近年来,大沽口炮台博物馆以"博物馆文化遗产的活态传承"为主题,举行了一系列形式多样、亮点纷呈的文化展演、展示活动。为了宣传文化遗产日,博物馆还

举办了具有特色的陈列展览"中华百年看天津"。这一展览活动，展示了自鸦片战争之后一百多年间中华民族经历的半殖民地半封建的苦难和天津人民为解放天津、建设天津的抗争、探索历程。通过大沽口炮台遗址博物馆的沙盘，参观者可以了解到当年大沽口炮台鼎盛时期完整的防御体系。1901年，清政府根据《辛丑条约》拆除了京津一带的防御工事，大沽口炮台也被迫拆毁，从此津门国门沦陷，国家山河破碎。在大沽口炮台遗址博物馆，参观者可以看到、听到"海门要塞"背后的故事，使他们在历史的钩沉中了解到中国和天津的近代史，增强爱国主义教育。

由于历史、地质、气候等多种原因，大沽口炮台遗址的地基曾经出现了不均匀的沉降，因而裂隙遍布、风化严重，而炮台的顶部更是杂草丛生，荒芜一片。为了保护这一珍贵的历史遗存，避免炮台开裂、破碎、坍塌等情况的发生，进而维护大沽口炮台遗址的完整与安全，大沽口炮台遗址博物馆坚持"保护为主，抢救第一"的方针，实施了文物本体保护和馆藏文物系统性工程。由于自然风化等原因，炮台遗址三合土墙体慢慢开裂、石块剥落，甚而有坑壁坍塌的危险，为此炮台博物馆遵循文物保护的"文物本体原料不变"原则，修复炮台时使用的三合土夯筑材料接近于原址本身的材质与工艺，也就是说大沽口炮台修复时使用的三合土配方就是当年修造遗址时所用的材料和配方比例。"当修复遗址中的裂隙时，师傅们还得给墙体'打针'治病，这个修复技术的学名叫'注浆'。"[1]这种固结灌浆技术能够提高三合土夯筑的强度和抗变能力，而且不会改变遗址的原貌。大沽口炮台遗址抢险加固工程和整体修复工作以及馆藏文物大规模、专业化、系统性修复工作的完成，使大沽口炮台遗址得到了很好的活态保护和传承，这是一件具有历史意义的工作。

今天，大沽口炮台遗址重点保护区及建控地带面积达到了7875亩。为了能够保护好炮台遗址，大沽口炮台遗址博物馆还专门成立一支文物巡查小组，每月常规性两次进行文物巡查工作，不仅对重点区域加以重点巡查，还对重点部位实

① 大沽口炮台遗址博物馆：《在保护中发展　在发展中保护》，《天津日报》2019年2月14日。

施监控并在"威""镇""海"炮台遗址建立了报警防护系统。根据炮台遗址临近河流的地质特点，还强化了防汛设施设备，这样一来便解决了汛期来临时可能遇到的水患灾害。大沽口炮台遗址博物馆还启动了《大沽口炮台 2020—2035 年保护总体规划》编制项目，这将有助于提升文物保护、利用与管理的科学性、合理性，从而促进文物保护和开发利用的协调发展。

大沽口炮台遗址博物馆在加大文物原生态保护力度的同时，还不断完善文物保护防御体系的建设，力求实现遗址景区环境整治与文物历史风貌完整展示、协调发展的文保工作目标。由于炮台遗址重点保护区"镇"字炮台、"海"字炮台长期面临地势低洼、周边环境欠佳等因素影响，为保护文物遗址安全并美化炮台整体景观，大沽口炮台遗址博物馆编制了《大沽口炮台遗址公园环境整治规划工程方案》，为进一步加强文物遗址管理工作提供了有力的保障。

大沽口炮台遗址保护工作的创新性发展，使得这一遗址得以活态传承下去，也为其他文化功能的实现提供了前提条件。

2017 年，天津大沽口炮台遗址博物馆启动了馆内所藏铁器的修复工作，历时两年多对馆藏铁器进行了系统性的修复。这次修复工作的重点，是对 21 件馆藏铁器进行除锈、清洗、脱盐、加固、缓蚀、封护等保护性处理，这些文物是大沽口炮台的重要历史遗存，也是见证物。在这其中，有 3 门双层铁炮属于非常珍贵的历史实物，对于研究中国兵器发展史、军事科学史、近代战争史都具有较高的史料价值。如今，这些经过修复的铁器文物正在博物馆展厅和遗址景区为游客"讲述"着大沽口炮台当年的历史。在 2020 年鼠年春节的前夕，大沽口炮台遗址博物馆举办了"博物馆中的趣味新年"冬令营年俗体验活动，孩子们参观主题展陈"海上国门"、看 3D 电影《沽口悲歌》，在民俗体验的过程中也受到了一次历史爱国主义教育。

为了让静态馆藏实物"活"起来，大沽口炮台遗址博物馆利用大数据技术通过网络宣传文物与活动。比如，推出线上展览平台"互联网＋""云观展"，这样可以利用博物馆的微信、微博、门户网站、抖音平台等新媒体形式及时报道馆内活动。通过加强网络宣传和推介，大沽口炮台遗址博物馆的信息透明度进一步增强,进一步提升了大沽口炮台遗址及其博物馆的社会知名度。

二、大沽口炮台遗址的爱国主义教育功能

大沽口炮台是中国各民族共同抗击外敌的历史见证,是天津历史文化中极其重要的组成部分。1988 年,国务院将大沽口炮台遗址列为全国重点文物保护单位,2005 年中宣部又将其命名为全国爱国主义教育示范基地,大沽口炮台遗址成了进行爱国主义教育的实践基地。如今,天津大沽口炮台遗址博物馆的"红色文化育人社会实践基地""爱国主义教育实践基地"正以坚定的文化信念赓续着爱国主义的历史篇章和文化基因。

大沽口炮台遗址博物馆承载着一种责任,延续着一种情怀,彰显着一种精神。大沽口炮台遗址作为全国的爱国主义教育示范基地、全国红色旅游经典景区,近年来深入挖掘革命文物的价值内涵和文化元素,充分利用遗址的资源优势,多层面、多角度探索基地的文化张力,用新颖、丰富并具特色的内容形式培养青少年的爱国主义情怀、爱国主义精神和文化遗产的保护意识。近年来,大沽口炮台遗址博物馆加大巡展力度,创新多元化的展示手段,积极利用互联网技术将文物藏品更直观地呈现给观众。今天,大沽口炮台遗址博物馆的 3D 影片《沽口悲歌》、3D 动漫影片《大钟回归记》已成为展陈内容的延续和升华。大沽口炮台遗址博物馆的微信公众号公布了全部展厅的信息,这就打破了时空局限。大沽口炮台遗址博物馆还推出了"互联网 + 爱国主义教育研学传播示范"项目,采用 VR 技术建立爱国主义教育 VR 课堂,这使得博物馆的藏品资源在对观众进行爱国主义教育的过程中最大限度地获得广泛传播。

大沽口炮台遗址,具有庄重的历史文物传承价值和爱国主义文化教育价值。1954 年 4 月 23 日,毛泽东在视察天津新港后再次来到大沽口炮台参观,体现了一代伟人对大沽口炮台遗址的重视和关心。而今天,那座巍峨的"大沽口炮台遗址纪念碑",正向参观者讲述着当年中华儿女不畏列强、抵御外侮的可歌可泣的英勇事迹。

在庆祝中华人民共和国成立 70 周年之际,大沽口炮台遗址博物馆以"大沽

铁钟"这一镇馆之宝入选国家博物馆展览的契机，进一步审视该馆的文物价值传播与遗址发展之间的关联性，深入探讨新时期文物保护工作与文化旅游的融合发展，以便构筑旅游的文化高地，通过自身展示来激发公众的爱国志、报国情。

进入大沽口炮台遗址景区大门的西侧，左前方就是博物馆。大沽口炮台遗址博物馆是一个呈放射状的金属建筑，寓意着爆炸后硝烟弥漫的炸弹，外观上整座建筑呈现铁锈色，预示着历史沧桑的鏖战场面。

通过历史的透视，回溯到 1859 年 6 月。是年是月，英法美三国公使以到北京跟清政府交换条约文本为名，组成集合舰队来到大沽口外，企图向清政府施加压力。清政府当即照会侵略军，换约可以随带少数人员从北塘登陆进京。但英法侵略者执意要从大沽口登陆，还要武装护送公使进京并于 6 月 25 日下午炮轰大沽口炮台，由此就爆发了大沽口的第二次海战。当时的中国守军，被迫开炮自卫，新修建的大沽炮台发挥了强大威力，列强的远征队在交战中损失了三艘英国战舰，英军连军官在内死伤了四百多人，就连英军的海军司令贺布也在战斗中受伤，于是侵略者只得退却。这是自第一次鸦片战争以来中国军队抵抗外国列强侵略取得的最大一次胜仗，也是当时英帝国主义在亚洲所遭受到的最惨重的失败。然而，由于当时的中国积贫积弱，在签订《辛丑条约》后大沽口炮台被迫拆毁，五座炮台当中目前只有"威"字台尚存，唯有它还承载着中国人民反抗外国列强的历史记忆。今天，参观者到此，目睹此情此景不禁感慨万千，加深了对我国近代反侵略史的了解，大沽口炮台遗址达到了物质形态展览和精神教育的有机和谐统一。

大沽口炮台遗址博物馆内的文物资料品种丰富，数量繁多。在大沽口炮台遗址博物馆内，布置的展厅分为序厅、京畿海门、沽口御侮、国门沦陷等几个展区。这些展览，通过古炮、古钟、炮轮、石碑等众多历史文物向参观者和游客讲述着 19 世纪中国的屈辱史和中国人民的抗争事迹。

三、大沽口炮台遗址对周边景区景点的联动功能

大沽口位于天津海河南岸，是入京的咽喉，津门之屏障，历来就有"南有虎

门，北有大沽"的说法。大沽口炮台遗址"外接深洋，内系海口"，是一个"海门古塞"。由于大沽口是京津的门户、海河的要隘，因此这里曾四次遭受到帝国列强的入侵。1860年，天津沦为半殖民地半封建地区，被开辟为通商口岸。大沽口炮台等大量历史遗存，是天津历史文化名城的重要组成部分。历经岁月的沧桑，曾经的大沽口炮台如今唯有遗址存世。为了保护这些珍贵的历史文化遗存，天津市政府及区政府做了大量的抢救性保护工作。1997年，大沽口炮台遗址经整修后对公众开放。2006年，《大沽口炮台遗址保护总体规划》通过了国家文物局的批复，2011年4月大沽口炮台遗址博物馆正式对外开放。如今，那些蒙上过历史尘垢的铁炮、炮轮、石碑和馆藏文物等，正以其本来面貌向人们讲述着当年的历史，那座历经百余年漂泊重回故地的大沽铁钟更是敲响了历史的回声。

近年来，大沽口炮台遗址景区连续获得"全国爱国主义教育示范基地""民族团结进步模范集体""中华传统文化教育基地""全国红色旅游经典景区""国家四A级景区"等多项荣誉，取得了良好的社会效益。除了自身的历史文化传承、爱国主义教育功能外，大沽口炮台遗址独特的地理位置，还对周边景区景点具有一定的联动功能。

大沽口炮台遗址，位于天津东南海河入海口两岸。天津市政府非常重视保护这一重要历史遗存，早在2003年底天津市文物部门就制定了修建"大沽口炮台遗址公园"的规划并得获国家文物局批准。大沽口炮台遗址公园的范围为：东至海河渔船闸引河主航道和海河入海口主航道连线，西至滨海大道西侧200米的吹泥地中小路，南至津沽路东的草地南缘，北至滨海大道与海河渔船闸引河主航道交点，总占地面积约为100公顷。

大沽口炮台遗址公园主要包括：公园入口处的圆弧炮墙，临海修建的仿古炮墙（总长1050米），恢复了"威""海"字炮台原貌，"镇"字炮台遗址北依原貌重建了炮台，"海"字炮台南侧修建的茅草屋及其内设有与真人大小相仿的清士兵泥塑，还有小型码头（游人可乘船从海上观赏炮台雄姿）。

除了以内涵为基础扩展炮台遗址的景区范围外，大沽口炮台遗址还与附近景区产生联动作用。大沽口炮台遗址跟附近诸多景区景点毗邻，比如宋庆龄渤海儿童世界、大沽口船坞遗址、潮音寺、天津港、海昌极地海洋馆、海河外滩公园、海门园、泰达热带植物园、宝成奇石园、极地海洋世界、龙达温泉生态城、北塘古镇、东嘴鸟度假村、东疆港黄金海岸等,还有车驾一小时路程的景区景点天津古文化街(约48公里)、海河风景线(约47公里)、天津之眼(约49公里)等。

在大沽口炮台遗址几公里的范围内,有一些红色旅游资源,因而又可以与"红色经典文化圈"紧密关联。这样一来,利用自身区域优势的大沽口炮台遗址就可以实现与周边景区景点的联动发展,不但可以延伸服务、经营领域,也能够扩展更多的游客资源。

作者:徐建华　孙立祥
山西农业大学信息学院

用智慧展馆推动新时期纪念馆信息宣传工作

王 炜

纪念馆是社会文化资源的聚集地,蕴含着不可估量的价值,通过组织游客参观,瞻仰和体验中国人民在历史长河中形成的标志物和遗迹,达到弘扬革命传统、开展爱国主义教育、凝聚民族精神的作用。随着信息化和互联网技术的飞速发展,纪念馆信息宣传工作面临着新一轮的机遇与挑战。如何运用信息宣传进入公众视野、提高传播效率、降低管理成本,实现纪念馆宣传工作信息化网络化的创新发展是需要深入思考的问题。本文通过对做好新时期纪念馆信息宣传工作的重要意义、新时期纪念馆信息宣传工作的发展趋势、新时期打造智慧博物馆推动宣传工作纵深发展进行研究与思考,使公众参与到纪念馆活动中来,以让纪念馆发挥更大的文化影响力。

一、新时期纪念馆信息宣传工作的重要意义

(一)宣传党的路线、方针、政策

思想政治教育任务艰巨,不仅担负提高人民思想道德素质、培养社会主义核心价值观的任务,还要宣传党的理论、路线、方针、政策。纪念馆信息宣传工作是思想政治教育工作的重要组成部分,能够直观传达社会政治文化、宣传社会信息。纪念馆信息宣传内容积极向上,包含传统文化、革命逸事等,有很强的教育色彩,比如儒家文化中推崇的"仁义礼智信"和当前社会中弘扬的社会主义核心价值观就有很多相似之处。因此,纪念馆信息宣传不仅可以让人们感受中华民族优良文化的熏陶,感受革命年代的激情,还能够实现对当今人们政治思想的隐形教育与引导,激励他们培养正确的人生观、价值观,将教育融合到人们的生活

中,极大地提高了思想政治教育工作的可见性及有效性。

(二)加强理想信念教育

青年作为接班人,树立正确的理想与信念是尤为重要的,因为这不单决定着个体的前程和发展,也决定着整个国家的命运与前途。纪念馆信息宣传中信念是核心内容,也是珍贵的思想财富。在对人们开展纪念馆信息宣传时,提取理想信念的相关题材,可以将理想的诠释建立于社会现实的基础之上,从而实现其对理想与现实的正确认识。这对于我国社会主义共同理想的塑造有着至关重要的作用。

(三)弘扬爱国主义精神

徐特立说过:"人民不仅有权爱国,而且爱国是个义务,是一种光荣。"爱国主义是民族精神的精髓,是当代人们思想道德教育的主动脉。纪念馆信息宣传内容涵盖了我国劳动人民勤劳奋斗的悠久历史事迹,是鲜活的爱国主义文本。以此来激励人们的爱国主义情怀,培养人们的民族意识,让人们发自内心地努力拼搏、奋发成长、回报祖国。

(四)发扬艰苦奋斗的精神

人们的生活和以往相比发生了翻天覆地的变化,富裕的城市生活在一定程度上淡化了人们艰苦奋斗的作风。但我们不能忘记的是,我国劳动人民正是依靠艰苦奋斗的作风一步步取得了现在的幸福生活。纪念馆信息宣传将先辈的奋斗历程直观地表现出来,其中先辈们艰苦奋斗的事迹正是人们向之学习的生动教材,不仅能培养人们勤俭务实的精神,也能让人们懂得人生路上需要艰苦奋斗,由此帮助人们树立正确的人生观,避免在当今多元价值观碰撞、金钱主义甚嚣尘上的社会背景下迷失自我。

(五)传承中华民族传统文化

我国很多非物质文化遗产在纪念馆中实现了其文化价值。很多地方性纪念馆在收藏和整理非物质文化遗产的资料时,通过录音以及录像的方式将一些濒临失传的非物质文化遗产保存下来,以供后人传承和发扬。在万物的进化过程中,人类虽然不可能做到使每一件文化遗产都以一种活态的传承方式永存于世,但是,我们可以在万物更替的过程中存留下它们曾存于世的证据和过往的点滴。

我们可以通过加强纪念馆信息宣传,让更多的人了解和知道纪念馆文化的内涵,同时这也是文化传承的一种表现。

二、新时期纪念馆信息宣传工作的发展趋势

（一）互联网信息宣传的特点与优势

网络时代已经来临,互联网是继报纸、广播、电视之后的全新媒体,相对于传统的宣传方式,它具有自己的独特性。互联网宣传具有信息发布门槛低、网络资源丰富、宣传方式灵活等特点,并且不受时间、空间、地域的影响。然而纪念馆传统的宣传方式则不具备这样的特点,纪念馆具有较强的"公共性",纪念馆信息想要进入公众的视野中就必须通过公共媒介进行宣传。在信息共享的新时期,网络宣传有着较强的开放性和随意性,当然也更具备独特性,人们可以通过自己的想象任意改造,因而互联网这样的宣传具有较强的主观性。网络为纪念馆的宣传提供了丰厚的土壤,可以通过三维的动画软件、数据处理以及影像处理等科学技术手段为纪念馆宣传创造条件。

（二）互联网信息宣传的影响

现如今,网络与多媒体技术对纪念馆的发展与传承有着重要的影响,纪念馆可以用文字、声音、动作等网络信息表现出来,可以通过音频设备来记录和宣传。一方面,信息宣传可以充分利用数字化服务,通过数字化技术对纪念馆宣传信息进行分类整合、存储,建立一个素材积累基地;另一方面,可以利用虚拟信息技术对纪念馆相关设施、物品进行再现,让人们即使不到纪念馆参观也可以通过网络产生身临其境的感受。

（三）互联网信息宣传的作用和效果

让收藏在博物馆里的文物、散落在广阔大地上的遗迹、书写在古籍里的文字都活起来。把互联网的创新成果与已有的内容资源和线下活动深度融合,深入挖掘陈列展品背后的故事,并将其发布展示于网站、微信、微博等应用软件和小程序上,彰显中华文化的独特魅力,推动文物资源开放共享,丰富文化供给。以下就以平津战役纪念馆利用互联网平台开展信息宣传为例,说明如何进一步拓

展宣教活动发展空间,发挥文物在培育弘扬社会主义核心价值观、构建中华优秀传统文化传承体系和公共文化服务体系中的独特作用。

通过官网及时发布信息。平津战役纪念馆官方网站设置有"馆情纵览""资讯动态""陈列展览""服务指南"等栏目,详细地展现了平津战役纪念馆的发展动态和展览信息,为观众提供全面的参观服务。根据自身特色,网站利用数据库技术建立了"烈士查询"系统,方便观众从网络上查找烈士的姓名和籍贯。"网上展馆"功能,以3D的形式展示平津战役纪念馆的外部景观和内部展览。此外,还将馆刊和相关文献资料制作成电子书放在网站上,方便观众下载阅读和研究。

在官方微博开展互动,拉近纪念馆与观众之间的距离。平津战役纪念馆的微博同步发布纪念馆动态和展览信息,积极及时与网友互动。根据馆内业务开展并利用微博特有的功能,开展了观众投票、问卷调查和网络直播等与观众互动的活动。目前,平津战役纪念馆微博已发布信息1500余条,拥有粉丝4200余人。

微信公众号让信息传播更加广泛与便捷。平津战役纪念馆的微信公众号,设置了参观指南、语音导览等特色功能,能够及时反映平津战役纪念馆的发展动态和展览活动信息。"核心价值观"板块,集中展现有关"社会主义核心价值观展览""党的十九大精神"的展览和活动动态。"微展览"将线下展览搬到线上,让更多的观众能够参观展览,也提升了展览的传播水平,扩大了传播范围。在清明节、端午节、国庆节等节庆纪念日,平津战役纪念馆通过微信推送特色H5页面,让观众获得更加生动和丰富的信息服务。

三、新时期打造智慧博物馆,推动宣传工作向纵深发展

把红色资源利用好,把红色传统发扬好,把红色基因传承好。纪念馆应该紧跟时代脉搏,不断提升公共文化服务能力,更好地弘扬爱国主义精神和革命传统教育,紧紧围绕馆藏红色资源,充分利用互联网和新媒体,打造智慧教育基地。随着信息时代的到来,网上博物馆成为当今除实体馆外的又一建设重点,成为具备特色文化品牌的网上宣传体系,要实现纪念馆"互联网＋"线上服务模式。作为线上宣传展示的门户,要为观众提供便捷、泛在化的网络服务入口,使观众能够方便的获

得最新的纪念馆资讯,制定适合自己的参观方式,预约到馆的讲解服务,收藏和查看感兴趣的栏目话题,丰富展览展品数字化内容,能够在参观前后便捷地与纪念馆进行在线互动,使观众在参观前能够对纪念馆产生参观兴趣,保持对纪念馆的黏性。除此之外,智慧展馆可以进行展品的三维数据采集和展示级别模型制作以及AR互动展示制作,加强整个纪念馆数字内容的多样性和趣味性。

（一）微信小程序获取信息方便快捷

微信小程序既延续了微信公众号不用安装、即开即用、用完就走、省流量、省时间的优势,又具备手机应用精美的UI界面、灵活的交互体验、多样的功能设置等优势,是纪念馆吸引观众现场参观的重要媒介。小程序分导览、服务、教育、预约及注册/登录四个板块,作为微信公众号功能的扩展和补充,小程序是无须下载安装的服务应用,体现了轻量级的设计理念,也为观众提供了丰富的观展方式和信息服务方式。微信公众平台作为纪念馆的另一个观众导览和服务入口,可致力于打造轻量级的应用模式,延伸信息服务门户平台的信息和服务触角,提供线上与线下交叉整合的一体化服务。通过微信技术手段,对用户的爱好进行分析,按照组别特点有针对性地向用户推送信息、提供服务。同时,采集素材制作虚拟纪念馆,应用于官网及微信展示,观众可通过官网线上浏览虚拟场馆,也可使用手机在家通过"任意门"功能"进入"某展厅进行参观游览。除微信公众号、小程序平台之外,纪念馆还可以与百度、文博智慧云、阿里巴巴、携程旅游、今日头条、津云等互联网媒体服务平台进行对接开发,如内容及服务功能植入,为纪念馆智慧平台引流。

（二）微信互动游戏提高兴趣教娱相长

互动游戏依托于微信小程序,让观众特别是青少年观众通过游戏闯关的方式了解纪念馆。纪念馆通过互动游戏支持IOS及Android系统智能手机实现增强现实(AR)交互体验功能、密码解锁功能、拼图功能、填色功能等,结合重点展项或展品为观众提供更加丰富的参观体验。

（三）公共导视系统让公众获得信息全面且透明

公共导视系统的建设应该包含导视互动、信息发布和数据可视化互动应用平台。现如今纪念馆公共导视系统已经成为国内各大智慧场馆建设的重中之重。完善的公共导视系统可以将纪念馆的开馆信息、展览信息、服务信息以及可面向公众的大量数据信息，向观众做一个全方位展示和传递。室内信息发布系统由数据展示大屏和数据展示大屏控制软件组成，为刚进馆的观众展示场馆资讯信息。多媒体导视屏互动系统为观众参观提供导视和交互服务，为观众在不同展厅之间游览时提供完善的导视信息和数据交互的服务规划。数据可视化系统的建设旨在综合提炼纪念馆的建筑数据、环境数据、设备管理数据、观众服务数据、展览展品数据、资讯信息数据、工作管理数据、定位数据等业务数据信息，在充分结合场馆环境和参考不同类型观众参观路线的前提下，通过不同的可视化手段分门别类地为公众提供数据展示利用和参观服务指引。

如今是一个数字信息的时代，数字信息更是为纪念馆的传承和保护提供了一种新的途径，纪念馆的信息宣传也必将随着时代的发展走进一个新的阶段。在新时期将互联网技术与纪念馆信息宣传相结合，是推进纪念馆信息宣传发展的重要方式。互联网技术与纪念馆信息宣传相结合必然会拉近纪念馆和受众之间的距离，使得各个国家、各个民族的文化资源融会贯通，这也是未来文化发展的趋势。总体而言，信息化时代下创新信息宣传工作是适应社会信息化快速发展的需要，有利于提高信息宣传水平，促进信息宣传事业的可持续发展。目前纪念馆信息宣传人员运用信息管理手段改变了传统的信息宣传模式，提高了纪念馆信息宣传工作的效率。但是，仍然需要不断增强信息宣传人员的信息化意识，创新网络平台建设，加强人才培养，进一步提高信息宣传效率，降低管理成本，提高纪念馆信息宣传工作的规范化、信息化水平。怎样将纪念馆自身蕴藏的文化资源进行充分开发与利用，抓住新时期信息宣传的优势，发挥爱国主义、民族主义教育基地的示范作用，这需要广大同行深入研究，要根据纪念馆的实际情况，向其他国内纪念馆借鉴信息宣传工作的先进经验，创新宣教方式与内容，提升信息宣传工作水平。

作者：王　炜

平津战役纪念馆

浅析遗址类博物馆
文物保护利用与历史文化传承

——以大沽口炮台遗址博物馆为例

李真珍

为贯彻落实《中共中央宣传部关于学习贯彻习近平总书记重要讲话精神,传承弘扬优秀历史文化和革命文化的通知》精神,进一步增强文化自觉和文化自信,坚守中华文化立场,传承红色文化基因,激发优秀历史文化和革命文化生机活力,做好红色文化阐释传播,把红色基因一代代传承下去,结合大沽口炮台遗址博物馆的实际,浅析遗址类博物馆文物保护利用与历史文化传承。

一、遗址类博物馆与大沽口炮台

遗址类博物馆,一言以蔽之,便是在遗址上建立起的针对该遗址文化进行发掘、保护、研究、陈列及教育的专门性博物馆。其活动内容,一是搜集和保存人类活动的见证物即文物,二是对之进行研究,三是进行传播和展览,从而让公众了解遗址的历史内涵和科学价值,认识历史发展方向,达到增进文化认同的目的。同时遗址类博物馆具有不可移动性,它只能建立在遗址原来的位置上,像秦始皇陵兵马俑只能建立在陕西兵马俑坑的原址上,周口店遗址博物馆只能建立在北京城西南房山早期先民生活的周口店,大沽口炮台遗址博物馆也只能建立在海河入海口见证了四次大沽口保卫战的炮台遗址旁。

与普通博物馆不同,遗址类博物馆自身的特性决定了文物的专门性、单一性、独特性和不可替代性。正基于这种特征,文物的保护修复及展示利用显得尤其重要。

二、文物保护利用与历史文化传承现状

（一）实施大沽口炮台遗址资源学术研究工程，深入挖掘历史文化内涵，让文物活起来

大沽口炮台是第二次鸦片战争及八国联军入侵中国的重要战场，在中国近代史上占有举足轻重的地位，是中华民族抗击外来侵略、不畏强暴的历史见证，凸显了爱国将士们不畏艰险、浴血奋战的英雄气概和矢志不渝、前仆后继、英勇不屈、保家卫国的爱国主义情怀，是中华民族宝贵的精神财富的重要组成部分，也是具有较高文物价值和社会价值的近代海防遗址之一。要深入挖掘大沽口炮台遗存所蕴含的爱国精神、价值理念、道德规范和人文精神，提炼和展示其中的精神标识和文化精髓，通过挖掘和讲述炮台遗存背后的故事，使中华民族的文化基因与当代文化相适应、与现代社会相协调，让炮台遗址、文物活起来，传下去。

为推进大沽口炮台遗址资源学术研究，我们先后组织了纪念大沽口炮台筹建 200 周年学术研讨会、大沽口炮台文物保护研讨会、大沽口炮台文物价值传播暨遗址发展与爱国主义教育传承学术会议，以及"让文博事业赋能人民群众美好生活"专题讲座，云集政府机构、学者专家以及相关从业单位共同探讨大沽口炮台遗址的历史史实和保护利用课题，通过对话形式的学术争论，论证研究炮台遗存形成的历史和中国近代史实，引发全社会的"大沽口炮台热"，推动形成全社会高度关注、共同参与的生动局面。

（二）实施大沽口炮台遗址保护利用工程

坚持保护为主、抢救第一、合理利用、加强管理的方针，做好文物保护工作，全力推进文物本体修复和馆藏文物修复计划。在完成"海"字炮台、"威"字炮台修复以及馆藏铁器修复的基础上，2019 年初启动《大沽口炮台遗址总体保护规划（2020—2035 年）》编制，将大沽口炮台北岸营盘和南岸营盘相关遗存纳入国家级重点文物保护范围。为夯实遗址安防工作基础，两期安防工程分别实现博物馆内入侵报警、声音复核系统、网络视频监控系统、出入控制系统的安防保障和遗址区域高清视频监控系统及"威""镇""海"三座炮台周界报警系统防护。加

强525公顷文物遗址建设控制地带的巡护,努力实现日常巡查工作无盲点。同时博物馆不遗余力地推进遗址展示利用工程,修改完善的《大沽口炮台遗址公园环境整治规划工程方案》通过国家文物局批复,从更高站位、更大范围实现对炮台遗址的规划保护,统筹推进文物保护与传承利用。

（三）实施爱国主义教育传播普及工程

以爱国主义教育为主线,创新遗址博物馆特色宣教模式,优先打造研学游学基地,因地制宜推进中小学生研学旅行,创造性地把课堂"搬"到户外、"搬"进博物馆,打造"博物馆里的趣味新年"品牌活动、"中国红 我的梦"研学夏令营、历史文化文物探索系列活动、"我们的节日"主题活动、"开学第一课"等文化研学旅游活动,充分利用重大历史事件、国家公祭仪式、烈士纪念日等,发挥遗址博物馆的爱国主义教育示范基地作用,展示其深刻的爱国主义内涵,培育民众的爱国主义精神。

深入挖掘教育资源,研发原创教育教具,积极投拍3D电影《沽口悲歌》《大沽口炮台历史宣传片》以及儿童动漫影片《大沽钟回归记》,设计开发《海上国门》等绘本,开发知识卡片、创意拼图、展陈互动讲解卡等教具,为学生设计配套课程,力求在活动中做到寓教于乐。综合运用报纸、书刊、网站、微信、微博等各类载体,推出"口袋博物馆"进校园VR项目及3D动漫影片《大沽钟回归记》公映,结合线上宣传与线下活动,融通多媒体资源,创新表达方式,大力彰显中华文化的魅力。打造多领域共建共赢合作机制,加强同政府机关、企事业单位、学校团体、文博单位积极共建,共享红色文化资源,深化、提升红色教育的品质和效果。

（四）实施打造特色红色旅游基地工程

作为全国红色旅游经典景区,大沽口炮台遗址博物馆充分发挥红色旅游独有的教育资源优势、景区优势和政策优势,提升革命文物社会教育效果。以"订单式"旅游主题线路力促红色党团教育,举办"重温革命历程 永葆爱党初心"纪念建党百年主题教育,围绕党史教育、红色宣讲、红色家风、红色展演、红色歌曲五大板块,推出快板《我在天安门广场看升旗》、红色宣讲《大沽铁钟回家的故事》《学习党史礼赞百年》,以及情景剧《民族英雄罗荣光》等动态宣讲,生动再现了可歌可泣的革命故事,以丰富的艺术形式展现了中华儿女牢记初心使命的红色精神。

推出红色展览"滨城红潮——滨海新区党的革命历程主题展""鸦片战争文物陈列暨战事回顾展""大沽铁钟回归 15 周年主题展""家和万事兴主题展"等,为各级党团组织提供红色教育内容。深化党建"互联网＋"教育互动新体验,利用官网、微信、微博等新媒体,推出建党百年"主题党课"、红色历史微展览、红色家风故事等,探索互动式、开放式、多元式的教育形式,增强学习教育的感染力和实效性。

(五)实施提升博物馆公共服务工程

加强博物馆文物保护修复和展示传播,就要不断提升博物馆公共服务水平,全方位、多领域、高质量地进行服务接待,高标准讲解中国近代史和炮台保卫战史实,把革命传统弘扬好,把革命文化传承好。

一是营造景区舒适、优美的旅游环境。按照国家级旅游重点景区景点实施细则规范化、标准化推进场馆运营,将卫生清整与文明景区任务紧密结合。

二是提档升级基础设施建设。防汛工程、安防工程全面提档升级,消防工程提升改造完成,遗址区修缮、安检设备调整更新、增设旅游专线等,服务功能显著增强。

三是提升旅游服务质量,实现 4A 级景区 5A 级服务。实行微笑服务、规范服务、效率服务、满意服务,提升服务窗口的良好形象,高标准选培红色旅游"五好"讲解员,通过深刻生动地讲解展现这一段波澜壮阔的历史,凸显中华儿女英勇不屈、保家卫国的民族精神。

四是实行"一站式"公共文化服务。设立学雷锋志愿服务岗,积极打造社会公众志愿服务文化平台,实施多项惠民实政,为观众提供周末、节假日定时免费讲解和免费 3D 电影播放服务,提供轮椅、婴儿车、基本药品、包裹寄存、语音导览等服务,修建无障碍通道、无障碍停车位和第三卫生间,为残障人士参观游览提供便利。

(六)实施文化交流合作工程

加强对外文化交流合作,创新人文交流方式,丰富文化交流内容,积极参与天津市以及国内各类大型文物展览、旅游推介、文博会、研讨会等品牌活动,助推大沽口炮台遗址博物馆的学术研究和文化传播深入拓展。进一步搭建凝聚专家学者思想智慧的大沽口炮台史料信息库,建立和大沽口炮台历史有关的国内学术研究平台,同时积极拓展国际交流合作,注重国外史料的搜集和挖掘、开发和利用,促进与国际相关领域研究学者和友好人士的学术交流和合作,提高大沽口炮台的影响力。

三、大沽口炮台遗址博物馆文物价值传播及遗址发展方向

(一)提高政治站位,强化担当作为

大沽口炮台遗址博物馆要从坚定文化自觉和文化自信、实现中华民族伟大复兴的战略高度,把博物馆文物价值传播及遗址发展方向纳入重要议事日程,专题研究,专题规划,制定具体可行的实施方案,分工明确,责任到岗、到人、到位,推动形成统一领导、协同推进、重点落实、全社会共同参与的文物价值传播、历史文化传承发展工作新格局。

(二)建立激励机制,加强人才培养

建立博物馆历史文化传承发展的激励机制,积极引进历史文化方面的专业人才,培育文物研究修复紧缺人才,积极运用优秀历史文化服务大数据平台,聘请一批历史文化传承人和专家学者进行专业培训和专门指导,进一步优化博物馆的人才结构,提高文博从业者的专业水平。加强并创新人才培训机制,多层次、多渠道、多方式对现有人员开展培训,提高人员素质,提升博物馆工作人员讲好文物故事、炮台故事、滨海故事的能力。

(三)注重政策导向,汇聚各方合力

服务于滨海新区海洋旅游文化建设,推动大沽口炮台遗址公园整体规划建设,实现大沽口炮台、天津港、大沽船坞、潮音寺、塘沽火车站旧址等历史文化资源的串联,构建沿海蓝色旅游走廊、海河都市观光带,践行旅游业全域共建、全域共融、全域共享的发展模式。汇聚保护历史文化遗产的合力,线上线下合力宣传历史文化保护传承理念,鲜活讲述历史文化遗存背后的故事,推动形成全社会高度关注、共同参与的生动局面。

作者:李真珍

滨海新区文物保护与旅游服务中心

以军事和爱国主义教育为切入点
促进天津文化旅游融合发展

——天津军事文化与爱国主义教育景点游览开发刍议

徐　勇　欧阳康

　　爱国主义是中华民族的优良传统和民族精神的核心内容，构成了中华民族几千年来生生不息的发展动力。军事文化是爱国主义教育资源的重要组成部分。作为将军事和爱国主义教育相结合的爱国主义教育基地，成为弘扬爱国主义精神、传承红色文化的重要场所。近年来，越来越多的旅游活动开始将游览观光与宣传教育相结合，使人们在休闲放松的同时，又能获得精神上的提高，爱国主义教育景点成为许多人旅游观光的首选。

　　本文通过构建一座传统军事文化、爱国主义教育与旅游之间的桥梁，将天津市各个与军事文化、爱国主义教育有关的景点串联与整合起来，规划旅游线路，串联红色教育景点，将红色基因与旅游有机结合，以期进一步发扬爱国主义教育，传承红色基因，建强爱国主义教育主阵地，助力天津旅游业经济与社会效益的双丰收。

　　关于具体的旅行线路和方式，我们试提供一个方案，供业内人士参考。

　　第一天至第三天的旅游线路规划，以蓟州区、宝坻区军事文化景点、爱国主义教育阵地为主，辅以爱国主义教育讲座、军事文化知识讲座，通过"景点＋阵地"的方式，让人们在轻松愉快的氛围中感受红色文化的魅力。其中，可供选择的爱国主义教育点有盘山烈士陵园和黄崖关长城等，景色观光点可选择"北方江南"、窦燕山故居和蒯彻墓等。通过穿插游览的方式，将两种不同风格的教育类型融合起来，为参观游览提供一个轻松自在的氛围，使爱国主义教育与中华传统文化熏陶有机结合起来。

下面我们说一下为什么选择这几个景点作为设计点。

先说盘山烈士陵园。盘山烈士陵园,1957年建成,占地20公顷,位于天津市蓟州区,主要建筑物有烈士纪念碑、烈士墓区、烈士纪念馆和革命传统教育纪念馆。2016年12月盘山烈士陵园入选《全国红色旅游景点景区名录》。作为红色旅游景点之一,盘山烈士陵园承担着传承红色基因、增强爱国主义教育的重任,许多学校、旅游部门都将盘山烈士陵园纳入了参观学习规划中,盘山烈士陵园的红色传承感召着越来越多的参观者。

同时,盘山烈士陵园所在地——蓟州,更是有着众多可供游览的自然景观。盘山陵园便是在原静寄山庄的小石城和乐山书室的基址上修筑而成的。陵园内的石海就是昔日的小石城。石海现存五六亩,无数巨大的圆石、长石、怪石,绵谷亘岩,姿态万千,为天下奇观,历来吸引了众多观光者的到访。

不论是出于教育传承的角度,还是经济发展的目的,盘山烈士陵园都是我们规划旅游线路的重点对象。

蓟州区除了有盘山烈士陵园,还有另一处爱国主义教育基地,这便是黄崖关长城。黄崖关长城在天津市蓟州区北28公里,始建于北齐天保七年(556),明代名将戚继光任蓟镇总兵时,曾重新设计、大修过黄崖关长城,黄崖关长城是明代蓟镇长城的重要关隘,现在基本保留了明代时的面貌。黄崖关长城先后被天津市委、市政府命名为爱国主义教育基地和国防教育基地等,是天津市重要的爱国主义教育场所。

黄崖关长城是军事文化教育和爱国主义教育相结合的典范,这里不仅是明代时期蓟镇长城的重要关隘,也是县境内唯一的一座关城,更因为有爱国将领戚继光的参与而充满了爱国意义。每当夕阳西下,黄褐色的岩石在余光的映衬下,黄崖关更显静谧与沧桑,这才有了"晚照黄崖"之称,关城也因此而得名。

就是这样一座承载着历史与岁月的黄崖关长城成了越来越多的观光者的目的地。将黄崖关长城纳入景点路线也成了我们的选择,以期让更多的人来感受这一历史遗迹中饱含的文化韵味,感受中华民族自强不息、昂扬向上的精神风貌。

除了红色文化场所，蓟州区还有丰富的人文景观，比如"北方江南"景区所在的蓟州上仓镇程家庄村，是"燕子李三"原型的故乡。坐落于此的"李三故馆"又称燕园，馆内是明清风格的二进式四合院，分墨缘、大义千秋、魂系桑梓和正本清源四个展厅，游客在纪念馆中可感受"燕子李三"行侠仗义、扶危济困的精神。

与"北方江南"相媲美的是窦燕山故居。窦燕山故居坐落在蓟州区西龙虎峪镇。窦燕山，五代后晋时期人。《三字经》中有言："窦燕山，有义方。教五子，名俱扬。"窦燕山教子成才的事迹，传颂至今，家喻户晓。在重视家风建设的同时，窦燕山本人以身作则，生活俭朴，丝毫不肯浪费，除了供给家庭的必要生活费用外，收入都作救苦济急之用。此外，他还修建书院，聚书数千卷，教育青年。窦燕山这种重视家风、勤俭节约、造福一方的精神，值得我们后来人不断学习与传承。因此窦燕山故居也入选了我们的线路规划，成为家风建设与中华美德教育的景点之一。

除了窦燕山故居，还有其他几处名人故居也是传承传统文化教育的重要场所，比如蒯彻墓、袁黄（了凡）纪念馆等。因篇幅所限，这里仅做简要介绍。蒯彻墓位于蓟州区西龙虎峪镇柳官庄村。蒯彻（史籍中又称蒯通），秦末汉初辩士，曾为韩信谋士，先后献灭齐之策和三分天下之计。韩信死后，遭到刘邦捉拿后，无罪释放，成为相国曹参的宾客。袁黄（了凡）纪念馆，是纪念明万历年间重要思想家、曾任宝坻知县的袁黄（了凡）的一座历史人物纪念馆。纪念馆坐落在宝坻区南城东街原大觉寺内。馆内三座展室分别为向善堂、治心堂、省身堂，由画像、楹联、文字图片和书籍组成，从不同时段、不同角度反映袁黄的生平和善政、修身、治学的多方面成果，是人们了解袁黄，特别是了解其治理宝坻善政的基地，也是了凡思想文化研究和传播的平台。

第四至五天，以参观市内、津南区、滨海新区的军事文化景点、爱国主义教育阵地为主，辅以爱国主义教育讲座、军事文化知识讲座。

路线规划与景点选择可根据实际情况采用多点叠加的方式。这里重点推荐以下几个地点。

一是大沽口炮台遗址博物馆。大沽口炮台遗址博物馆位于天津市滨海新区塘沽东南海河入海口两岸，是展现中国近代史上帝国主义入侵，民族不畏列强、抵御外犯的民族教育和青少年教育基地之一。大沽口设防于明代嘉靖年间,大沽口炮台始建于清代嘉庆二十二年(1817),是第二次鸦片战争及八国联军入侵中国的重要战场,是首都的海上门户,在中国近代史上占有举足轻重的地位。庚子事变后,根据丧权辱国的《辛丑条约》大沽口炮台被迫拆毁。后在大沽口炮台原址上修建了大沽口炮台遗址博物馆。大沽口炮台遗址博物馆是全国重点文物保护单位、全国爱国主义教育示范基地、全国4A级旅游景区、全国红色旅游经典景区。

二是天津义和团纪念馆。天津义和团纪念馆前身为义和团吕祖堂坛口遗址,位于红桥区,是清代供奉吕洞宾的道观。清光绪二十六年(1900)义和团运动兴起,义和团首领曹福田在这里设总坛口,成为当时义和团活动的中心。1985年修复后建立天津义和团纪念馆,是全国重点文物保护单位、天津市爱国主义教育基地。

三是小站练兵园。小站练兵园,是天津市"近代中国看天津"项目之一。建设规模占地面积20万平方米,复原了城墙、讲武堂、军事博物馆、新军督练处等。练兵园以小站练兵史实为基础,以北洋历史、天津近代文化、小站稻文化为脉络,兼具教育、休闲等功能,是集旅游休闲与教育传承于一体的综合性游览园区。

四是周公祠。周公祠坐落于天津市津南区小站镇会馆村,建于1890年,系为纪念周盛传、周盛波兄弟所建。周盛传,清李鸿章部下,早年官拜总兵、提督等职,皇帝赐穿黄马褂。光绪年间周盛传率部来小站镇练兵,屯田、修路、开挖马厂减河,引南运河水垦荒种稻。随着招人引种,人口增多,建立新农镇(即小站镇)。光绪十年(1884)周盛传回原籍,翌年病故,清廷谥号"武壮公",赐专祠供奉。

五是天津滨海航母主题公园。天津滨海航母主题公园位于天津市滨海新区汉沽八卦滩,为国家4A级旅游景区,总规划面积22万平方米,是以苏联海军基辅号航空母舰为主体,集航母观光、武备展示、主题演出、会务会展、拓展训练、国防教育、娱乐休闲、影视拍摄八大板块于一体的大型军事主题公园。

对以上旅游线路的规划安排,笔者以为,至少有以下两点意义。

一是以军事文化和爱国主义教育为特色,实现了文化与旅游的高度融合。近年来,天津积极推进文化旅游融合发展,提升文化自信,丰富旅游内涵,旅游已逐步成为天津经济发展的有力引擎。而文化为旅游提供了丰富的内容和产品，旅游则为文化创造了巨大的市场空间。天津卫自设立以来就以京畿辅卫、军事重镇闻名，多次发挥防御保卫功能，尤其是近代以来，这里更是成为抗击外敌、抵御侵略的重要战场之一。因此，如能以军事文化与爱国主义教育为切入点，创新性开发我市旅游业，必将为天津市加快建设文化强市、旅游强市、加强文旅融合发展走出一条新路。而中华文化、爱国主义宣传与教育也能在旅游发展中有了更大的社会价值，让一代代中国人铭记历史，保持自强不息的精神与风貌，为实现中华民族伟大复兴做出应有的贡献。

二是具有知识性强、可玩性高等"深度旅游"的特点。不同于一般旅行社安排的"走马观花"式的快速游览，两条线路安排，通过讲座、游览穿插，知识很强，使游客在游览参观中能够真正读懂天津的军事文化，感受天津文化的魅力。日程安排既体现了天津丰富的军事文化底蕴，将天津十余家军事文化相关博物馆、景区串联起来，又涵盖了市内、市郊、滨海新区、蓟州区、宝坻区等各区风景名胜，可玩性较高，覆盖面较全，是对天津相关景区较为系统的、有文化深度的旅游安排，使游客在身心放松的同时，又收获一定意义的文化提升。

当前，传承中华文化，弘扬爱国主义精神是我国加强精神文明建设的重要组成部分。如何在经济发展中发展文化建设，如何在文化建设中促进经济发展，成为摆在我们面前的重要课题。如今文化旅游融合迎来了新的发展机遇，包括博物馆、纪念馆在内的各类文化单位，都应当在构建大文化大旅游融合发展的新格局中积极作为，以促进经济与文化的双提升。在此，我们谨以此文"抛砖引玉"，期待更多的文化单位、旅游景点，通过"文旅融合"的化学反应，为人民群众提供更多喜闻乐见的文化旅游产品，以推动全市旅游业的转型升级，推动天津优秀文化的繁荣与发展，实现天津旅游业经济与社会效益的双丰收。

作者：徐　勇　欧阳康

天津市档案馆

民盟天津市委员会

试析人文类博物馆与旅游的相互关系

涂小元

2007 年 8 月 24 日,在奥地利维也纳召开的第 21 届国际博物馆协会会员代表大会上通过了《国际博物馆协会章程》。该章程对博物馆的定义进行了修订。修订后的博物馆定义是:"博物馆是一个为社会及其发展服务的、向公众开放的非营利性常设机构,为教育、研究、欣赏的目的征集、保护、研究、传播并展出人类及人类环境的物质及非物质遗产。"

2015 年 1 月 14 日,中华人民共和国国务院第 78 次常务会议通过《博物馆条例》(国务院第 659 号令),其第二条第一款规定:"博物馆是指以教育、研究和欣赏为目的,收藏、保护并向公众展示人类活动和自然环境的见证物,经登记管理机关依法登记的非营利组织。"

两种定义虽然有些微区别,但都强调了博物馆的欣赏功能。

所谓"欣赏",是指人们享受美好事物、领略其中情趣的过程。

当前,随着我国经济的不断向前发展,广大人民群众的物质生活水平得到很大提高。人们"有钱有闲",旅游业得以蓬勃发展。据文化和旅游部统计,2018 年,国内旅游人数共计 55.39 亿人次(其中入境旅游人数 1.412 亿人次)。

为充分发挥博物馆教育与欣赏功能,我国各地新建了一批博物馆。与此同时,各类博物馆的业务人员集思广益,举办了大量观众喜闻乐见的展览和教育活动,受到广大群众的欢迎,来馆参观和参加教育活动的人数与日俱增。据国家文物局统计,2018 年,我国共有各类博物馆(含纪念馆、陈列馆)5354 家。其中,免费开放的博物馆有 4743 家,占博物馆总数的 88.6%。全国各博物馆举办各类展览约 2.6 万个,举办各种教育活动近 26 万次,吸引了 11.26 亿人次走进博物馆,占全年国内游客总数的 20% 强。在走进博物馆的 11.26 亿人次中,游客占了很大比例。

虽然博物馆日益成为众多游客的必选之地,进而使博物馆事业得到很大的发展,但在取得优异成绩的同时,我们应保持头脑清醒,从中发现问题。其中最主要的问题,笔者认为,是博物馆与旅游之间的相互关系如何理顺。限于篇幅,本文仅论述人文类博物馆与旅游之间的相互关系。所谓"人文类博物馆",是指藏品和展览内容以及举办的教育活动以人文社科类为主的博物馆,主要包括历史类、艺术类、旧址类、遗址类的博物馆、纪念馆、陈列馆。

一、人文类博物馆促进了旅游的发展

近年来,为开阔眼界、陶冶情操,广大人民群众对旅游的热情越来越高。大量的游客除欣赏祖国的大好河山之外,对人文景观也愈发重视。游客们希望在参观人文景观时,能够接受正确的历史观和人生观教育,以利今后的发展。

在众多的人文景观中,人文类博物馆占有重要的地位。

为贯彻"让文物活起来"的方针,我国的人文类博物馆举办了大量的新展览、新的教育活动以飨群众,吸引了众多的游客前来参观和学习。据统计,2018 年,故宫博物院接待观众超过 1700 万人次,国家博物馆共接待观众 861 万人次,秦始皇帝陵博物院接待观众超过 858 万人次,四川成都武侯祠博物馆共接待观众 490 万人次,上海博物馆共接待观众 208 万人次,中共一大会址纪念馆共接待观众 146 万人次,上海市历史博物馆(上海革命历史博物馆)共接待观众 137 万人次,上海陈云纪念馆共接待观众 110 万人次,天津博物馆共接待观众 102 万人次。2019 年"五一"假期内,故宫博物院平均每天接待观众超过 32 万人次,鸦片战争博物馆共接待观众 31 万人次,秦始皇帝陵博物院接待观众 29 人次,国家博物馆共接待观众超过 12 万人次,湖南省博物馆共接待观众 7 万余人次,孙中山故居纪念馆共接待观众 7 万余人次,天津博物馆共接待观众 4.6 万人次。上述统计数字中,游客占有很大的比例。

为更好地吸引游客前来参观,我国众多的人文类博物馆想方设法、充分利用本馆藏品,举办了许多喜闻乐见的展览。如天津博物馆,借助建馆 100 周年的契机,于 2018 年 6 月 1 日展出了馆藏珍品北宋范宽的《雪景寒林图》真迹。与此同时,该馆还加大了宣传力度,吸引大批的游客前来参观,甚至出现了游客需要排队几个小时才能进馆的现象。许多游客表示:这是继故宫博物院展出《清明上河图》真迹后,我国人文类博物馆的又一壮举。再如,天津博物馆于 2019 年 5 月 18 日"国际博物馆日"开展了"法老的国度——古埃及文明展",并在馆门口矗立了两尊阿努比斯(Anubis)神像的复制品,吸引了大量的游客进馆参观。与此同时,该馆还请专家在博物馆举办相关的讲座,详细讲解古埃及文明,参观者对此反响强烈,每场讲座座无虚席,起到了很好地传播知识的效果。因此,人文类博物馆应增强服务意识,经常举办群众喜爱的展览和教育活动,并积极和旅游部门联系,让他们了解博物馆,使之率团前来参观。同时,博物馆应做好宣传工作,通过媒体向社会介绍博物馆的展览、教育活动及其特色藏品背后的故事,以此吸引人们参观博物馆。

由此可知,人文类博物馆在吸引游客方面是可以大有作为的。

二、旅游对人文类博物馆的破坏

广大游客涌入人文类博物馆参观和参加教育活动,确实为这些博物馆带来了超高的人气。但是,我们也应该清醒地认识到,在繁荣的背后,大量游客涌入人文类博物馆,也给博物馆带来了一些破坏。主要表现为:

1. 打乱了博物馆原有的发展轨迹

我国很多人文类博物馆兴建于免费开放前,对每天的参观数是有要求的。一旦在较大范围内突破了这个数字,对博物馆本身的发展带来了一定程度的破坏。即使是近期建造的博物馆,对每天的参观数也是有要求的。

随着我国旅游业的飞速发展,旅游行业将众多人文类博物馆列为景点,再加上很多实行免费开放的人文类博物馆,基本上都实行了收费讲解制度,旅游团的领队可以从中分成,调动了旅游团领队的积极性,因此,很多旅游团都会安排游客参观人文类博物馆。特别是在旅游旺季，许多人文类博物馆内挤满了游客，给这些博物馆的接待工作带来了很大的压力。这些博物馆面对大量涌入的游客，不得不使出浑身解数，全力应对。比如坐落在天津的周恩来邓颖超纪念馆，当刚刚实行免费不免票制度时，因为讲解也实行了免费讲解，旅行社认为得不到好处，就将该馆从景点名录中删除了。当该馆实行了收费讲解，并允诺可以给予旅行社一些分成后，许多旅行社又将该馆加入景点名录中，组织了大量的游客到该馆参观。特别是在旅游旺季，到该馆参观的游客急剧增加，该馆不得不暂停其他的业务工作，实行全员上岗制度，以保障游客和文物的安全。

虽然众多游客进入人文类博物馆，给这些博物馆带来了一些经济收入，并提高了博物馆的知名度，但同时也破坏了博物馆正常的发展轨迹，造成了博物馆业务工作上的混乱。

可以说，大量游客涌入人文类博物馆，对人文类博物馆是一把双刃剑，既提高了博物馆的知名度，又给博物馆的正常业务工作带来了一些困扰。

2. 游客超大量的涌入人文类博物馆，对博物馆的硬件设施造成了破坏

许多人文类博物馆在建馆之时，对每天接待游客的最大值是有所计算的，因此，选用的材料也会有相应的考虑，只要能满足每天最高参观数就可以了。随着游客的大批涌入，原有的材料渐感不支，出现了一些破坏。比如天津博物馆，原本将卫生间设计的比较小。当大批游客在短时间内入馆后，卫生间瞬间爆满，尤其是女卫生间，常常排起长队。游客怨声载道，既抱怨卫生间为什么建得这么小，又抱怨卫生纸和洗手液供应不及时，让她们措手不及。又如天津市蓟州区文物博物馆，其馆舍为全国重点文物保护单位、我国最早的楼阁式建筑——独乐寺。独乐寺始建于唐代，重修于辽代，现存的观音阁及其十一面观音塑像和山门为辽代遗存，曾得到我国著名古建筑学家梁思成先生的高度赞誉。该馆是蓟州区著名的景点，每年都有大批的游客进馆参观，地面已被踩得坑洼不平。

当大批游客进入人文类博物馆后，势必会对这些博物馆的硬件措施造成一定程度的破坏。

3. 大批游客进入人文类博物馆后,对博物馆的软件设置造成了破坏

随着我国经济的不断发展,国家对博物馆事业的投入越来越大。据国家文物局统计,2018 年,国家对博物馆事业的投入超过 100 亿元。国家的巨额投入,使得人文类博物馆能够实现升级改造的愿望,许多人文类博物馆将众多的电子产品应用到展览之中,增加了许多互动项目,深受参观者的喜爱和欢迎。但是,当大批游客进到这些博物馆后,一些人对这些设施进行了或有意或无意的破坏,致使这些电子产品在短时间内无法正常使用,也使博物馆遭受了巨大的经济损失,还引起了一些纠纷。

4. 众多游客涌进人文类博物馆,给博物馆的环境造成了一定程度的破坏

由于进入人文类博物馆(特别是遗址类博物馆和旧址类博物馆)的游客过多,这些博物馆原来准备的休息设施难以满足需求,许多游客便随便找个地方就休息、吃东西、喝水。一些素质不高的游客随手将纸屑、食物残渣遗落在博物馆的地面上,破坏了博物馆的环境。

三、解决人文类博物馆与旅游相互关系的思路

旅游既促进了人文类博物馆的发展,也对人文类博物馆产生了一定的破坏。如何解决好这个问题。

1. 加强科学研究工作

人文类博物馆开展的一切业务工作,都应该建立在科学研究的基础上。只有研究透了,才能做到心中有数、遇事不慌。

面对新形势、新问题,人文类博物馆需要在对参观者进行充分调研的基础上,借鉴国内外同类博物馆的经验与教训,动员全体员工,认真开展科学研究工作,找到解决问题的途径。

2. 做好旅游团领队的工作

进入人文类博物馆参观的游客,绝大多数是团客。这些团客都是在领队的带领下进入博物馆的。要想让团客遵守博物馆的有关规定,首先必须做好领队的工作。

旅游团的领队负责全体游客的吃、住、行、玩，在游客的心目中具有一定的权威性。为避免出现团客破坏博物馆软、硬件设施和馆内外环境，博物馆有必要提前和领队进行沟通，同时向领队提出：一旦发现团客有上述行为，将相应地扣除给予旅行社的分成。只有这样，才会引起领队的重视，才能起到立竿见影的效果。

3. 人文类博物馆可以加开夜场，以缓解压力

为充分发挥人文类博物馆的社会效益，也为了缓解大批游客进馆带来的压力，一些有条件的人文类博物馆开办了夜场。如首都博物馆，从 2018 年 7 月 28 日开始正式开办了夜场。当天，该馆的 4 个基本陈列展览从 18 时至 20 时对预约观众免费开放，由志愿者为观众进行专场讲解，让观众充分了解文物背后的故事。此外，还举办了 4 场学术讲座：北京历史、北京民俗、历史文物、博物馆，由该馆的中青年学者主讲，与观众分享历史、文物、博物馆等方面的知识与感悟。与此同时，茶室、文创商店一并开放，为观众提供了休闲、购物的好去处。8 月 4 日，该馆又推出了"拈花微笑——藏传佛教艺术"讲座，由该馆青年学者主讲，与大家共同领略佛造像的艺术之美。又如广州博物馆、西汉南越王博物馆、广州起义纪念馆、孙中山大元帅府纪念馆、广州辛亥革命纪念馆等 9 座坐落于广州市的博物馆、纪念馆，于 2018 年 5 月 18 日"国际博物馆日"当晚开办了夜场。再如上海博物馆，于 2018 年 6 月 29 日至 10 月 8 日举办"大英博物馆百物展：浓缩的世界史"。展品共 100 件，是大英博物馆从 800 万件藏品中精选出的代表性物品，每一件展品都浓缩了一段历史，记录着人类在不同时期最独特的创造力。通过文物讲述背后故事，通过实物证明人类文明的交融和影响。该展览开幕以来，一直是人山人海的节奏，堪比世博会。据统计，平均每位参观者的排队时间在 4 个小时以上，最高可达 5 个小时。为缓解压力，该馆从 7 月 1 日开始，每周五开办夜场，时间为 18 时至 21 时，观众需预约进馆。此外，像天津博物馆，在 2018 年 6 月 1 日建馆 100 周年纪念日的当晚开办了夜场。这些人文类博物馆开办的夜场，得到了参观者的高度赞誉，大家纷纷留言，希望这一做法能够长期化、制度化。

4. 做好文创产品，为游客服务

当前，各类博物馆对文创产品的开发均十分重视。因为文创产品不仅能够给博物馆带来一定的经济效益，还可以拉近博物馆与观众（特别是游客）之间的距离。同时，博物馆的文创产品带有鲜明的展馆特色，是很好的馈送亲友的礼品。如果做得好、做得对路，而且价格适中，文创产品是会受到游客欢迎的。

5. 学习、借鉴国外人文类博物馆经验，处理好人文类博物馆与旅游的关系，亦要摒弃国外同类博物馆一些不好的做法，绝对不能犯"拿来主义"的错误

笔者曾前往美国参观了十几座博物馆，其中既有人文类博物馆，也有自然历史类博物馆。在人文类博物馆中，给笔者留下深刻印象的是大都会艺术博物馆（Metropolitan Museum of Art）。该馆实行收费制，每张门票 25 美元，合人民币接近 175 元。看似很贵，但门票可以连续使用 3 天，每天合不到 60 元，略少于故宫博物院的门票价格。

为控制进馆人数，该馆在进门处设有参观流量设备。参观人数一旦超过最大值，博物馆则不再售票，绝不会只顾着赚钱而无限制地卖票。

该馆在每个展厅中均设专人看馆，特别是在"古埃及厅"和"梵·高、莫奈作品厅"等人流密集的地方，更是增配多人看馆。当众人拥挤在梵·高（Vincent van Gogh）的《自画像》、莫奈（Claude Monet）的《向日葵》、德加（Edgar Degas）的《舞蹈教室》等名画面前流连忘返时，看馆人员就会走上前来，态度和蔼地劝人们离开。因为该馆的展览实行全开放式，展品完全暴露在众人面前，只有一根绳索放置在展品前半米左右，以防止参观者过于靠近展品。如果人群长时间密集于某幅油画作品前，会对该作品带来伤害。所以，看馆人员才会驱离人群。当然，也不是所有展品完全暴露在观众面前，出于安全考虑，该馆将一些特别珍贵的展品（如梵·高的《自画像》）放置在四面镶有玻璃的展柜中。

该馆设有驻馆警察，随身配枪，有执法权，故无人敢于捣乱。

当然，并不是说美国的所有人文类博物馆都像大都会艺术博物馆这样，展品摆放得井井有条，参观者也井然有序安静地参观。有的人文类博物馆的展品摆放无序，杂乱无章。如爱丽丝岛（位于自由女神像所在岛的旁边）上的移民博物

馆。其主体鲜明，内容丰富，参观的走向也较清晰。但反映移民生活的展品却混乱无序地堆放在一室，甚至有的展品摞放在其他展品之上，让参观者一头雾水、不知所云。

因此，我国的人文类博物馆应该学习、借鉴国外同类博物馆好的经验，但因国情不同，绝不能照搬。同时，也应保持清醒头脑，坚决摒弃国外同类博物馆不好的做法。

人文类博物馆与旅游之间有一种相辅相成、相互依存的关系，如何使人文类博物馆更好地为旅游和游客服务，游客如何在人文类博物馆中欣赏到优质的展览，是一个亟待解决的问题。人文类博物馆人应群策群力，找到两者之间的平衡点，为处于大发展的旅游业贡献出自己的一分力量。

说明：本文所引数据，均来自文化和旅游部、国家文物局以及各博物馆官网。

作者：涂小元
天津博物馆

兵学智慧馆设计方案

徐 勇 欧阳康

我国兵学文化的发展历史源远流长,是中华民族优秀传统文化的重要组成部分,是开展爱国主义教育的重要资源。设计兵学智慧馆,就是为了利用展览的方式将兵学智慧经典化、普及化。《孙子兵法》等经典兵书,代表着中国古代各个历史时期军事思想的精华。本文仅选出孙武与《孙子兵法》、孙膑与《孙膑兵法》、戚继光与《纪效新书》《练兵实记》这三项,通过不同的方式,设计兵学智慧展示内容,以通俗易懂的方式介绍每部兵书的主要思想和内容,并且辅以相应战例,重温古代先贤的军事思考,对于当前开展爱国主义教育、国防教育、军事教育等都具有重要的借鉴价值。

孙武与《孙子兵法》布展设计

一、形成印象——根据《孙子兵法》作者孙武的生平设计相关展台

首先,我们布展时可通过孙武画像、齐国地图、陈完画像、孙氏族谱、乐安地图和乐安照片等形式,来让参观者对《孙子兵法》的作者孙武形成一个初步的印象,为后面了解《孙子兵法》一书及兵家文化打下基础。

《孙子兵法》相传为孙武所作。孙武,字长卿,春秋时期齐国人。他出身

于贵族家庭，为陈国公子陈完的后裔。陈完因陈国发生内乱奔齐，后改姓田。田完的五世孙、孙武的祖父田书奉命伐莒，得胜而归，齐景公将其封邑乐安，赐姓孙。

接着，介绍当时的社会状况和国家形势，正是当时动乱混战的局面，为孙武著述《孙子兵法》提供了时代背景，《孙子兵法》中之所以会有诸多军事案例，是与当时的社会环境密不可分的。这时，在布展时可以参考呈现四姓之乱画、姑苏（今苏州）照片，以及《孙子兵法》的相关书籍，让参观者对《孙子兵法》的著述年代，也就是背景，有进一步的了解。

在孙武的少年时期，齐国内部发生了"四姓之乱"，田、鲍、栾、公四氏卿大夫激烈地争夺权力。孙武此时和他的族人一道离开了齐国，前往吴国，在都城姑苏一带隐居下来，潜心研究，著述《孙子兵法》。

伍子胥是孙武的好友，他向吴王阖闾推荐了孙武，认为他是可以"折冲销敌"的人才，孙武遂以其兵书晋见，引起了谋求霸业的吴王共鸣。吴王令他在宫中教嫔妃作战，以试其兵法，孙武执法严厉，对于不听军令的美姬，立斩之。吴王失去爱姬虽心中不快，但知孙武法度严明，是不可多得的将才，便拜孙武为将军。

正是孙武在吴国的军事活动，为《孙子兵法》的出现奠定了实践基础，这一时期也是孙武军事思想形成的关键时期。通过布展伍子胥画像、阖闾画像、孙武教嫔妃作战画、阖闾拜孙武为将画等，将《孙子兵法》作者孙武的行事风格和性格特点展现出来，为著述《孙子兵法》做下铺垫，以让参观者认识到，《孙子兵法》的成书特点是与作者孙武的练兵方法有很大关系的。

孙武为将之后，为吴国的争霸战争立下了卓越的战功。《史记·孙子吴起列传》中说："西破强楚，入郢，北威齐晋，显名诸侯，孙子与有力焉。"

孙武在军事上的成就,为著述《孙子兵法》奠定了基础,正是有在军事作战上的实践突破,才有了《孙子兵法》这一奇书的呈现。在布展时可参考吴国破楚、伐齐战争示意图和《史记·孙子吴起列传》书影等相关史料与图示。

最后以布展《越绝书》书影、江苏吴县(今苏州)旧照片、今孙武墓园照片等作为收尾,将《孙子兵法》的"前世今生"完整呈现出来。

> 由于史料的缺乏,我们对孙武具体的战绩并不清楚,对孙武最后的结局也不能确知。据《汉书·刑法志》记载,"孙、吴、商、白之徒,皆身诛戮于前,而国灭亡于后",由是看来,孙武有可能未摆脱受刑被杀的命运。据《越绝书》记载,江苏吴县(今苏州)东门外有孙武的坟墓,"吴县巫门外大冢,吴王客齐孙武冢也,去县十里",但具体位置已不可考。为了纪念孙武,2005 年,苏州市相城区在陆慕文陵村修建了"孙武墓园"。

二、了解内容——根据《孙子兵法》的版本及基本内容布展

这一部分,可通过布展《史记·孙子吴起列传》书影、《孙子兵法》书影、《韩非子》书影,以及银雀山汉墓博物馆照片、银雀山竹简照片、孙家寨竹简照片等,引领参观者进入《孙子兵法》的内容认识环节,使参观者对《孙子兵法》一书的出土背景有所认识。这一部分也展现了随着时代的变迁,经典的、优秀的兵学文化思想会成为优秀中华传统文化的一部分,然后代代相传,成为启迪后者的宝贵的精神财富。

以下内容,各馆可根据实际需要,选取相应的内容作为布展情况介绍。

《孙子兵法》一书出土情况:

> 1972 年山东临沂银雀山汉墓出土竹简《孙子兵法》,其中包括十三篇(《地形篇》仅存篇名)和佚文五篇。青海孙家寨木简《孙子》中亦有孙子十

三篇的记载。

《孙子兵法》内容信息：

　　《孙子兵法》今本共十三篇，分别为《计》《作战》《谋攻》《形》《势》《虚实》《军争》《九变》《行军》《地形》《九地》《火攻》《用间》（据"十一家注本"）。该书从战略的高度，论述了有关战争指导的一系列问题，总结了不少具有普遍性的军事规律。《孙子兵法》至少在孙武晋见吴王阖闾时，已成为一部基本完整而独立的兵学著作。随着孙武及之后学者的不断增益、丰富，它得到了当时社会上广泛的重视。《韩非子·五蠹》云："境内皆言兵，藏孙、吴之书者家有之。"

　　除了十三篇以外，对于《孙子兵法》亦有不同版本的说法。西汉末年，阮孝绪《七录》著录《孙子兵法》三卷。《汉书·艺文志》中的兵权谋家有《吴孙子》八十二篇、图九卷。今本以外的六十九篇和图卷，已失传了，仅有其他古籍或出土竹简中存有少量十三篇以外的佚文或后人注释。学界认为，这些篇目，除了孙子兵法的佚文之外，应有不少是后人不断附益的内容。

《孙子兵法》版本信息：

　　目前所能见到的《孙子兵法》版本虽种类繁多，但大致看来，无外乎源于三个系统。

　　一是竹简、木简本。也就是银雀山汉墓出土的竹简《孙子兵法》，已经由文物出版社于1976年出版了释文本，1985年又出版了《银雀山汉墓竹简》精装本。另外，青海省孙家寨也出土有一些《孙子》木简，也应归入此系统。

　　二是《武经七书》本。即宋刻本《武经七书·孙子》。北宋神宗元丰年间，朝廷从历代兵书中选定《孙子兵法》《吴子》《司马法》《六韬》《尉缭子》《黄石公三略》《唐太宗李卫公问对》七部，作为武学教科书，统称"武经七书"，校定刊行，从而在官方层面上确定了《孙子兵法》作为首部兵学经典的地位。现存的《武经七书》版本为南宋刻本，原为陆氏皕宋楼藏书，后流传至日本，收藏在东京静嘉堂文库，今有《续古逸丛书》影宋本。

三是十一家注本。该本约在南宋孝宗年间刻印成书，集合了曹操、杜牧、孟氏、陈皞、贾林、李筌、梅尧臣、王皙、何延锡、张预、杜佑十一人注评。上述十一家，除杜佑外，又由宋吉天保辑为十家注，清代孙星衍对该本进行了详细校订考辨。此后，孙星衍《孙子十家注》成为近世流传最广、影响最大的版本。1961年，中华书局上海编辑所出版了影宋本《十一家注孙子》，该本遂成为现代最为流行的版本。

这一部分要讲解的知识内容较多，布展时可供参考的资料也十分丰富，比如《七录》书影、《汉书·艺文志》书影、《武经七书》南宋刻本书影以及《续古逸丛书》影宋本书影等资料，都能作为辅助性展示内容。各馆可根据自己的实际情况，有选择地挑选背景材料。

三、整体升华——根据《孙子兵法》的思想精华设计布展环节

通过前面从背景铺垫到著述成书，再到《孙子兵法》内容的介绍和布展设计，参观者已经有了一个完整的感官认识，并在头脑中对孙武与《孙子兵法》形成了一个整体性的认知。最后，我们再通过巩固认知的方式，将《孙子兵法》的思想精华以讲解加展示的方式呈现出来，使参观者对《孙子兵法》的思想精华部分有所认知，对中国传统文化有一直观性的感知。

《孙子兵法》一书的军事思想博大精妙，极为深刻，并且有很高的应用价值。其主要思想精华可以简要归纳为四个方面：

一是对待战争的认识上，《孙子兵法》开宗明义地指出："兵者，国之大事，死生之地，存亡之道，不可不察也。"表现出对战争问题的进步观点和慎重态度，在承认战争不可避免的同时，坚决反对无谓的战争，"合于利则动，

不合于利则止"。一旦战争非打不可,也要做好准备,"安国全军",这种"重战""慎战""备战"相结合的思想,是它在战争理论上的重大贡献之一。

二是在军队建设方面,《孙子兵法》有较为全面而深刻的论述,"将者,智、信、仁、勇、严也",是对将帅品质的具体要求。"凡治众如治寡,分数是也;斗众如斗寡,形名是也"是对部队训练的经验总结。"卒未亲附而罚之则不服,不服则难用也;卒已亲附而罚不行,则不可用也"是对军队法制建设的申明。

三是在战略战术的阐述方面,《孙子兵法》提出了一系列精辟的简介,"全胜"战略是其最核心的思想,另如"致人而不致于人""以正合,以奇胜""避实而击虚"等,都给后人很多启迪。

四是在特殊战法的运用方面,《孙子兵法》也进行了许多有益的探讨,其中对"火攻"和"用间"的阐述,发前人所未发,应当引起研究者的重视。

这时各馆在布展时可以参考曹操画像、杜牧画像、孙星衍画像、孙星衍《孙子十家注》,以及中华书局版本的《十一家注孙子》书影等相关资料。

孙膑与《孙膑兵法》布展设计

一、重点展示——孙膑的传奇人生

我们对《孙子兵法》作者孙武的生平了解并不多,相对而言,《孙膑兵法》的作者孙膑生平经历则要丰富而传奇得多。据此,我们布展时应重点突出孙膑的传奇经历,同时充分介绍相关历史背景和历史人物,如鬼谷子、庞涓、齐威王等,从而让广大观众对孙膑有初步的了解和认识。各馆可通过讲故事的方式,引起广大参观者的兴趣,让大家跟随讲解员一起走进孙膑其人,为《孙膑兵法》部分做好情景铺垫。

孙膑是战国中期齐国著名的军事家,是孙武的后世子孙。其生卒年月不可详考。原名不详，因受膑刑，世人称之孙膑。《史记·孙子吴起列传》云："孙子武者，齐人也……孙武既死，后百余岁有孙膑。膑生阿、鄄之间，膑亦孙武之后世子孙也。孙膑尝与庞涓俱学兵法。"相传，孙膑年少时投奔鬼谷子门下学习兵家之道。鬼谷子为楚人，一说为齐人，因隐居鬼谷，故名。他精通兵学，布阵行兵，鬼神莫测，撰《鬼谷子》述其纵横捭阖之术。孙膑随鬼谷子习兵，受到鬼谷子的赏识。当时，庞涓与孙膑同时求学于鬼谷子，都志在兵学，情趣相投，情感日密，相约一旦得志，彼此绝不相忘。

由此可知，孙膑与庞涓是有很深的渊源的。二人同出一门，且情趣相投，本是好事，但事情真的如约定的那般"一旦得志，彼此绝不相忘"吗？

庞涓迷恋功名富贵，出仕魏国，甚得魏惠王信任，被任为将军。在群雄纷争的战国时期，各国都需要军事人才，庞涓自知才不抵孙膑，害怕孙膑被其他诸侯国聘去成为自己的对手，便暗中派人请孙膑到魏国。孙膑以为自己的同学庞涓在魏国为将军，魏国又是中原大国，正是自己施展才华大好时机，便欣然下山。然而，"膑至，庞涓恐其贤于己。疾之。则以法刑断其两足而黥之，欲隐勿见"。

孙膑突遭横祸，蒙受奇耻大辱，但他并不屈服，而是身残志坚，并暗中寻找逃离魏国的机会。不久，齐国的使者来到魏国，帮孙膑逃到齐国，齐将田忌延揽了孙膑，并推荐给齐威王。在齐国，孙膑的才华得以施展，取得过桂陵、马陵等对魏战役的胜利，马陵一役后，庞涓自杀，魏太子申被擒，魏国由此国力大减。

通过以上对孙膑求学和与庞涓的种种恩怨过往的介绍可知，二人并未如当时约定的那般，互为帮衬，而是在历史的舞台上多番较量，正是两人的各种交锋与在军事战场的厮杀，才有了孙膑军事思想的提升，也就为《孙膑兵法》一书的出世准备了思想基础与社会条件。

二、战例解析——桂陵之战、马陵之战

相较于孙武等兵学人物指挥的战役而言,孙膑指挥的马陵之战、桂陵之战两场经典战役,载于史册的内容较多。展馆应充分利用这一比较优势,在此部分集中展示、详细解析这两场战役所蕴含的孙膑兵学思想。

桂陵之战

周显王十六年(前353)魏攻赵,赵求救于齐,齐威王召群臣谋议,邹忌主张不救,段干纶认为不救赵于齐不利。齐威王权衡后认为应当出兵救赵。这次出兵,齐威王欲以孙膑为主将,孙膑辞谢,称自己是刑余之人,不宜为主将,"于是乃以田忌为将,而孙子为师,居辎车中,坐为计谋"。田忌欲率军前往赵国,孙膑则建议引兵前往魏国空虚的都城大梁,攻其所必救,一举解赵国被围困之危。魏军由于都城被围,不得不离开赵国都城邯郸,途中与齐军大战于桂陵,魏军大败。

马陵之战

公元前342年,魏攻韩,齐威王派田忌、孙膑率军救韩。魏惠王派将军庞涓、太子申以十万大军迎战。孙膑利用魏军的骄傲轻敌,采用了退军减灶、诱敌深入的战术,逐日减少营地军灶数目,制造齐军大量逃亡的假象。魏军中计,只以精锐部队轻装兼程追赶,于马陵(一说今山东省莘县,亦有山东省郯城县、河北省大名县、河南范县西南等诸说)进入齐军包围圈。"齐军万弩齐发",魏军大溃,太子申被擒,庞涓自杀。此战齐歼魏军十万,魏国从此国力大减,一蹶不振。

桂陵之战与马陵之战,是我国古代军事史上的典型案例,也是至今仍为人们不断钻研和探讨的军事战例,其中蕴含的丰富的军事思想,至今仍值得我们学习与借鉴。这两则案例也是孙膑军事思想的集中展现,各馆可通过布展军事沙盘,

复盘当时的军事情景,并辅助孙膑画像、背景图和相关书籍等,再结合馆员介绍,为参观者创造视觉与听觉的融合,将古老的军事故事鲜活地展现出来,使人在轻松愉悦中感受中华传统文化的魅力。

戚继光与《纪效新书》《练兵实纪》布展设计

一、阵法、兵器与《纪效新书》——戚继光兵学思想的重要体现

戚继光所著《纪效新书》的一个特点,是包含有大量实际操作的阵法内容、兵器制造和使用内容。戚继光所处的明代中后期,由于火器的大量使用,使得冷兵器时代较为密集的队形会造成较大的伤亡。而东南沿海地带,平原较少,山地较多,大型阵势展不开。戚继光发展了一种小集中,大分散的鸳鸯阵,由大阵变小阵,由密集变为疏散,这是阵形的一种创新。以下是《纪效新书》的成书和内容等相关情况的简介,可为各馆在布展思路上提供一些参考。

《纪效新书》成书情况:

《纪效新书》,明代戚继光撰。嘉靖三十九年(1560)春至四十年(1561)秋,戚继光在戎马倥偬中,总结了自己练兵及在东南沿海与倭寇作战的经验,编写成《纪效新书》,共十八卷。嘉靖四十一年(1562)初刊。万历十二年(1584)重新删定为十四卷本。

《纪效新书》内容:

卷首有两篇《公移》作总叙,论述了练兵的重要性和必要性,并用问答体写了《纪效或问》,论述战事中急需解决的问题。正文依次为《束伍篇》《操令篇》《阵令篇》《谕兵篇》《法禁篇》《比较篇》《行营篇》《操练篇》《出征篇》《长兵篇》《牌筅篇》《短兵篇》《射法篇》《拳经篇》《诸器篇》《旌旗篇》《守哨篇》《水兵篇》,详细论述了兵员的选拔编伍、水陆训练、作战和阵图、律令和

赏罚、武器的制造和使用等情况，对于报警和指挥也有具体阐释。

《纪效新书》作战案例介绍：

戚继光的鸳鸯阵以 12 人为最基本的战斗单位，这一阵形，最前为长牌手、藤牌手，然后是狼铣手、长枪手、短兵手。作战时以藤牌防护远程射击兵器，以狼铣为进攻主力，以长枪取人性命，短兵防止敌人近身。鸳鸯阵在抗倭战斗中得到了成功的运用，取得了巨大的胜利。鸳鸯阵还有许多变化，比如由鸳鸯阵变化的两仪阵、大三才阵横队、小三才阵横队等。

在布展时，除了阵法之外，可以充分利用《纪效新书》中所附有的大量形象的插图，内容还涉及兵器的制造与使用、旗帜、习艺姿势等，均可作为布展时的参考或直接使用。

二、蓟镇长城与《练兵实纪》——戚继光军事思想的物质载体

对戚继光的展示，不应忽视其在蓟镇地区修建长城、与鞑靼作战的战绩。戚继光的用兵经典，核心体现在与倭寇作战；戚继光的练兵经典，则不能回避在蓟镇时期的练兵实践，而这又以蓟镇长城为实际物质体现。

戚继光的用兵思想可详细体现在《练兵实纪》一书，此书是戚继光军事思想的集中展现。

《练兵实纪》是戚继光在蓟镇练兵时撰写。此书正集 9 卷，附杂集 6 卷。九卷九篇共二百六十四条。它既注意吸收南方练兵的经验，又结合北方练兵的实际，其练兵思想在《纪效新书》的基础上又有了新的发展。

而戚继光练兵部分的展示，可通过视频展示辅以馆员讲解来做布展设计。通过有关蓟州长城的视频资料和模型构建，让参观者直观感受古代蓟州军事设

施的样貌,了解领兵者的军事布局意图,理解兵学文化与保家卫国、防御作战是密不可分的。

　　空心敌台(亦称敌楼)是长城墙体上的主要防御设施之一。在戚继光镇守之前,蓟镇长城"边墙虽修,墩台未建"。戚继光也在《练兵实纪》中称:"先年边城低薄,倾圮。间有砖石小台,与墙各峙,势不相救。军士暴立暑雨霜雪之下,无所藉庇。军火器具,如临时起发,则运送不前;如收贮墙上,则无可藏处;敌势众大,乘高四射,守卒难立。一堵攻溃,相望奔走。大势突入,莫之能御。今建空心敌台,尽将人马要冲处堵塞。"戚继光主持营造空心敌台,使得长城的形制和结构更加完备合理。《练兵实纪》记载:"其制高三四丈不等,周围阔十二丈,有十七八丈不等。凡冲处数十步或一百步一台,缓处或百四五十步或二百余步不等者为一台。两台相应,左右相救,骑墙而立。造台法,下筑基与边墙平,外出一丈四五尺有余,内出五尺有余。中层空豁,四面箭窗,上层建楼橹,环以垛口,内卫战卒。下发火炮,外击敌人。"

　　修建空心敌台,从隆庆三年始议动工,到隆庆五年完成。在蓟、昌二镇实际完成一千余座。后又陆续补建。敌台筑成后,较大提高了长城的实际防御力,较之以前有了质的提高。

除修筑敌台之外,戚继光还在《练兵实纪》中考虑了敌台驻军人员配置、武器装备等诸方面的需求,较为详细地体现了戚继光的军事思想。这部分则可以通过构建模型或展示古代实物武器的方式让参观者有所了解。

结　语

习近平总书记指出:"博大精深的中华优秀传统文化是我们在世界文化激荡中站稳脚跟的根基。"以兵学文化为代表的中华优秀传统文化,也应当成为新时代开展爱国主义教育的有效载体。"自古知兵非好战","国无防不立,民无兵不安",通过设计兵学智慧馆,以展览的形式展示中国古代兵学家各具特色的军事思想，不仅有利于我们传承中华民族历史和文化、增强文化自信，同时也能借助兵学知识开展国防教育、树立正确的历史观和文化观，对爱国主义教育起到有力的辅助作用。

作者：徐　勇　欧阳康

天津市档案馆

民盟天津市委员会

浅谈乡村历史遗址的保护

王彦红　姚　军

遗址是历史标本,是历史的活化石。散落在祖国各地的历史遗址凝结了中华民族灿烂的文化,传承着不朽的民族精神。在中国共产党波澜壮阔的革命斗争中形成了诸多革命遗址,每一处遗址或见证着不同时期的重大历史事件,或见证着为中国革命做出重要贡献的历史人物。保护好这些革命遗址对传承民族精神、弘扬先进文化有着重要的意义。西柏坡中共中央旧址地处偏远的乡村,距省会石家庄90公里,距县城50公里,是太行山脉中非常普通的一个小山村,中共中央旧址就处在西柏坡村东头,是典型的乡村历史遗址。

本文以西柏坡中共中央旧址为例,谈谈如何在乡村中做好历史遗址的保护工作。

一、乡村遗址的现状和特点

乡村遗址,特别是见证着中国共产党革命斗争史的遗址都坐落在经济文化相对落后的山区,这与中国共产党农村包围城市的革命历程有着密切的关系。从井冈山到遵义,再到延安、西柏坡,这几个具有代表性的革命遗址几乎勾勒出了中国革命斗争史的脉络。在其漫长的发展过程中,与城市馆相比较而言,乡村遗址表现出四个比较明显的特点:

第一,保护意识淡漠,保护水平滞后。从历史上看乡村遗址大多坐落在比较贫穷和落后的地区,生活在这里的人们文化水平偏低,经济比较落后。这些革命斗争时期留下的革命遗址大多被当地人认为是一种非常普通的建筑,对此类遗址存在的重要性认识不到位，对该类遗址承载的重要文化信息、历史价值认识不明确。随着经济条件的好转，有的遗址被遗弃，有的遗址被推倒重建。同时，文物保护宣传深入不到乡村民间，没有专业的文物保护专家对此类遗址进行专门研究和呼吁，因此，普遍意义上，保护意识淡漠，保护水平相对滞后。比如，在中国共产党历史上曾经发挥过重要影响的晋察冀日报社旧址、抗大二分校旧址等都随着历史的烟云消失在人们的视野之外。

第二，开发无序，旧址原真性受到损害。随着近几年红色旅游的兴起，部分红色旅游景区被人们逐渐开发出来。由于这些遗址承载着重要的历史文化信息，人们逐渐认识到它的经济价值，并拿来开发。这些开发往往盲目性较强。一是对遗址为主要景观的景区开发缺乏长远规划，随意性较强，开发往往以开发者的主观臆断为准绳；二是开发时缺乏文物部门的参与，对遗址历史风貌也就是遗址的原真性损坏较严重，在遗址旁边大兴土木，新建一些饭店、纪念品商店等，使遗址淹没在商业氛围中。前些年西柏坡中共中央旧址附近就曾出现了与旧址风貌格格不入的现代化楼房，出现过不同色彩、不同设计风格的广告牌匾，使中共中央旧址在观众看来不庄重、不严肃，与原来的历史风貌大相径庭，谬以千里。

第三，保护投入不足，破损现象严重。由于革命类遗址大多处在经济欠发达县市区，经济发展较慢，这些地区的财政收入一般较低，因此对遗址保护投入的资金和精力不够，一些急需修缮的遗址得不到及时维修。尽管有的文物、党史部门多次呼吁，但巧妇难为无米之炊，致使一些遗址随着风吹日晒，门窗朽烂，墙体破损，屋顶漏雨，有的甚至坍塌不复存在。如河北省平山县里庄的人民日报社旧址、华北人民政府旧址亟待修缮。

第四，着手保护相对较晚。近几年由于文物保护宣传力度的不断加大和红色旅游地成规模发展，各地开始了对该类遗址的保护，但这些遗址大多处在乡村，从材质上讲是普通的建筑，特别是经过多年的风雨侵蚀，着手保护已经相对较晚，给保护工作带来极大的不便和困难。

二、乡村遗址保护要从三种意识着手

长期以来，保护为先的观点一直居于我国历史文化遗产保护工作的统治地位,没有保护就无从发展,保护是为了更好的发展。对遗址的保护,要重视对实体建筑完整性和原真性的保护,要尽量控制并实现在对遗址保护基础上的合理更新、利用,实现可持续发展,才能最终达到保护的目的。众所周知,文化的特征在于其延续性和创造性,它不能凭空脱离前人和原有的文化基础环境。越是保持旧时代痕迹的有特色的老环境,越会使人产生留恋感、归属感和认同感。历史的沧桑与厚重,是每一个参观遗址的游客希望体会到的意境,而这种沧桑感与厚重感必须有赖于实体建筑的完整性和原真性来体现。为此,保护好乡村遗址要强化三种意识:

第一,强化规划、立法保护意识。特别针对乡村遗址的处境和现状而言,规划和立法保护是最有效的手段。一是要通过制定科学、合理的长远规划,聘请著名专家对遗址保护制定规划,并通过政府部门审定。审定后,规划就有了法律职能,开发和保护只能按照规划进行,对遗址管理者和开发者加以约束,使之按照科学规划的步骤和程序进行。西柏坡纪念馆曾聘请省、市专家对西柏坡纪念馆景区的发展进行规划,规划分短期规划和中长期规划两个步骤。近年来,西柏坡纪念馆的发展就是按照《西柏坡纪念馆发展规划》来有序进行,拆除了部分有碍观瞻的临时建筑和影响历史风貌的商业牌匾,遗址周边得到有效净化。同时,西柏坡纪念馆制定了《中共中央旧址保护条例》,提请市人大立法,通过条例的形式对中共中央旧址进行有效保护。

第二,强化人人参与保护意识。遗址保护最根本的问题是解决人最活跃的意识,意识指挥行动,只有有了保护意识,才能指挥人的行动自觉参与到遗址保护活动中。近几年来,西柏坡纪念馆下大力度宣传,呈现出人人参与保护的局面。一是向村民发放保护文物的倡议书。每年伊始,趁着旅游淡季村民比较集中的时候,联合乡党委、政府、村委会把倡议书发放到每家每户,让全体村民知晓,倡议村民要做西柏坡中共中央旧址的爱护者,要做西柏坡形象的保护人,要当好保护中共中央旧址的宣传员。二是刷写保护文物的宣传标语。在文物保护区、集市等人群密集和人员流量大的墙体上刷写"保护文物人人有责""爱护文物光荣,损坏文物可耻"等宣传标语。三是充分发挥村子里党员干部的表率作用和监督作用,要求每个党员干部首先自己起带头作用,接着发动家人在日常生活中爱护中共中央旧址,同时监督制止村民有损于纪念地形象的行为。

第三,强化精细化管理意识。精心是态度,精细是过程,精细是好的结果。精细化管理是社会分工的精细化、服务质量的精细化对现代管理的必然要求,是建立在常规管理的基础上,并将常规管理引向深入的基本思想和管理模式,遗址保护也是如此。具体地说,精细化管理就是落实管理责任,将管理责任具体化、明确化,它要求每一个管理者都要到位、尽职。精细化管理是以最经济的管理方式获取最大的效益,达到可持续发展的管理方式。要求服务管理的每一个步骤都要精心,每一个环节都要精细。近年来,西柏坡纪念馆在遗址保护上采取了四项措施:一是确保文物安全。采取划分区域,定人、定岗、定责,签订责任状的方法,在展区不间断巡查;增加防护措施,购买和安装了文物防护栏杆,将 20 余处裸露文物进行了隔离;修复和加固文物展柜,确保展出文物安全;重点部位全部安装了电视监控,实行全天 24 小时不间断监控。二是确保消防安全。西柏坡纪念馆采取了五项措施,制定了消防紧急预案;落实消防责任制,明确每名干部职工都是义务消防员,随时准备冲到消防第一线;经常性地组织消防人员及青年职工进行消防演练;常年对消防器材进行全面检修和维护,确保正常运行状态。三是多方联动,制定各类预案。为防止突发事件的发生,西柏坡纪念馆加强多方联动,制定各类预案。制定了《讲解疏导参观预案》《安全保卫预案》《车辆指挥及市场秩序维持预案》《消防安全预案》《后勤保障预案》《观众流量控制预案》等紧急预案,并进行了提前公布和部署。同时,为应对参观过程中的突发事件,建立了多方联动机制,一旦发生突发事件,相关人员能够立即统一组织和调配。四是对参观人数进行合理调控,实行预约制。预约方式为电话预约和网上预约。

三、乡村遗址保护要把握好三种关系

遗址保护不但要保护遗址本身,而且要在其发挥作用的过程中实现保护,使之承载着的功能得到应有的发挥,也就是人们常说的保护与利用并重。在遗址保护中要处理好三种关系:

第一，处理好旅游与文化的关系。文化与旅游本属于不同的两个行业，就遗址而言，有双重属性，遗址既担负着文化传承的使命，也担负着旅游的角色，如何把握好两者的关系，需要明确两点：一是过度旅游开发造成文化流失。在商业利益的诱惑下，许多居民家庭可能完全放弃农业生产，专心从事旅游接待活动，村民很可能无节制地使用公共资源，并向公共空间排放污水、废弃物与废气等，破墙开店、乱搭乱建以扩大自己的经营面积，从而使当地文化资源受到损害。二是利益纷争破坏社区和谐。乡村旅游的发展可能导致激烈的利益纷争，从而在心理上撕裂乡村社区。在乡村旅游发展过程中，利益分配可能引发了一些矛盾和冲突：一部分因经营乡村旅游得法而致富的农户与当地其他农户之间产生矛盾；旅游经营户之间因相互竞争而产生矛盾；外地旅游经营者与当地"农家乐"的矛盾；旅游经营者与管理者之间的矛盾。这些矛盾都有可能上升为冲突，从心理上撕裂乡村社区，损害乡村社区的和谐，不利于旅游地的持续发展，从而导致不利于遗址保护。

第二，要处理好利用与保护之间的关系。保护好遗址是旅游开发的前提。旅游行业的经营者和管理者更应该具备强烈的文物保护意识，尊重文化传承，在文物部门的指导下合理地开发旅游资源。地方政府应该严格按照文物保护法中的规定，合理开发和利用文化遗产资源。因为，文物保护和旅游开发相辅相成，互相依存，并不对立，要做到保护和利用并重。只要把文化保护作为旅游资源开发的前提，旅游与文物之间的关系就不矛盾，文物资源本身也是旅游资源，通过旅游可以很好地传承和保护我们的灿烂文化，引导人们强化文物保护意识。当然，遗址保护不是一朝一夕之事，也不是一人一部门之事，保护和传承属于我们民族独有的这份"无价之宝"，更需要的是构建出一个犹如"金刚罩"的全面保护的体系。而这需要完善的管理体制、健全的法律制度、民众的参与和保护监督意识共同具备才能完成。

第三，要处理好遗址与周边环境之间的关系。加强对遗址周边环境整治，既有利于对遗址的保护，同时也可以提升遗址本身的文化品位，更有利于发挥在当地经济文化建设中的作用。西柏坡纪念馆坚持把周边环境与遗址本身纳入一体规划、建设和保护。遗址周边环境既是建设控制地带，又是遗址保护的重要组成部分，在这一方面西柏坡纪念馆做到三个和谐：一是自然环境和谐。加大对馆区的绿化、美化、亮化力度，设立专门的绿化科，对遗址进行统一规划，尽可能恢复当年的自然环境，使遗址与自然环境达到和谐统一。二是人文环境和谐。通过加大旅游市场整治，拆除了十余处有碍观瞻和影响遗址风貌的临时建筑、40余处商业牌匾等，使遗址周边人文环境与遗址风貌和谐统一。三是旅游环境和谐。在红色旅游的带动下，村民纷纷做起了生意，以卖山货、纪念品为主。摆卖纪念品的商铺占到旧址前参观广场绝对保护范围的三分之一，有的骑着三轮摩托车围追兜售叫卖，纪念品市场不规范，影响正常的参观秩序。纪念馆联合工商、公安、文化、环保等多部门联动，建立旅游市场综合办公室，并将市场外移，加大对不合法的商贩进行治理整顿，净化了遗址环境，达到了旅游市场的和谐共融。

作者：王彦红　姚　军

西柏坡纪念馆

相关史实探索

明代天津大沽口等地海防之营兵探略

张汉青　肖立军

　　明代前期,朝廷曾短暂调拨天津三卫部分军士防海备倭。随后沿海形势趋于平稳,对这一带海防的重视程度一度降低。万历御倭援朝战争爆发,天津沿海成为防倭的重要前沿,明廷将天津三卫的班军调往防倭,改称海防左、右营,同时在葛沽等地增设海防营。天启初,为防后金(清),又增设了大沽海口镇海营。目前学界有关明代天津海防的研究已有部分成果①,但以海防营兵为题的专文还未见到。本文拟对海防左、右营(班军营)、海防营、镇海营的设置、营制、任务等方面进行考察,以就教于方家。

一、明代津门海防左、右营

　　海防左、右营起初为天津三卫"赴京操练"的京操班军,嘉靖时期改为春、秋两班轮番入卫蓟镇。② 班军入卫时编入营伍,称之为班军营,由驻守地区的参将带管。③ 后来班军营设置营将。据《四镇三关志》载:"天津班军营,原设都司,万历三年改游击一员。"④表明其营将起初为都司,而都司设立于何时呢? 万历元年

---

　　① 肖立军、张丽红:《明代的天津总兵官》,《历史教学》2008 年第 2 期;李鹏飞:《明清天津驻军研究(1368—1840)》,南开大学博士学位论文,2013 年,第 10 ~ 220 页;赵树国:《明代北部海防体制研究》,山东人民出版社 2014 年版,第 507 ~ 524 页;宋胜伟:《大沽海防要塞经营与防御研究》,河北师范大学硕士学位论文,2020 年,第 5 ~ 18 页。

　　② 李鹏飞:《明清天津驻军研究(1368—1840)》,南开大学博士学位论文,2013 年,第 48 页。

　　③ 《(万历)河间府志》卷六《武备志·葛沽兵制》,《稀见中国地方志汇刊》第三册,中国书店 2007 年版,第 181 页。

　　④ (明)刘效祖:《四镇三关志》卷三《军旅考·蓟镇军旅》,彭勇、崔继来主编:《四镇三关志校注》,中州古籍出版社 2018 年版,第 110 页。

（1573）九月，蓟辽总督刘应节在请求增加蓟镇领班都司的奏疏中称："将原任都司褚东山、陈文治添作春班，原任备御祝琦添将秋班。"①万历二年，褚东山、祝琦分别出任春班、秋班营的首任营将。② 综合两处记载，神宗在万历元年九月应已同意设立领班都司的建议，次年令褚东山、祝琦分别出任该职。而营将由都司改为游击的具体时间似在万历三年三月前后。万历三年三月，蓟辽总督杨兆请求"天津、德州、通津、宁山、沈阳领班都司俱改游击职衔，本部查拟责任。仍各请换不坐名敕书，赍付各官便宜行事"③。之后不久，神宗给蓟镇天津春、秋班游击刘龙、祝琦颁发坐名敕书④，此时领班都司已升为游击。班军一营定额兵数三千名，领班游击或都司下设"中军一员，千、把总九员"，按嘉靖之后盛行于九边的营制⑤，则应是千总三员、把总六员，每员把总统兵五百名左右。

援朝御倭战争爆发后，春、秋班军营开始负责天津海防，并改称海防左、右营。万历二十年五月，明廷将天津春班、秋班"诸营游击调集海口"，班军营开始参与海防，由移镇于天津的保定总兵倪尚忠节制⑥。至迟万历三十年，秋班、春班军营分别改称海防左、右营。海防左、右营的营将仍为游击，其兵力据汪应蛟称，"计左、右两营军共六千"⑦，仍为一营三千，故而其编制应不会有太大变化。至崇祯三年（1630）十二月，海防左、右营与通津营"官军并杂流各役现在八千七百三十员名"⑧，比之前班军一营三千的兵额稍有减少。

---

① （明）刘效祖：《四镇三关志》卷七《制疏考·总督侍郎刘应节校核镇兵以裕军储疏略》，第383页。《明神宗实录》卷十七，万历元年九月戊戌，中华书局2016年版，第508~509页。

② 《（万历）河间府志》卷九《宦迹志》，《稀见中国地方志汇刊》第三册，第289页。

③ （明）刘效祖：《四镇三关志》卷七《制疏考·总督侍郎杨兆分布兵马以饬春防疏略》，第411页。《明神宗实录》卷三六，万历三年三月癸丑，第843~844页。

④ （明）刘效祖：《四镇三关志》卷七《制疏考·敕统领蓟镇天津春秋班游击刘龙、祝琦》，第270页。万历三年正月，"天津都司褚东山俱革任"，后由刘龙接任。故而该敕书颁与刘龙，而非褚东山。参见《明神宗实录》卷三十四，万历三年正月辛酉，第796页。

⑤ 肖立军：《明代省镇营兵制与地方秩序》，天津古籍出版社2010年版，第291页。

⑥ 《（万历）河间府志》卷六《武备志·兵变》，《稀见中国地方志汇刊》第三册，第195~196页。

⑦ （明）汪应蛟：《抚畿奏疏》卷八《海滨屯田试有成效疏》，《续修四库全书》史部第480册，上海古籍出版社1996年版，第506页。

⑧ （明）毕自严：《度支奏议》新饷司卷十六《覆津部清核兵马钱粮确数疏》，《续修四库全书》史部第485册，上海古籍出版社1996年版，第284页。

海防左、右营所担负主要任务有：

轮班入卫。右营、左营分别于每年正月至六月、七月至十二月赴蓟镇松棚路修边防守。虽名为修守，但其战斗力较差，主要担负修筑城池、边墙等任务，所谓"津故置三卫，虽列左、右二营，皆春、秋分班以供版筑之役，于备御无当也"①。

遇警防海。若海上有警，则派左、右营歇班在卫的官军赴天津沿海防守，驻防地点主要在大沽海口。援朝御倭战争期间，两营一度停止入卫，均留驻天津。后经巡抚汪应蛟题请，改为两营歇班之日负责防海。②

参与营田。万历二十九年十一月，巡抚汪应蛟请求春、秋两班军留津营田。但兵部并未同意，仅令"今春赴边班军三千名暂留天津，与原设水陆官军四千名协力屯种"③。万历三十年，汪应蛟再次请求"右营官军以后永留防海，兼责垦种，其左营照旧岁赴蓟防秋"④，但并未实现。

援助他镇。万历四十七年十二月，援助辽东镇抵御后金的明军中包括"天津右营兵四百一员名"⑤。

二、明代天津葛沽——海口海防营

万历援朝御倭战争爆发后，天津成为防备倭寇从海上入侵的前沿阵地，明廷募调水陆兵力，组建了天津海防营等省镇营兵部队。

关于海防营的设置时间，文献记载不一。万历《河间府志》载，"天津海防营，驻扎葛沽地方，始自万历二十五年"⑥。汪应蛟称，"查得万历二十一年初设葛沽

① （明）毕自严：《石隐园藏稿》卷五《抚津事竣疏》，《景印文渊阁四库全书》集部第232册，台北商务印书馆1986年版，第510页。

② （明）汪应蛟：《抚畿奏疏》卷八《海滨屯田试有成效疏》，《续修四库全书》史部第480册，第506页。

③ （明）汪应蛟：《抚畿奏疏》卷八《海滨屯田试有成效疏》，《续修四库全书》史部第480册，第509页。

④ （明）汪应蛟：《抚畿奏疏》卷十《津海屯田举行有绪乞留任事将官疏》，《续修四库全书》史部第480册，第36页。

⑤ 《明神宗实录》卷五八九，万历四十七年十二月甲寅，第11278页。

⑥ 《（万历）河间府志》卷六《武备志·葛沽兵制》，《稀见中国地方志汇刊》第三册，第181页。

营，统以总兵及都督等官，各防汛官兵俱听节制。"①时人余继登在《新建天津葛沽镇兵营记》中称，"万历壬辰（二十年）……留募兵三千余人，统以偏帅，以备不虞"②，但未提到是否已设有海防营。检索《明神宗实录》，万历二十年六月甲午条提到"天津逼近海口，留军募兵，必粮饷夙备，庶资战守"③。另外，户部尚书杨俊民也称，"万历二十年因倭警，新募海防兵三千名"④。可知招募海防军士，的确是在万历二十年。招募新军后，是否立即设置了天津海防营呢？据《明神宗实录》万历二十年六月乙卯条，以"神机营指挥佥事宋大斌为天津海防游击"⑤。同时经略宋应昌的咨文中称，"再查游击宋大斌所部三千新兵，如果精练，一面催调兑马应用，如或未堪战阵，不妨仍留天津，责令训练成熟，听候续遣应援"⑥。由此可见，万历二十年招募的三千名海防军士由游击宋大斌统领，而其任"天津海防游击"，似已设有海防营。万历二十一年，于葛沽修筑营房，海防营即驻扎于此。

海防营最初招募三千名军士，以陆兵为主，设游击一员统领。后由经略宋应昌提议，"天津新设游击亦改设协守副总兵，即领新兵三千，及统辖河大等营"⑦。万历二十年十一月，"以提督京城巡捕署都督佥事宋三省充协守保镇天津海防副总兵官"⑧。十二月，铸给保镇天津海防副总兵关防⑨。之后海防营陆续招募水陆兵，规模不断扩大，营将也随之改设。

至万历三十年，"葛沽原设陆兵三千，统以参将一员；海口（大沽口）见设水兵

① （明）汪应蛟：《海防奏疏》卷二《酌议海防未尽事宜疏》，《续修四库全书》史部第 480 册，第 406 页。
② （明）余继登：《新建天津葛沽镇兵营记》，（明）陈子龙等选辑：《明经世文编》卷四三七，中华书局 1962 年版，第 4783 页。
③ 《明神宗实录》卷二四九，万历二十年六月甲午，第 4632 页。
④ （明）杨俊民：《边饷渐增供亿难继恳乞圣明酌议长策以图万世治安疏》，（明）吴亮辑：《万历疏抄》卷三十九，《四库禁毁书丛刊》史部第 59 册，北京出版社 1997 年版，第 643 页。
⑤ 《明神宗实录》卷四三九，万历二十年六月乙卯，第 4644 页。
⑥ （明）宋应昌：《经略复国要编》卷二《移本部咨》，《四库禁毁书丛刊》史部第 38 册，北京出版社 1997 年版，第 46 页。
⑦ （明）宋应昌：《经略复国要编》卷二《议设蓟辽保定山东等镇兵将防守险要疏》，《四库禁毁书丛刊》史部第 38 册，第 33 页。
⑧ 《明神宗实录》卷二五四，万历二十年十一月乙亥，第 4726 页。
⑨ 《明神宗实录》卷二五五，万历二十年十二月癸亥，第 4745 页。

二千五百,统以游击一员,水陆兼备"。巡抚汪应蛟为统一事权,议准水陆兵合营,"于葛沽营仍设副总兵一员,比照蓟镇三路事例,加以协守职衔,裁去水营游击,并令本官统之,一切水陆机宜,及天津海防两营,悉听节制,而本官仍听保定总兵节制"①。随后因海上威胁减轻,大规模的营田活动也随汪应蛟去职而停止,海防营不断缩减规模。万历三十四年四月,"裁天津海防副将,改设游击一员,统领水陆兵二千五百名"。

综上,海防营的营将经历了游击、副总兵、参将与游击分统陆兵和水兵、副总兵、游击的转变。迄至明末,海防营主要由游击一员统领。② 海防营兵力规模与营将设置的变化与天津海防地位的变化相关,即因援朝御倭战争兴起,明廷募调水陆兵力,组成海防水陆营。战争结束后,天津海防地位下降,随即裁将撤兵。至天启二年十一月,"葛沽故有海防营水陆兵五千,后减为二千五百。顷调发辽阳千名,无一还者,兵势顿弱"③。

崇祯时期为防御后金(清)从海上进攻,海防营也曾补充兵力。崇祯三年十二月,海防水陆营"现在官兵二千三百二员名"④。但至崇祯十三年五月,海防营仅剩"官兵一千九百员名"⑤。

海防营陆兵常驻葛沽,水兵驻扎大沽口,其所担负主要任务有:

专职海防。援朝御倭战争期间,海防营陆兵曾与天津地区的其他部队共同备御倭寇,如万历二十二年七月,"宣将河间等卫防边官军宽其修筑,内选精锐合守,船南兵三千之数,分配各船扎营,南北兼练。与陆营兵三千相犄角,遇警水陆

① (明)汪应蛟:《海防奏疏》卷二《酌议海防未尽事宜疏》,《续修四库全书》史部第 480 册,第 406 ~ 407 页。
② 崇祯三年左右,海防营一度由参将统领。参见《崇祯长编》卷三十二,崇祯三年三月乙酉,第 1824 页。
③ 《明熹宗实录》卷二十八,天启二年十一月庚寅,第 1424 页。
④ (明)毕自严:《度支奏议》新饷司卷一十六《覆津部清核兵马钱粮确数疏》,《续修四库全书》史部第 485 册,第 284 页。
⑤ 《兵部为登莱万分提防丽国调兵并加紧津关沿海等处海防事行稿》,《中国明朝档案总汇》,第 35 册,广西师范大学出版社 2001 年版,第 197 页。

夹攻"①。崇祯十年四月，为防备清军进攻，明廷组织天津、山海、蓟州等镇军队联合布防，其中天津海防营"水陆兵二百五十名，沙唬船八只"驻守大沽口，"水陆兵四百名，沙唬船六只"驻守祁口，另派数十名水兵"出洋哨探"②。

参与营田。万历二十三年八月，史科给事中戴士衡奏准海防营水陆兵于葛沽等地"开屯自食"③，但实施情况无考。万历二十九年，巡抚汪应蛟组织海防营士兵大规模营田。当年年底，"计葛沽、白塘二处耕种地共五千余亩"，参与垦种的军士在一千名左右。天启三年至五年间，董应举曾率领海防营军士进行营田，规模最大时"葛沽见在屯兵二千名，经理旧屯八千亩"④。

应援他地。前引天启初明廷曾调发一千余名海防营军士援辽。崇祯二年，后金军入侵京畿，酿成"己巳之变"。明廷令各镇军队入京勤王，其中"天津海防营参将宗余荫领官军一千六员名，马骡三十匹头"，驻扎于阜成门外⑤。

护卫漕运。天启七年四月，因"海寇生发，大为运梗"，天津巡抚黄运泰奏准以海防营与镇海营部分军士护卫漕运⑥。

三、明代大沽海口的镇海营

万历四十八年前后，明朝设置镇守天津总兵官，天津升镇。天启元年四月，增设天津巡抚，由毕自严出任。毕自严任巡抚期间，募兵增将，天津镇数支省镇营兵军队得以增建，其中负责海防任务的为镇海前、后、奇三营。

关于镇海三营的设置时间。毕自严在天启二年四月去任巡抚之际所上《抚津事竣疏》中称，"计以招募至者，凡得标兵营三千一百余名，正兵营一千九百余

① 《明神宗实录》卷二七五，万历二十二年七月壬午，第5090页。

② 《兵科抄出天津巡抚贺世泰题本》，《明清史料》乙编，第2册，上海商务印书馆1936年版，第168～169页。

③ 《明神宗实录》卷二八八，万历二十三年八月癸亥，第5340～5341页。

④ 《明熹宗实录》卷六十二，天启五年八月辛巳，第2906页。

⑤ （明）毕自严：《度支奏议》堂稿卷十《遵旨查明援兵实数疏》，《续修四库全书》史部第483册，第421页。

⑥ 《明熹宗实录》卷八十三，天启七年四月壬戌，第4056页。

名,镇海前、后、奇三营水兵共四千三百余名"①,意即其在任时共招募新军近万人,其中镇海三营军士四千三百余名,均为水兵。据天启元年六月初毕自严所上《钱粮不继疏》载,"比来召募壮勇,颇多向应,已近二千有余"②。至八月,其《犄角最重疏》中称,"新设水陆二兵,部覆共准一万",但因所需饷银不足,"近日津门召募新兵仅四千许"③。四千余新军不太可能均为水兵,故镇海前、后、奇三营募足兵数是在天启元年八月之后。至于镇海三营设立时间的下限,至迟天启二年正月,《明熹宗实录》中已出现了"天津镇海营"的记载。④

镇海前、后、奇三营编制不同于"一营三千"之制,其前营由都司孙应奎统领,军士一千五百余名,驻扎大沽海口;后营由守备左之武统领,军士一千余名,驻扎天津城近郊四十里许;奇营由把总林有实统领,军士九百余名,驻扎天津城近郊十里许。⑤ 三营水兵中既有当地人,也有从南直隶、浙江等地招募的南兵。天启三年(1623)二月,因后、奇二营驻地远离沿海,于海防无益,天津巡抚李邦华遂议准"合三营为一营,尽发大沽",同时精简水兵至三千人左右,以都司孙应奎管领。⑥ 据毕自严《津兵征调已多营制澄汰已定疏》载,镇海营合营之后的编制大致是:营将为游击一员,其下设中军一员,另设巡营把总二员;全营分为左、右、中、前、后五部,每部统于一千总,其下设三至四员哨官,共计十七员哨官;左、右、中三部每部军士五百四十人、沙船十二只、唬船四只,前、后二部每部军士五百零

① (明)毕自严:《石隐园藏稿》卷五《抚津事竣疏》,《景印文渊阁四库全书》集部第 232 册,第 511 页。

② (明)毕自严:《石隐园藏稿》卷五《钱粮不继疏》,《景印文渊阁四库全书》集部第 232 册,第 501 页。

③ (明)毕自严:《石隐园藏稿》卷五《犄角最重疏》,《景印文渊阁四库全书》集部第 232 册,第 503 ~ 504 页。

④ 《明熹宗实录》卷十八,天启二年正月壬子,第 921 页。

⑤ (明)李邦华:《李忠肃先生集》卷三《抚津荼言·归并水营疏》,《四库禁毁书丛刊》集部第 81 册,北京出版社 1997 年版,第 134 ~ 135 页。

⑥ 《明熹宗实录》卷三十一,天启三年二月戊辰,第 1565 ~ 1566 页。(明)李邦华:《李忠肃先生集》卷三《抚津荼言·归并水营疏》,《四库禁毁书丛刊》集部第 81 册,第 135 页。

二人、沙船十一只、唬船四只，计全营定额官兵二千六百五十人，沙唬船七十二只。① 因军官占役军士甚多，镇海营实际官兵数目往往不足额，至天启五年四月，"水兵止余镇海一营计二千二百人"②。至崇祯年间，镇海营一直以游击一员统领③

镇海营所担负主要任务有：

防御津海。镇海营官兵大部驻扎大沽口，大沽口南边的祁口、北边的黑洋河等地皆是其信地，需"分兵驻汛"④。崇祯十年四月的天津、蓟州等镇军队联合布防中，大沽口驻扎"镇海营水陆兵三百名，沙唬船八只"，南信地丁河、大巨河等处，北信地黑洋河、涧河、月坨等处，均有镇海营官兵驻扎⑤。

护运漕粮。天启五年四月，因镇海营南北汛地"皆关、鲜两运必经之路，又为中途守风住泊之区"，毕自严建议其"巡哨至止，然后可以防护运舟"⑥。崇祯二年十一月，"海防、镇海二营张梦鲤等防护漕粮"⑦。

增援他镇。崇祯十六年三月，清军入掠山东等地，登莱镇告急，兵部令天津镇海营"扬帆直指，薄登莱水面，以壮声援"⑧。

四、结语

综合全文，总结如下：

第一，明后期在天津设立了三支负责海防的省镇营兵部队，分别为海防左、

---

① （明）毕自严：《饷抚疏草》卷二《津兵征调已多营制澄汰已定疏》，《四库禁毁书丛刊》，史部，第75册，北京出版社1997年版，第105~106页。

② （明）毕自严：《饷抚疏草》卷五《关门征兵酌量调发疏》，《四库禁毁书丛刊》，史部，第75册，第267页。

③ 《兵部题行〈推补山西阳方口堡参将〉稿》，《明清史料》辛编，下册，中华书局1987年版，第1098页。

④ （明）李邦华：《李忠肃先生集》卷三《抚津荼言·归并水营疏》，《四库禁毁书丛刊》，集部，第81册，第135页。

⑤ 《兵科抄出天津巡抚贺世寿题本》，《明清史料》乙编，第2册，第168~169页。

⑥ （明）毕自严：《饷抚疏草》卷五《关门征兵酌量调发疏》，《四库禁毁书丛刊》，史部，第75册，第268页。

⑦ （清）汪楫：《崇祯长编》卷二十八，崇祯二年十一月戊子，第1562页。

⑧ 《兵部为议登州请拨天津水师三千等事题行稿》，《中国明朝档案总汇》，第44册，广西师范大学出版社2001年版，第147页。

右营(春、秋班军营)、海防营、镇海营。三支部队中,海防左、右营军士来源于天津三卫,属入卫蓟镇的班军(嘉靖中期以前为京班)。万历初,天津班军入卫时以九边营制为模板,编立营伍,设置营将,组成了春、秋班军营。后来班军营开始负责海防,但营制大体未变。海防营与镇海营设立较晚,其军士都来自招募,以营兵制进行编组,将领名称也属省镇营兵系统。这反映了明后期省镇营兵制已成为主体兵制,卫所抽选与募兵均为省镇营兵的重要来源,但募兵的地位越来越重要。

第二,明代天津为军事城市,但初期海防任务似显不重。万历以后,为防备倭寇从海上进攻,专职海防的省镇营兵部队相继增建,天津作为海防要塞的地位逐渐显现。与之密切相关的是,万历末至天启初,天津也增设了镇守总兵官与巡抚(分别为省级武将、文臣),升格为与省同级的军镇。

第三,大沽口作为海防要冲,是明代海防营兵在沿海的驻防重点,至崇祯年间尚称"大沽海口乃海洋总路,非重兵不能守御,原派海防等三营兵(驻守)"①。明代在大沽口布防省镇营兵,是该地区进行军事建设的较早实践,为后人经营大沽口海防提供了经验。

第四,明代天津海防之营兵建设得到发展与抗倭有关。大沽海口海防营兵在明代已颇具规模,从而为近代大沽口抗击外来侵略奠定了基础。这也表明大沽口有丰富的爱国主义底蕴,是爱国主义教育的重要基地。

本文为天津市教学成果奖重点培育项目"强化育人、服务社会、注重实践——历史文博实践教学基地建设与教学实践"(项目号 PYGJ - 021)的阶段性成果

作者:张汉青　肖立军

天津师范大学历史文化学院

---

① 《兵科抄出天津巡抚贺世寿题本》,《明清史料》乙编,第 2 册,第 168 页。

从谕旨、奏折看晚清海防中的民众角色

陈益民

据清末罗惇曧《庚子国变记》记载，庚子事变中慈禧太后以光绪皇帝的名义发布了一道对列强宣战的诏令，其中有这样的文辞：

朕临御将三十年，待百姓如子孙，百姓亦戴朕如天帝。况慈圣中兴宇宙，恩德所被，浃髓沦肌，祖宗凭依，神祇感格，人人忠愤，旷代所无。……近畿及山东等省，义兵同日不期而集者，不下数十万人。至于五尺童子，亦能执干戈以卫社稷。彼尚诈谋，我恃天理；彼凭悍力，我恃人心。无论我国忠信甲胄，礼义干橹，人人敢死，即土地广有二十余省，人民多至四百余兆，何难翦彼凶焰，张国之威！

其时义和团正盛，正被朝廷用来"扶清灭洋"，故称"义兵同日不期而集者，不下数十万人"，应是事实。然而，其所言待民如子孙、举国人人感奋、誓执干戈卫社稷之说，则不免虚言空语。当时民众的国家意识、民族意识，绝不像当朝者所宣称的有那么强烈，甚至可以说，晚清大众，普遍对于朝廷面临的兵祸，十分淡然，乃至于抱着与己无关的态度。

本文从晚清四次大沽口之战前后的朝廷"上谕"与大臣奏折中，梳理了有关晚清海防中民众角色的史料，从中可见民众对于朝廷与"外夷"作战所表现的态度，从而可以进而探究清政府与民众的关系。历史不像人们想象的那样，当时的民众根本不具有现代人的国家意识和民族观念。从民众角度来看海防中的一些情况,其实也可以揭示晚清王朝所存在的诸多问题。

一、清廷不重视民众力量在海防方面的作用

近代海防主要靠军队,靠武器装备和工事,靠战略战术。而民众的支持也很重要,在信息报告、后勤协助、伤员救助、地方防控等方面,民众都是可以为加强海防发挥作用的。然而,清廷不仅不重视民众的力量,还把大量的民众视同盗贼,尤其那些所谓的无业游民,基本上被清廷排斥在可利用的人群之外。由此造成民众与清廷不是一条心,民众根本不关心敌与我的差别,海防的胜利与失败似乎都与民众没关系。

清廷视民如贼。《清实录·文宗实录》咸丰八年(1858)四月壬戌上谕:"京师人烟稠密,宵小最易潜踪。现在米价增昂,饥民甚众,窃盗日多。夷船近在天津,不免讹言四起,该御史请借行保甲,隐寓团防,自系严诘奸宄、镇定人心之意。"①京津一带饥民众多,这些饥民均成了清廷防备的对象,他们是不被信任的群体,不可能为清廷所用。而他们中不少人为生计所迫,盗窃粮帛,甚至损毁海防物资,使得一些地方官不得不花大力气整治这类民众,影响了海防工作的开展。咸丰十年(1860)七月初五,陈鸿翊奏,英法占据北塘新河各村,亟宜援应大沽以壮声势折:"闻夷船进北塘河后,屡次窥伺营城,炮台带兵之员闻而少却,不思设法防夷,转以逃避难民为奸细,查拿甚紧,人心极为不平。沿河居民破家失业,迁徙流离,既遭夷害,又被兵扰,苦累惨不可言。相应请旨饬下地方官将沿河各村难民妥为安抚,毋使失所,以收人心,庶不致激生他患。"②民心之向背,对于朝廷而言,已是不可不认真对待的事情。而实际情况是,清廷只是一味打击,而非柔抚,从不将其当良民看。这一群体,也就被排斥在清廷可使用的群体之外了。

清廷除在八旗军、绿营之外,还在地方组织了团练,那是维持地方治安、战时协助清军作战的地方武装。而清廷一再重申,团练不得招收无业游民。"现办团

---

① 本文所引咸丰年间的上谕、奏折,凡未注明出处者,均来源于《清实录·文宗实录》,不另注。

② 中国史学会主编:《第二次鸦片战争》(四),上海人民出版社1978年版,第498页。

练……尤不可招募无业游民及外来之人，免致奸细混迹。"①咸丰十年七月丙申上谕也称："昨谕令宽惠、崇厚迅派兵勇，救援大沽后路。本日复明降谕旨，令焦祐瀛、张之万回籍激励民团，招集义勇，会同堵剿。天津百姓素称好义，谅必同心协力，踊跃争先。……雇募勇丁不得招致无业游民，以防奸宄，是为至要。"而所谓"无业游民"，在当时是一个非常庞大的群体，他们中的许多人生活无着落，只能四处觅活、四处乞食。朝廷对他们漠不关心，并极力排斥，因而他们也不可能视朝廷为自己可以依赖的政府。

正因为清廷对大量民众的忽视，在战争打响后，清军亟须得到民众支持时，就找不着人了。咸丰十年六月三十日僧格林沁等奏大沽两岸极力布置严密防守折："可虑者大小梁子，若该夷渡河占踞，大沽倍形吃重，虽有濠墙，均系本处绅民捐办，修筑不甚坚厚，现在昼夜培补，竖立木桩，以期稳固。惟村民逃走一空，无从雇觅人夫，惟令兵丁工作。"恒福报告照会英法情形的信函也称："昨日之战，我兵以马步二千余名当贼万余之众……唐儿沽为夷人占踞。……东西两沽居民迁徙已空，兵食维艰，已有不支之势，奈何？"②缺少民众支持，造成军事工程、运输等方面无人相助，而这正是清廷不在乎民众带来的结果。

更糟糕的是，还不断有民众造反，成为反清的力量。而且因为反清，民众又往往被"外夷"所利用。近代的太平军、捻军反清，其中不少人又加入列强进攻清军的队伍。咸丰十年七月甲午上谕："据载垣等呈递大沽海口探报，内称二十八日，侍卫布尔和德解到所获夷人十五名，内有广西长发贼十名等语。……该夷既与粤逆连为一气，即或我军攻剿得手，亦必扬帆而去，邀集发、捻各匪，水陆并进，京师更为紧要。"说明列强进攻大沽口的队伍中，包括来自两广的太平军成员。而后来庚子年的义和团虽然反洋，但并不始终与清廷一心，它在经过一段"扶清"行动后，又变成与清廷作对的力量。可见是清廷把大量的民众推到了自己的对

---

① 中国史学会主编：《第二次鸦片战争》（四），上海人民出版社1978年版，第401页。咸丰十年五月初十，上谕寄山东巡抚。

② 中国史学会主编：《第二次鸦片战争》（四），上海人民出版社1978年版，第477页。

立面,无视民众的力量,其海防没有民众参与,结果反而削弱了自身抗击外侮的防守力量。

清廷不用民众参与海防,而列强却在利用中国民众为其入侵服务。咸丰十年七月辛亥上谕:"现在绅士中之贤者,固无不志切同仇,保全乡里;至市间商贾负贩人等,或因愚鲁无知,难保无希图夷利,暂顾目前;其无业游民,亦恐为夷人所勾结。惟有密为劝谕,设法招徕,勿使贪利忘害,为该夷诱致,转为所用。"清廷也意识到本朝的民众成为夷人的帮手,知道问题所在,却没有解决问题的方法,以致不少人被夷人提供的利益诱惑,为夷人做事了。

二、当时的许多民众没有国家意识和民族意识

晚清半个世纪,列强屡次远涉重洋,出兵入侵清朝。天津是清朝的都城门户,大沽口又是天津的门户。近代经历了四次大沽口战役,每次大战,列强均是从海上由广东往北,进至大沽口外洋面,再经过海战陆战,攻占炮台,攻占天津,直至打进北京。每次战役的过程都很漫长,参战兵力众多,最终列强取胜,除了船坚炮利之外,其所雇佣的大批中国民工,为之运输大量物资,为之打探道路,以及其所到之地,当地民众提供大量食物,都是战争最终取得胜利的重要因素。从中折射出,当时的普通中国民众,未必有强烈的家国意识,他们长期为生存而艰难度日,受政府盘剥,遭贪官污吏欺压,让其失去了对清王朝的信赖,不指望以它为依靠。他们无所谓谁主政,谁做皇帝,一心只是趋吉邀利,似乎国家与自己没有关系。因此,他们在战争的前前后后,便有了如下的表现。

其一,民众为利益驱使,为夷人提供食物。列强军队万里迢迢来中国作战,其食物必须就地解决,不可能自备。而外军所到之处,如果面对的都是反抗者,就不可能得到对方的帮助,食物等必需品除了抢劫,就难以解决。而抢劫终究难以长久,会造成与当地民众的强烈对立,导致自己无以立足。因而列强军队后来多采取的是交易方式,用钱物来向民众等价换取食物。如果民众把入侵者视为敌人,把本国朝廷视为自己赖以存在的政府,那么洋人很难与民众达成食物方面的交易。而事实却并非如此,当时洋人得到了中国民众许多的支持。

　　洋人最初也曾强占民房，抢劫财物食品，但很快就自行纠正，采用与当地民众合作的方式，等价交换物品，以获取所需的食用物资。洋人为了进攻大沽口，先行进入大连湾的金州。咸丰十年五月二十一日盛京将军玉明奏："奴才查金州夷船屯聚一百二十余只，现复分泊各口，自骆马山起由东而南曲折环绕至西南羊头洼止，约计水陆迤逶三百余里以上各海口，处处俱可登岸。今岸上已有夷人三千余名，马六百余匹，占踞民房十余处，添搭帐房三百余架，且令夷兵演阵并演马队，其心实属叵测。近因滨海居民或畏扰迁移，或聚众抵御，牲畜食物渐难抢掠，该夷酋辄出伪示二张，一系安慰乡民收买食物，一系招致被劫船户领取价值。"所谓"伪示二张"，即两张安民告示，一张是向民众宣称："乡民若有牛羊、鸡鸭、猪鱼、果菜、稻草各等伙食及牲口草料，随时带到粮官局所售卖，均按时价付给，断无强夺之理，并令伊等来往平安。"另一张告示是让被抢去船只货物的船主前去核验，洋人按船和货物原价值给予赔偿。此举对于拉拢中国民众起到作用。玉明奏称："其抢掳购买马匹尚易防范，第恐奸民唯利是图，偷将牲畜食物暗为接济，惟在地方官密禁严拿，惩一警百。……仍遍谕乡民万毋与之交接，防其诓掳人口，肆行荼毒。"①

　　清廷对民众的忽略，使得民众对朝廷的危机也不在意。因而可以看到当时洋人从民众手中换取食物并不难，民众并不在乎朝廷有关不得助敌的禁令。咸丰六年（1856）九月丁卯上谕："本日已谕知桂良，如果该酋驶抵天津，不必派大员与之接见，但严禁沿海奸民与之私相贸易，并谕知崇恩，于山东海口一体查禁，使其无利可图，以杜其北来之念。"又曰："惟该夷欲赴天津，借口要求，实为私销违禁货物起见，设苏省不能阻止，竟行北驶，著桂良饬令地方文武，严密防范，毋令沿海居民及商渔船等与该夷交接，私销货物。其有奸民接济食物者，一并禁止。……至海口员弁，务当早为密谕，如有夷船到口，奸民私与销货者严拿治罪。"咸丰十年五月初十，山东巡抚文煜为缓和与洋人的矛盾，上奏请求，洋人北来，"因其情形恭顺，拟酌给牛羊鸡鸭等物，以示羁縻"，皇帝予以拒绝，认为，"此

---

　　①　中国史学会主编：《第二次鸦片战争》（四），上海人民出版社1978年出版，第413～414页。

举殊可不必。夷人如果食物不能充裕,正可速之使去",但同时强调:"其民间有接济食物,私行交易者,仍行一体严密禁止,使其不能久留。尤当严禁沿海居民,不可为所雇募,并防其乘间抢掳民人,迫令服役等事。"①朝廷历年三令五申,严禁民众与洋人交易,虽然惩处甚厉,而此风不止,反过来也说明清朝统治下的民众对本朝十分冷漠,对于国与国之间的冲突毫不关心,只看重眼前利益。这与其说表明了他们的愚昧,不如说是清朝政府对民众冷酷的统治造成了如此结果。

其二,民众为利益驱使,甘为洋人出苦力、做向导,甚至成为其进攻的前驱。这更体现了清朝统治的拙劣,导致驱民助敌的后果。

列强军队人数众多,辎重亦多,没有足够多的后勤、运输保障,是不可想象的。而从史料看,给予他们这种保障的,正是大批中国民众。咸丰十年四月癸酉上谕:"英、法兵船现已由定海及各口陆续北驶,其举动总在四月以内,并欲用牛只驮负木人冲突,兼雇有广东跣足匪徒一千余名。"到五月己未,皇帝谕军机大臣:"海滨续到夷船先后共有夷兵万名之多,并有炮车百数十辆,情形甚为猖獗。"又:"夷人又续到轮船三只,夷兵夷官甚多,起出马二百数十匹,连前约共四百匹,炮车三十余辆,大小铜铁夷炮又小车一百余辆。……计共到夷兵一万,马四百余匹。"到这年六月丙寅,谕旨又称:"烟台海口续有夷船驶到,夷人、广东人约共一万四五千人,马一千一二百匹,骡七八十头,大车四十余辆,独轮小车一百余辆,木桶、木箱、麻袋等多件。"前面说有夷兵一万,雇有广东"跣足匪徒"上千人,后面说夷人、广东人增至一万四五千人,则可以想象作为苦力为洋人运输装备物资的中国民众,应当有数千之众。这样说来,与清朝作战的队伍,就不只是洋人了,还应算上数目众多的中国民众。

作为苦力,中国民众还为洋人建造兵营,供其驻扎。咸丰八年四月己巳上谕:"时有夷匪登岸闲游,并于望海楼、海佛寺、阅海寺修造工作,本地之人皆为所用,将成夷馆。"咸丰帝为此深感忧虑,说:"若任令居民为夷所用,必至津郡被其占踞,与广州情形一辙,该督将为夷人所制,岂不寒心!"而他不明白民众为何纷

---

① 中国史学会主编:《第二次鸦片战争》(四),上海人民出版社 1978 年版,第 401 页。

纷为夷人效力，仅以为是愚昧所致，而未从自己的统治制度体制、统治方略上看到自身的短处。

中国民众还为洋军探路、做向导，这就完全可视为洋人的参战人员了。咸丰十年闰三月壬戌上谕称洋人为进攻大沽，"雇有广东匪徒，令骑马前导"。四月己巳又谕："有人奏，夷人登陆滋扰，必先勾通内地民人为之向导，方敢深入等语。该夷诡谲异常，现在沿海窥探，难免与内地民人勾通，预为临时向导。该大臣等营内官兵，似不至与该夷通气，惟乡勇及贩卖食物等人，恐有奸细溷迹，非认真稽查，未易败露。……天津五方杂处，闽、广人颇多，沿海各口地方辽阔，更恐有匪徒埋伏，为该夷所用。著恒福遴委干员，会同地方官并公正绅士，编查保甲，严拿奸细，使海滨肃清，以弭隐患。"民众甘为洋人前导，虽然朝廷一再宣称要严惩，但并不奏效，引路探路者所在皆有。咸丰十年六月甲子上谕："祁口往来之船在高沙岭、驴驹河等处丈量水势，又有粤人登岸询问赴津路径，其为英、法无疑。"六月丙寅又谕："夷人、广东人约共一万四五千人……该夷复探听烟台至利津及利津至天津水陆程途远近。"可见了解地方情况，指引道路方向，带头向前探道，多是由中国民众去做的，而且不是出自被迫，而是自愿！

民众帮洋人攻打清朝，这种状态，是清朝的悲哀，是民众的悲哀，更是这个民族、这个国家的悲哀。

三、某些民众背清助"夷"的原因

对于许多中国民众为洋人卖命的情形，清朝方面总是以这类人愚昧无知、唯利是图做解释。这固然是原因之一，而为什么民众会如此愚昧无知，如此唯利是图，不辨敌我，不分内外，却是另有更深层原因的。

第一，清朝以满族为主体入主中原，曾经历了早期屠城的惨烈、薙发令的野蛮和文字狱的残暴，后又加上官职分满、汉，旗人与汉人有别，等等，在汉人心中总有挥之不去的阴霾，以致清末孙中山在同盟会纲领中犹以"驱除鞑虏，恢复中华"为号召，可见在人们心中，总不免有大清王朝是你们的王朝，不是我们的王朝的感觉。因而当晚清王朝面临危机时，民众普遍表现得很淡然，打仗是八旗兵、绿营、团练的事，是朝廷官员的事，却不是"匹夫有责"的事。国家在广大民众心中成了很遥远、很模糊的概念，人们普遍缺少没有国就没有家的家国情怀。

第二，君主专制统治到了晚清，依然是一切以君主权力为中心的体制，草民是微不足道的，即使有统治者自诩为民之父母，而实际上却完全凌驾于人民之上，实行专制统治，以君主为一国最高权威，以权力为一切事务的核心，一切为民、爱民、依靠人民的说辞，都不过是对专制统治的粉饰。虽然君君臣臣父父子子的纲常犹在，而以服从权势为核心的伦理纲常，在解决不了民众基本生存条件的情况下，也就成了软弱无力的规范。民众面对实际利益时，就不免会决定做出利己的选择了。而且，专制统治不可避免地带来官吏腐败、政治黑暗、剥削沉重，也客观上不断激起民变，大批民众接受太平天国的说教，参与捻军的造反，以及后来白莲教、义和团的风行，都反映出民众在现实中处处碰壁的情况下，不得不选择神神鬼鬼的召唤，成为与朝廷离心离德的力量。

第三，晚清各地层出不穷的自然灾害，断绝了民众的生路，时常激起民变。正如咸丰七年（1857）八月甲寅上谕所言："直隶、顺德、广平各属与豫东交界地方，有游匪勾结土匪滋扰……因思该处本年被旱成灾，贫民因觅食维艰，以致藉端滋事。"而清王朝又没有拿出有力的赈济救灾措施，从而导致人民流离失所，成为社会动荡的不稳定因素。遇上恰当时机，这种因素就会膨胀爆发，以至于演变为暴乱、造反。外敌入侵时无助的民众毫不犹豫地为之出工出力，也是他们谋取更好的生活境遇的方式。这时候以什么凛然大义去劝告，都显得苍白无力和多余。

上述三点，均是民众不与政府合作、不与政府共患难的深层原因。这既是专制统治的历史惯性所致，也是清王朝统治无能造成的后果。因此，晚清政府面对外敌入侵，屡战屡败，仅以船坚炮利解释对手胜利的原因，是远远不够的。

综上所述，从前后四十余年的四次大沽口之战看晚清海防，一些中国民众在其中扮演的角色、所起的作用，向来不被世人关注。然而试想，外敌远道而来，从中国南方启程到大沽口，再经过一次次的战役，时间通常长达数月，如果没有中国民众组成的运输队伍参与，没有在各地从中国民众中换到粮食，外敌挑起的战事能进行得下去吗？能取得最终的胜利吗？这其实是一个非常简单的问题。古语说"兵马未动，粮草先行"，也是强调后勤保障在战争中的重要作用。因此，研究晚清海防，对于中国民众在列强的军事行动中所起的作用，不可不作为重要的方面来审视。

作者：陈益民

天津人民出版社

明代笔记中的倭寇情形辨析

王　进

　　有明一代，"南倭北虏"问题一直令明朝统治者困扰不已，纠缠始终。倭寇从元代起就一直骚扰中国沿海地区，其所掠地区均为朝廷钱粮最富之所，故危害极大。明朝上下对倭寇的问题一直不敢轻忽，不但在正史中记载颇多，各类野史笔记中也多有涉及。现略举几例，以贻方家。

一、《今言类编》中的倭寇情形

　　《今言类编》，明郑晓撰。此书内容所涉范围极广，皇室、宦官、名臣、边事、漕运以及历朝典故等，无所不包，可补正史之阙，订正史之误，是研究明代洪武至嘉靖年间政治、经济、军事等的重要材料。郑晓（1499—1566），字室甫，小字阿文，号淡泉，海盐武原镇人，嘉靖二年（1523）进士，授职方主事。郑晓喜披阅旧文牍，尽知天下扼塞和兵马虚实强弱。兵部尚书金献民嘱其撰《九边图志》，时人争相传抄。后以争"大礼"，被廷杖。大同兵变，郑晓极言叛军不可赦，为张孚敬所赏识，欲改置翰林及言官，郑晓皆不赴，不久即以父丧归家。至许赞为吏部尚书，调他为吏部考功郎中，逆大学士严嵩，被贬为和州（今安徽和县）同知，迁太仆丞，历南京太常卿。后改兵部右侍郎，兼副都御史总督漕运。时大江南北皆为倭寇所扰，漕船几为阻塞。郑晓请发库银数十万，造战船，筑城堡，练兵将，积米粮，前后督兵斩倭九百余级。进吏部左侍郎，迁南京吏部尚书。世宗以郑晓知兵，改右都御史协理戎政，寻拜刑部尚书。嘉靖四十五年（1566）九月十四日卒，享年六十八岁。隆庆初，赠太子少保，谥端简。郑晓熟稔军事，尤以抗倭有能著称。

（一）汤和海上筑城备倭

东南海寇日甚一日，丙午秋遂至浙江，吾邑亦被其害。此事皆缘势要之家通番获大利，以贻国家东南之忧。国初设官市舶，正以通华夷之情，迁有无之货，如西边茶市，北边马市亦然。观其官以市舶为名，意可知矣。圣祖特起信国公于衰暮之年，令其筑城海上，自山东至浙，专防倭寇，而乃有市舶，许海夷进贡，岂无深意！今徒禁绝番夷入贡，遂使势豪得佑其利。禁愈严，则势豪之利愈重，而残杀之害愈酷矣。要之，势豪之家亦必有殒身灭族之祸。盖缘其始欺官府而结海贼，后复欺海贼而并其奇货，价金百不偿一。积恶既深，一旦致毒，祸不远矣。

——《今言类编卷四》

汤和奉朱元璋之命于沿海一带筑城防御倭寇，事见《明史》："既而倭寇上海，帝患之，顾谓和曰：'卿虽老，强为朕一行。'和请与方鸣谦俱。鸣谦，国珍从子也，习海事，常访以御倭策。鸣谦曰：'倭海上来，则海上御之耳。请量地远近，置卫所，陆聚步兵，水具战舰，则倭不得入，入亦不得傅岸。近海民四丁籍一以为军，戍守之，可无烦客兵也。'帝以为然。和乃度地浙西东，并海设卫所城五十有九，选丁壮三万五千人筑之，尽发州县钱及籍罪人赀给役。役夫往往过望，而民不能无扰，浙人颇苦之。或谓和曰：'民讟矣，奈何？'和曰：'成远算者不恤近怨，任大事者不顾细谨，复有讟者，齿吾剑。'逾年而城成。稽军次，定考格，立赏令。浙东民四丁以上者，户取一丁戍之，凡得五万八千七百余人。明年，闽中并海城工竣，和还报命，中都新第亦成。"①

关于汤和筑城的时间，《明史》中并未写明，但可根据《明实录》中一些记载进行推算。《明实录》中称："（洪武）十九年赐（汤和）钞万锭，俾建第于凤阳。寻命往

---

① 张廷玉等：《明史·列传十四》，中华书局1974年版，第411页。

浙江温、台、明、越，筑沿海城堡，置松门等卫"①，而至洪武二十年(1387)十一月已筑城完毕回朝奏对，可知筑城时间应在洪武十九年(1386)至二十年(1387)之间。明代史料纷杂错讹矛盾之处甚多，如《明会典》称："(洪武)十六年筑登莱至浙并海五十九城，二十年筑福建并海十六城，各置卫所。"②《明史·使蕃传》称洪武十七年(1384)"以信国公汤和巡视海上，筑登莱至浙沿海五十九城"③。这些均与《明实录》记载有出入，且多记载汤和"巡视海上"，恐将其作为筑城起始年份。

《今言类编》作者郑晓在此问题上将汤和筑城时间定为洪武十九年(1386)，也不准确。据清人夏燮考证，筑城之事决定于这一年，但实际成事并不在这一年。并且他认为，汤和此行是由方鸣谦"辅行"④，有方鸣谦《东瓯碑》为证。实际上，明人尹守衡对此有明确的记述："使指挥使方鸣谦辅行。鸣谦，方谷(国)珍从子，以方氏世家东海，识倭防，故咨之。上从鸣谦画，令(汤)和自登莱沿海东抵浙，凡筑五十九城。"⑤只是他把时间定在洪武十八年(1385)，这是错误的，夏燮说此事决定于这一年是对的。洪武十九年(1386)正月，汤和征贵州一带"诸洞"之乱还京后，曾"以春秋高，思归故乡"为由，祈求朱元璋回归故里。诸大臣也都纷纷为汤和说话，朱元璋遂允许，并"赐钞万锭，俾建第于凤阳"⑥。也就是在此次谈话中，朱元璋对他说："日本小民屡扰濒海之民，卿虽老，强为朕一行，视其要害地，筑城增兵，以固守备。"⑦"赐钞万锭，俾建第于凤阳"之事发生于洪武十九年(1386)，这在《明实录》中有明确记载，所以夏燮说此事定于该年是正确的。

(二)赵庸将沿海居民招为水军防倭

洪武年间，倭奴数寇东南傍海州县，其时浙江一省，既遣信国公汤和筑

---

① 《明太祖实录》卷三十八，"中研所"，1962年，第151页。
② 万历朝重修《明会典》卷一百五，中华书局2007年版，第1024页。
③ 万思同:《明史稿》，宁波出版社2008年版，第520页。
④ 夏燮:《明通鉴》，中华书局2009年版，第363页。
⑤ 尹守衡:《皇明史窃》卷十九，明崇祯刻本，第23页。
⑥ 《明太祖实录》卷三十三，"中研所"，1962年，第122页。
⑦ 《明太祖实录》卷三十三，"中研所"，1962年，第122页。

城，又遣魏国公徐辉祖、安陆侯吴杰练兵，又遣都督商暠、杨文、刘德出战，又遣都督于显出海巡倭。此皆上公元侯、谋臣宿将，犹且迟之数年未得宁息。复遣南雄侯赵庸招抚沿海渔丁、岛人、盐徒、蛋户，籍为水军，至数万人。又遣莱州府同知赵秩、礼部员外郎吕渊宣谕倭奴。迨至洪武二十五年之後，而海上始得安静。则凡可以解散贼党者，宜亟为议处也。

——《今言类编卷四》

赵庸，生卒年不详，明初功臣，河南江北等处行中书省庐州（今安徽省合肥市）人。其早年和兄赵仲中镇守水寨屯兵巢湖，后归顺朱元璋。后升为参知政事，与俞通海、廖永忠等人进攻康郎山，后占领武昌、庐州、安丰、淮东、海安、泰州，升任中书左丞，进攻山东。洪武元年兼任太子副詹事，后随大军攻破河南、河北、山西、陕西。跟随常遇春北追元帝。后与李文忠攻庆阳、应昌。功劳本最大，但因在应昌私纳奴婢，不得封公，则为南雄侯。此后，平定福建、广东叛乱，斩首八千余人。洪武二十年（1387），与燕王朱棣出古北口，招降乃儿不花。后因胡惟庸案受牵连而被杀。

赵庸招募沿海居民为水军防倭一事，《明实录》中有明文记载："复遣南雄侯赵庸招抚沿海渔丁岛人塩徒蛋户，籍为水军，至数万人，又遣莱州府同知赵秩、礼部员外郎吕渊宣谕倭奴，迨至洪武二十五年之后，海夷始靖。"[1]《今言类编》中的记载与《明实录》如出一辙，当为摘录。

然而，上述引文所说洪武二十五年（1392）"海上始得安静"[2]，并不符合事实。同样是《明实录》所载，洪武二十五年（1392）之后的倭患，至少还有三次：洪武二十七年（1394）二月，"海上有倭寇之警"。洪武二十七年（1394）十月，"辽东有倭夷寇金州，卒入新市，烧屯营粮饷，杀掠军士而去"。洪武三十一年（1398）二月，"倭夷寇山东宁海州……先是，倭夷尝入寇，百户何福战死"。"近者倭贼二千

---

① 《明太祖实录》卷三十八，"中研所"，1962 年，第 150 页。
② 郑鳌：《今言类编》，上海古籍出版社 2012 年版，第 78 页。

余人、船三十余艘入寇海澳寨。"①这仅为倭寇规模较大的入侵,规模较小未入
《明实录》者,尚不知还有多少。

二、《五杂俎》中的倭寇情形

《五杂俎》为明代著名文人谢肇淛所著的随笔札记,全书十六卷,说古道今,
分类记事,分为天部二卷、地部二卷、人部四卷、物部四卷、事部四卷。谢肇淛
(1567—1624年),字在杭,福建福州长乐人,号武林、小草斋主人,晚号山水劳
人,明代博物学家、诗人。其诗清朗圆润,为当时闽派作家代表。明万历二十年
(1592)进士,入仕后,历游川、陕、两湖、两广、江、浙各地名山大川,所至皆有吟
咏,雄迈苍凉,写实抒情,博学能诗文。曾参与重刻淳熙《三山志》。著作有《五杂
俎》《太姥山志》。历任湖州、东昌推官,南京刑部主事、兵部郎中、工部屯田司员
外郎,曾上疏指责宦官遇旱仍大肆搜刮民财,受到神宗嘉奖。天启元年(1621)任
广西按察使,官至广西右布政使。

与明代其他随笔札记相比,《五杂俎》中涉及倭寇事情较多。究其原因,一则
此书成书时正值万历中期②,万历朝鲜战争刚刚结束,朝野对倭情发展始末较为
关注;二则谢肇淛本就为福建人,倭寇祸闽极烈,这对他痛陈倭寇之乱有特殊的
意义。虽然《五杂俎》并非正史,其中一些记述也并非没有值得推敲之处,但作为
研究倭寇事情的史料,还是有其价值的。现择其几处,加以考略,就正于方家。

(一)倭寇猖獗源于海运废弛

运河之开,无风波之患,诚为良策。而因之遂废海运,亦非也。海上风
涛不虞,数岁间一发耳,而今运河挑浚之费,闸座捞浅之工,上自部使者,下
至州邑一二之设,其费海岁岂直巨万已哉? 海运一行,则诸费尽可省,亦使
浙直诸军士,因之习于海战,倭寇之来,可以截流而御之。自海运废而士益

---

① 本段引文均出自《明太祖实录》卷三十九,"中研所",1962年,第166页。
② 《五杂俎》成书于万历四十三年(1615),有版本若干,其中1949年前出版版本有明万历四十四年
(1616)如韦馆刻本、明刻本、日本宽文元年(1661)刻本。万历朝鲜战争始于1592年,终于1598年,此时距
《五杂俎》付梓尚有18年。

惮于海矣，元时海运有三道，而至正十三年，千户殷明略所开新道，自浙西至京师，不旬日，尤为便者。所当间一举行，以济运河之不及者也。

——《五杂俎卷三·地部一》

《五杂俎》认为倭寇之所以往来无忌，皆因运河之开，南粮北运径走河道，官兵因此不习水战之故。漕运耗帑极钜，且无助于浙直军士操习水战，舟船之技日减，倭寇呼啸来去，无法可制。官军难与倭寇相争于舟楫，其根源在于运河。

此种说法值得商榷。京杭大运河始于春秋，吴国为伐齐国而开凿之，隋朝大幅度扩修并贯通至都城洛阳且连涿郡，元朝翻修时弃洛阳而取直至北京。大运河在支撑粮草财赋供养京师及幽燕一带军粮供给方面发挥的作用不可替代，非海运可比。无论是元朝兼顾塞内外，还是明朝统摄北方军政事务的需要，北方疲软的经济无论如何都难以直接供养身处幽燕的畿辅重地。因此，截弯取直后的大运河就为朝廷提供了成本较低的物质保障。且无论朝廷为保障帝国精华所在的东部地区局势稳定而派兵南下平乱，还是为抵御蒙古、女真等塞外族群的侵袭而保持长城防线，都必须仰赖大运河进行低成本财粮转运，从而保障军事行动中的军粮、军饷等后勤供应。江南地区在 17 世纪已彻底成为华夏社会的经济中心，是天朝上国首富之区。南粮北运的大运河有助于朝廷保持对帝国财源与粮库的掌握，进而时刻保持对任何分裂割据势力乃至整个东亚世界的实力优势。

至于东南军士水战废弛，则非一日之寒。早在元代，东南倭乱便已十分严重。《元史》载，元武宗至大年间，江浙省官员就希冀朝廷加强海防建设以防御倭寇，"两浙沿海濒江隘口，地接诸蕃，海寇出没，兼收附江南之后，三十余年，承平日久，将骄卒惰，帅领不得其人，军马安置不当，乞斟酌冲要去处，迁调镇遏"[1]。元代海运贸易十分兴盛，为了更好地与其他国家开展海外贸易，元朝建立了管理机构，即市舶司。市舶司设立在沿海的港口处，管理元朝与其他国家的海外贸易。市舶司设有市舶官，市舶官对货物、往返船只进行管理，"其发舶回帆，必著

---

[1]　宋濂等：《元史》，中华书局 1976 年版，第 754～755 页。

其所至之地,验其所易之物,给以公文,为之期日"①。疆域的辽阔、政府的重商政策、市舶司的设立都促进了元朝海外贸易的发展,当时的泉州、广州、庆元都是与外国通商的重要港口,泉州港口更是当时世界上最繁荣的港口之一。海外贸易的繁荣为元朝带来了大量的财富,有力地保障了国家财政的收入。

然而随着元朝朝政日益腐败,军纪松懈,元军战斗力急剧下降。武宗朝时期"日本商船焚掠庆元,官军不能敌"②。元朝建立之初,忽必烈极为重视海防建设,当时日本镰仓幕府掌权者北条时宗公然对抗元朝廷,令忽必烈极为不满,遂发起两次对日战争,但皆因天气原因失败。与日本关系的紧张使得两国正常贸易严重受阻,日本经济严重依赖进口,这令一些浪人和无业游民铤而走险,对元朝沿海周边地区展开骚扰掠夺。元顺帝统治年间,"倭人寇蓬州,守将刘暹击败之。自十八年以来,倭人连寇濒海郡县,至是海隅遂安"③。一个"连"字说明了倭寇侵边的频繁性,"自十八年以来"更是道出了倭寇侵边的时间之久。至明代中期,倭寇益加凶悍,而官军战力则低下至极。"明初,沿海要地建卫所,设战船,董以都司、巡视、副使等官,控制周密。迨承平久,船敝伍虚。及遇警,乃募渔船以资哨守。兵非素练,船非专业,见寇舶至,辄望风逃匿,而上又无统率御之。以故贼帆所指,无不残破。"④戚继光曾在《纪效新书》中痛斥:"(官兵)甚将未尽药子掷于田中,双手涂黑,满面药色,高声大叫:子尽药绝。"⑤此等怠懒之士卒,如遇犷悍之倭贼,胜败不言自明。

(二)兴化府惨遭倭寇屠城

国家近边之民常苦北虏,滨海之民时遭倭患,然虏寇频而倭患少,故塞上村落萧条,有千里无复人烟者。倭自嘉靖末,抄掠浙、直、闽、广,所屠戮不

---

① 宋濂等:《元史》,中华书局1976年版,第745页。
② 宋濂等:《元史》,中华书局1976年版,第754页。
③ 宋濂等:《元史》,中华书局1976年版,第757页。
④ 张廷玉等:《明史·列传二百十》,中华书局1974年版,第612页。
⑤ 戚继光:《纪效新书》十四卷,中华书局2001年版,第231页。

可胜数，既以吾闽论之，其陷兴化、福清、宁德诸郡县，焚杀一空，而兴化尤甚，几于洗城矣。刘六、刘七破残七藩，而山东、河南为最，其他若萧乾养之乱广，蓝廷瑞之乱郧，邓茂七之乱闽，叶宗留之乱浙，阿克之乱滇，杨应龙之乱蜀，孛拜之乱宁夏，皆小劫也。而水旱灾疫，则无岁无之矣！

———《五杂俎卷四·地部二》

兴化府是明朝抗倭战争中唯一被倭寇攻陷的府城。《五杂俎》中对此记载不甚详细，仅以"洗城"二字概括，但其惨烈情景也宛在目前。沈德符《万历野获编》对此记载较详：

顷闽人谈及嘉靖癸亥（1563）十一月［笔者注：此处时间有误。倭寇陷兴化府是在嘉靖四十一年（1562）］，谈迁《国榷》卷六十三"世宗嘉靖四十一年"中云："倭破兴化，乘胜以四千余人攻仙游西乡。叛民附之，环城三匝。"①

另有《明史》中戚继光传记部分：

（嘉靖）四十年（1561），倭大掠桃渚、圻头……明年，倭大举犯福建……及继光还浙后，新倭至者日益众，围兴化城匝月。会显遣卒八人赍书城中，衣刺"天兵"二字。贼杀而衣其衣，绐守将得人，夜斩关延贼。副使翁时器、参将毕高走免，通判奚世亮摄府事，遇害，焚掠一空。②

莆田县（今莆田市）县志编集委员会所编《莆田县志·明代倭寇祸莆（反侵

---

① 谈迁：《国榷》，中华书局 1958 年版，第 1331 页。
② 张廷玉等：《明史·列传一百》，中华书局 1974 年版，第 504 页。

略反压迫斗争史资料之一)》亦有相关记述,兹为旁证。①

《万历野获编》中亦有记载:"倭至兴化府伪为官军赴救,城中开门纳之,倭遂入据其城,逾岁方去,其惨毒不必言。"②倭寇入侵沿海地区骚扰已属司空见惯,但攻陷偌大一个城池还属首次,引起朝野震动。《明实录》中记载:

> 福建倭攻兴化府城,陷之。倭自十月初犯福建,其自浙之温州来者,则合福宁、连江登岸海贼,攻陷寿宁、政和、宁德等县。③

又载:

> (嘉靖四十二年正月壬寅)福建巡抚游震得以去年十一月倭寇攻陷兴化府状闻:"初,贼至,先犯邵武,杀指挥齐天祥;转掠罗源、连江等县,杀游击将军倪禄;遂攻玄钟所城及宁德县入之,乘胜直抵府城下。会都督刘显兵未至,贼遂袭入城,杀同知奚世亮等;又分兵攻陷寿宁、政和二县。乞函命该部计处兵食、浙直总督发兵应援"。部覆:"贼以旬日内连破数城,如蹈无人之境;帅府而下,职守谓何! 顾事急之际,请姑令戴罪立功。其各省援兵,请调浙江新募义乌兵一枝,以戚继光统之;江西兵一枝,令抚臣自择良将:各星驰

---

① "第十四次,嘉靖四十一年(公元1562)11月,倭寇败遁入海,潜伏不动……倭寇命降从的化装为群众,到江口假向刘显求援,刘显却实说兵少,俟再招募进兵,于是虚实被倭寇探悉了。等到招募令一出,倭寇就派漳泉人能讲莆田话的,混入新募兵中,刘却一点也不知道,反派他们入莆城助守。入城助守的由把总率领,计200人,背绣'天兵'二字,潜倭就混在中间,于是给倭寇送内应入城。11月28日,刘再派兵8人,穿天兵衣甲,送书给翁时器,被倭寇擒去,倭寇即穿其衣甲,持公牒骗得入城。知府奚世亮,通判李邦光有怀疑,翁时器不但不听,还令8人守北门,潜倭骗守城兵士说大兵约在晚上进攻倭寇,应该刁斗静侯。守城士兵信以为真,对守备表现松懈。当晚四鼓,守城士兵遂被杀,倭寇从城西北角四埔岭架梯上城垛,一面从城下发铳炮。大家还认为大兵果然在城外交战,但一看沿城垛已经都是军阀,抵抗已经来不及了。倭寇一入城,便乘风放火,各处居民房屋和官廨都起火。翁分守、举参将、李通判都越城逃跑,摄知府奚世亮、训导傅尧佐被杀死,莆田郡城就在11月29日天微明时陷入倭寇手中。莆田郡城遭受空前未有的浩劫,被烧杀劫掠一空。"此书未见出版,须加以说明。
② 沈德符:《万历野获编》,北京燕山出版社1998年版,第59页。
③ 《明世宗实录》卷四四七,"中研所",1962年,第709页。

应援。仍起丁忧参政谭纶以原官兼按察司金事,统浙江兵千二百人与都督刘显、总兵俞大猷同心共济,以收奇功。又,广东南澳为贼渊薮,宜令两广提督张臬引兵捣之,使贼退无所归。以其地丁、料、屯、盐诸钱谷约二十余万悉留用,以佐军兴;仍令南京兵部发马价银十万两济之,本部仍备银十万两俟缓急督发"。上悉命如拟行。因夺震得及文武大小诸臣俸,许其自效。谭纶等依拟用。戚继光、刘显各令奋勇建功,以副委任。仍诫浙江巡抚赵炳然、江西巡抚胡松、两广提督张臬各协力策应,毋分彼此。①

谢肇淛的家乡长乐距兴化府仅一百余公里,兴化惨案五年后,谢肇淛出生。倭寇的凶狠与官军的无能,"焚杀一空"的情形,令他绝望。

(三)福宁州关公崇拜与戚继光抗倭

今天下神祠香火之盛莫过于关壮缪,而其威灵感应,载诸传记及耳目所见闻者,皆灼有的据,非幻也。如福宁州倭乱之先,神像自动,三日乃止,友人张叔弢亲见之。

——《五杂俎卷十五·事部三》

关公崇拜在中国由来已久,关帝庙遍及天下。福宁州(今福建霞浦)负山临海,堪称闽北屏藩。这一闽浙海岸线上的凸出部,夺之则打开了通往福建和浙江的大门,因此屡遭倭患。据明代《福宁州志》和清代《福宁府志》等地方志记载,福宁州第一次遭受倭寇袭扰,是在明洪武三年(1370)。② 嘉靖三十一年(1552)开始,倭寇进犯日趋严重。嘉靖三十五年(1556),倭寇大举围困间峡,当时守城官兵凭借间峡城堡顽抗,最终倭寇进攻不下而撤退,此战被称为间峡保卫战。这场战役,让人认识到城堡的重要作用。由此开始,福宁州自北到南掀起了修筑城堡、防

---

① 《明世宗实录》卷四四七,"中研所",1962年,第709页。
② 殷之辂修,朱梅等纂:《(万历)福宁州志》,影印明万历年版,第45页。

御倭寇的热潮。嘉靖三十八年(1559)三月,倭寇扎营福宁州城东关,围攻福宁州城不下。此前,分守道舒春芳即铸造大铳,训练铳手,至此,代知州徐甫宰下令发大铳破敌,杀死倭寇数人,并击中一个前来侦探虚实的倭寇头目。当夜,倭寇用声东击西法攻城,又被守军所败。如此坚持七昼夜,倭寇见州城防守森严而退。

据明代《福宁州志》记载,嘉靖四十一年(1562)八月初一,戚继光以浙江参将身份,带领八千名士兵,沿着入闽的通京驿道,从福鼎分水关经桐山、白琳、杨家溪、赤岸,到达福宁州城,指挥周边抗倭战斗。当时,三千名倭寇进犯福宁州,驻扎在漳湾横屿(今宁德市蕉城区境内)。八月初六,戚继光亲自率兵到达漳湾。横屿是岛屿,四面均是泥滩。戚继光当机立断,决定兵分两路,前锋队伍以本地泥橇作为交通工具对敌突击。后路大军,每人身背稻草,扔一捆,往前一步,以稻草铺就退敌之路。最终,歼灭倭寇二千六百多人,俘获九十多人,救出三千七百多名当地民众,史称"横屿大捷"。

随戚继光入闽作战的义乌兵调练有素、纪律严明、英勇善战,个个背挂义乌城隍的符袋和关帝护符出征。为激励将士士气,当地于嘉靖四十一年(1562)特兴建义乌城隍庙,建筑面积一千三百平方米,共有三进:一进有大厅,门外两旁有马栏爷神像,还有观台、天井;二进大殿配祀关帝、周仓、关平诸神像;三进是义乌城隍大殿。关帝信仰与抗倭卫民结合起来,成为福宁州民俗文化中独特的组成部分。

(四)倭寇与中国海商之关系

倭之寇中国也,非中国之人诱之以货利,未必至也。其至中国也,非中国之人为之乡导,告以虚实,未必胜也。今吴之苏、松,浙之宁、绍、温、台,闽之福、兴、泉、漳,广之惠、潮、琼、崖,驵狯之徒,冒险射利,视海如陆,视日本如邻室耳。往来贸易,彼此无间。我既明往,彼亦潜来。尚有一二不逞,幸灾乐祸,勾引之至内地者。败则倭受其傻,胜则彼分其利,往往然矣。嘉靖之季,倭之掠闽甚惨,而及官军破贼之日,倭何尝得一人支马生归其国耶?其所虏掠者,半归此辈之囊橐耳。故近来贩海之禁甚善,但恐未能尽禁也,盖巨室之因以为利者多也。

——《五杂俎卷四·地部二》

倭寇的组成部分及其性质，历来是学界争论的焦点。刘耀东先生认为，倭寇可按时间前后，分为 14 世纪到 15 世纪的前期倭寇与 16 世纪的后期倭寇。① 前期倭寇的劫掠是以朝鲜半岛地区为目标展开的，他们抢夺、掠劫，甚至劫掠朝鲜半岛的百姓，成为当时高丽王朝的最大祸患之一。倭寇的主要构成是在日本国内因内战战败而丧失军职的日本南北朝时期的南朝武士，他们以对马岛、北九州的松浦和濑户内海为据点长期侵扰朝鲜半岛，成为主要倭患。后期倭寇中由于大量海商和走私贩子涌入，真倭（日本人）和假倭（中国人）并存的情况极多，其比例如按明嘉靖朝南京吏部尚书郑晓所称，"大抵贼中皆华人，倭奴直十之一二②"的话，此时倭寇中大部分已是中国人，就如谢肇淛所言"驵狯之徒，冒险射利，视海如陆，视日本如邻室耳"③。明代严厉的海禁政策使沿海居民和行商的贸易活动受到极大影响，海商无法通过正常途径获利，许多人铤而走险沦为走私贩子，进而与倭寇勾结，沦为盗匪。海商中的魁首汪直，极盛时可号令十万之众，"连舰数百，蔽海而至"④。谢肇淛将倭乱频仍的原因归结为"故近来贩海之禁甚善，但恐未能尽禁也，盖巨室之因以为利者多也"⑤，海禁唯恐不严，大户获利仍巨，此为儒家重农抑商思维方式，一味断绝商路，绝非黎民之福。"浙、闽大姓素为倭内主者"⑥，通商之路被官方断绝，民间自然会用其他渠道实现商业利益最大化，这是当时资本主义萌芽出现的一个象征。

---

① 刘耀东：《浅论 14 世纪到 16 世纪的倭寇性质》，《文存阅刊》2018 年第 22 期。
② 郑晓：《吾学编》，明万历重刻本，第 33 页。
③ 谢肇淛：《五杂组》，上海书店出版社 2015 年版，第 108 页。
④ 张廷玉等：《明史·列传二百十》，中华书局 1974 年版，第 612 页。
⑤ 谢肇淛：《五杂组》，上海书店出版社 2015 年版，第 108 页。
⑥ 张廷玉等：《明史·列传二百十》，中华书局 1974 年版，第 612 页。

（五）倭寇不犯山东沿海

嘉靖之季，倭奴犯浙、直、闽、广，而独不及山东者，山东之人不习于水，无人以勾引之故也。由此观之，则倭之情形断可识矣！

——《五杂俎卷四·地部二》

事实上，倭寇侵扰山东沿海自元代开始便有记载。据《湖南宪副赵公神道碑》所记，至元年间（1335—1340），赵天纲曾奏称："山东傍海诸郡，奸盗潜通岛夷，叵测上下，数千里无防察之备，请置万户府益都，出甲兵、楼橹以制其要害，凡七十二处。"①可知，山东沿海的奸盗之人与倭寇相互勾结，濒海之地颇受其害，"山东之人不习于水，无人以勾引之故也"②也不确实。明初，倭寇进犯山东情况不减反增，洪武元年，"是时，倭寇出没海岛中，乘间辄傅岸剽掠，沿海居民患苦之"③。洪武二年（1369）正月，"倭人入寇山东滨海郡县，掠居民男女而去"④。洪武二年（1369）四月："戊子，升太仓卫指挥佥事翁德为指挥副使。先是，倭寇出没海岛中，数侵掠苏州、崇明，杀伤居民，夺财货，沿海之地皆患之。德时守太仓，率官军出海捕之，遂败其众，获倭寇九十二人，得其兵器、海艘。奏至，诏以德有功，故升之……仍命德领兵往捕未尽倭寇。"⑤洪武三年（1370）五月，倭寇掠温州中界、永嘉、青岐、东鹿等地，山、辽、闽、浙等处咸设备倭重臣。永乐六年（1408），倭寇犯成山卫，掠白峰头寨、罗山寨，登大嵩卫之草岛嘴；又犯鳌山卫之羊山寨、于家庄寨，百户王辅、李茂被杀；不逾月，倭寇又进犯桃花闸寨，郡城、沙门岛一带被倭寇抄略殆尽，百户周盘被杀。⑥ 倭寇袭破宁海卫，杀掠甚惨，而指挥赵铭等守

① 虞集：《湖南宪副赵公神道碑》，《道园类稿》卷四十三，《元人文集珍本丛刊》第6册，新文丰出版公司1985年影印明初覆刊本，第87页。

② 谢肇淛：《五杂俎》，上海书店出版社2015年版，第110页。

③ 张廷玉等：《明史·列传十八》，中华书局1974年版，第423页。

④ 《明太祖实录》卷三十八，"中研院"，1962年，第150页。

⑤ 《明太祖实录》卷四十一，"中研院"，1962年，第179页。

⑥ 任璿纂修：《（康熙）登州府志》，清康熙刻本，第29页。

将却畏葸不前，剿倭不力，之后又虚报杀获贼数，欺诳朝廷。为此，永乐帝大怒，遂将多位守将官分尸示众，以儆效尤。同时规定守海官员人等常操练军士，葺理战船，于紧阔岛坞湾泊遇有贼船到来，不许四散调开，或三五十只，或百十只成综一处驾驶，并力攻取擒倭。① 十二月，永乐帝命安远伯柳升、平江伯陈瑄率舟师沿海捕倭。② 永乐七年（1409）三月，"柳升奏率兵至青州海中灵山，遇倭贼，交战，贼大败，斩及溺死者无算，遂夜遁。即同陈瑄追至金州白山岛等处，浙江定海卫百户唐鉴等亦追至东洋朝鲜国义州界，悉无所见。上敕升等还师"③。

嘉靖时期，倭寇主要进犯目标转向东南沿海，只因东南富足，商贸繁盛，远胜北方。但这一时期山东沿海并非风平浪静，倭乱尚未杜绝，略考如下：

嘉靖二十三年（1544），倭寇至，自胶抵威海栲栳岛洋，为风所阻，泊岸依山嘴，官军不能前，数日持刀出，官军获之。④

嘉靖三十一年（1552），倭犯靖海卫，兵民击退之。⑤ 倭舟犯沂州府东岸，卫官率军御之始退。⑥

嘉靖三十三年（1554），二月庚辰，官军败绩于松江。三月乙丑，倭犯通、泰，余众入青、徐界，山东大震。⑦

嘉靖三十四年（1555），五月，倭舟一只登夹仓口，约六十余人，各持利刃望屋而食，安东卫官合日照民兵共击之，战于转头山，倭败。南遁至响石村，又击之，终不能剿。命故永康侯徐源子乔松袭爵。⑧ 己酉，流劫海州、沐阳、桃源等处。至清河阻雨，徐、邳官兵分道蹙之，歼于马头镇民家，斩首四十一级。此贼自日照登岸，不及五十人，流害两省，杀戮千余人，至是始灭。⑨ 倭船阻风泊威海卫之栲栳

---

① 李光先修，焦希程纂：《（嘉靖）宁海州志》，抄本，第40页。
② 张廷玉等：《明史·本纪第六》，中华书局1974年版，第97页。
③ 《明太祖实录》卷八十九，"中研院"，1962年，第265页。
④ 郭文大纂修，王兆鹏增订：《（乾隆）威海卫志》，抄本，第29页。
⑤ 方汝翼、贾瑚修：《增修登州府志》，清光绪七年（1881）刻本，第17页。
⑥ 李希贤修，潘遇莘等纂：《（乾隆）沂州府志》，清乾隆二十五年（1760）刻本，第25页。
⑦ 佚名等编，《嘉靖东南平倭通录》，全国图书馆文献缩微复制中心，2004年，第97页。
⑧ 《明世宗实录》卷四二二，"中研院"，1962年，第698页。
⑨ 《明世宗实录》卷四二二，"中研院"，1962年，第698页。

岛,官军不能前,数日持刀出,始获之。①

嘉靖三十五年(1556),四月,登灵山卫养马岛,犯海阳所,犯靖海卫。官兵讨平之。②

嘉靖三十六年(1557),五月癸丑,泰州倭转掠扬州、山东及徐州。官兵御之,皆溃。③ 六月乙酉,兵备副使于德昌、参将刘显败倭于安东。④ 倭舟复至,掌印指挥王道率青州营千户徐光华奋力御之,数日始去。⑤

嘉靖三十八年(1559),正月壬寅,总督浙、直、福建右都御史胡宗宪以倭患未弭,春汛伊迩,请募山东民兵三千,选委谋勇将官,督备苏、松、常镇防守。兵部议覆,从之。⑥ 五月甲午,江北海道副使刘景韶破倭于庙湾,江北倭平。⑦

（六）万历间抗倭将领刘炳文相关记述

万历乙未,浙帅刘炳文提舟师,从海道趋登州以备倭,四阅月始至。炳文自为记,甚繁,予为略之,以识其程云:"乙未上元,从台州开帆百里,至金鳌山,高宗南渡避金处也。历老鼠屿,出琛门,风适猛烈,两礁夹起东西矶。牛头、圣堂两门,尤为险阻……自浙适齐,计日四越月,计程七千里:由浙江达直隶,延袤二千七百里,自直隶金山卫抵东海所,计一千八百里;自东海抵登莱,计二千四百里。若夫环转倒流于波漾,则又不止万里有奇矣。"

——《五杂俎卷四·地部二》

刘炳文的生平,史料记载颇有出入。《(民国)台州府志》中说:"明临海刘炳文,定海总兵。"⑧而《(光绪)定海厅志》则称,刘炳文"漳浦县人,由台州卫指挥

---

① 方汝翼、贾瑚修:《增修登州府志》,清光绪七年(1881)刻本,第 66 页。

② 郑若曾:《筹海图编》,中华书局 2017 年版,第 99 页。

③ 《明世宗实录》卷四四七,"中研院",1962 年,第 709 页。

④ 张廷玉等:《明史·本纪第十八》,中华书局 1974 年版,第 135 页。

⑤ 李希贤修,潘遇莘等纂:《(乾隆)沂州府志》,清乾隆二十五年(1760)刻本,第 24 页。

⑥ 《明世宗实录》卷四六八,"中研院",1962 年,第 723 页。

⑦ 《明世宗实录》卷四七一,"中研院",1962 年,第 739 页。

⑧ 喻长霖修:《(民国)台州府志》,上海古籍出版社 2015 年版,第 32 页。

使，三十二年任"①。查《明神宗实录》，则有"万历三十二年二月己丑以山东登州游击刘炳文为分守浙江宁绍参将"②的记载，与《（光绪）定海厅志》说法相符。《（康熙）湖广通志》的"艺文志"条目中有"明，刘炳文字心白，崇阳人。世袭指挥，中武科，历官狼山镇总兵。著《营阵图》《藏拙稿》等书"③的记载。此条目与《（同治）崇阳县志》中的记载一致：

> 刘炳文，字明仲，号心白，日孚子。以世袭指挥，中万历癸卯科武举。历督抚中军，升贵州守备，署清浪参军。地邻黔楚，犰苗为梗，仕滇南者行李辄被攘敓。炳文率家丁勇卒策马山中，歼苗数十悬首要害以清。署多积案，炳文履任期月清理强半，上官称其能。会湖贵军民讼田界多年，两省督抚檄炳文往决，不数言两造帖服，树石题守备刘某永定军民疆界碑。嗣又奉檄编平溪清浪偏桥镇远赋役革裁弊病，后来遵为石书。直指交荐迁凤阳中都秋班副留守。班军额有廪余，董役者恒肆胺削，炳文不染指纤毫，三军感颂。封昭勇将军转山东掌印都事。罢不急赋役以纾民困。泰昌庚申总督王在晋委署登莱副总兵。登州海运要津，炳文单骑巡视，营垒纪律严明，海运藉以无患。天启初，参戎徐淮训练士卒。白莲贼踩蹒山东，奉檄移驻捍防，即率兵驱剿冒死冲锋矢石不避。贼突徐城，对敌三昼夜，贼不敢犯，城得安堵。先是嘉靖间，其祖景韶平倭有功，徐淮至是民德炳文，佥谓能绳祖武也。淮抚叙功首炳文，题授总兵。因避隙托病回籍。巡盐御史房可壮劾炳文旷职。御史赵疏救略云：当寇兵破邵，滕身在行间，目击炳文奋精锐捍御，飞驰护送六千余艘脱险无恙，随会省直进兵大剿俘献俘淮府云云。部院李养正叙功疏有"盐臣虽挂弹章而漕臣屡列荐剡"等语。以军功荐起狼山总兵。病卒年三十九。炳文天性孝友，不狎妇女好宾客相对不发妄语。通经术能诗文雅歌颇有儒将风，士大夫咸所推重之。④

---

① 陈重威等纂：《（光绪）定海厅志》，清光绪十年（1884）刻本，第50页。
② 《明神宗实录》卷三九二，"中研院"，1962年，第899页。
③ 丁思孔修、宫梦仁等纂：《（康熙）湖广通志》，清康熙刻本，第49页。
④ 高佐廷修、傅燮鼎纂：《（同治）崇阳县志》，清光绪间刻本，第45页。

　　此传记中刘炳文生平的几件大事,在《明实录》中都有体现。如"封昭勇将军转山东掌印都事",《明神宗实录》记载为:"万历四十七年(1619)二月升刘炳文为山东都司。"①又如"天启初,参戎徐淮训练士卒",《明天启实录》记载为:"天启二年(1622)十二月:徐州参将刘炳文补杭嘉湖参将。"②再如"巡盐御史房可壮劾炳文旷职",《明熹宗实录》记载为:"天启三年(1623)二月革徐州参将刘炳文回卫直隶巡按房可壮劾其猝遇妖贼率众先也。"③以上足以证明,《明实录》中任过山东都司、徐州参将的刘炳文就是《(同治)崇阳县志》所记的刘炳文。

　　倘若《(同治)崇阳县志》记载可信,刘炳文"中万历癸卯(1603)科武举"④,那《五杂俎》中称其"万历乙未,浙帅刘炳文提舟师,从海道趋登州以备倭"⑤便属讹误,断无先当将帅后中科举之理。且根据《(同治)崇阳县志》和《明实录》的记载,刘炳文活跃于万历三十二年(1604)⑥至天启三年(1623),与《五杂俎》中对刘炳文的记载出入甚大。

作者:王　进

天津图书馆

---

① 《明神宗实录》卷五七九,"中研院",1962 年,第 1023 页。
② 《明熹宗实录》卷二十九,"中研院",1962 年,第 1245 页。
③ 《明熹宗实录》卷三十一,"中研院",1962 年,第 1256 页。
④ 高佐廷修、傅燮鼎纂:《(同治)崇阳县志》,清光绪间刻本,第 22 页。
⑤ 谢肇淛:《五杂俎》,上海书店出版社 2015 年版,第 97 页。
⑥ "万历三十二年二月:己丑以山东登州游击刘炳文为分守浙江宁绍参将。"《明神宗实录》卷三九二,"中研院",1962 年,第 899 页。

图文探析英法联军侵华之役
侵略军线膛火炮的技术和性能

刘鸿亮　王　新　钱　昆

19 世纪 30 年代以后西洋军事技术发展速度加快，彼时世界第三次军事技术革命正在发生，正处于从"木质风帆时代"向"蒸汽铁甲舰时代"的过渡期。在英法联军侵华之役，尤其是 1860 年 8 月以来的第三次大沽口中西之战中，侵略军实力最强，"共 21412 人；火炮 1095 门，火炮比例占 5%；战船共 155 艘，其中铁壳船 119 艘，占 77% 的比例，此外还有 215 艘木质商船辅助之"①。侵略军主要使用了传统的前装滑膛火炮，诸如已有 370 多年历史的主导性火炮——加农炮，17 世纪末期以来创制的榴弹炮、陆海兼用的臼炮、1774 年英国人发明的海上用卡龙炮、1805 年英人康格里夫发明的直杆式火箭炮等。同时侵略军部分地使用了当时刚发明的后装线膛、发射锥头柱体炮弹的阿摩士壮火炮（简称"阿炮"），侵华战场成为其使用新式武器的一个试验场。侵华法军使用的火炮大致和英军相同，但以使用拿破仑 12 磅弹前装线膛铜炮为特色，实质上这是对英国弃而不用的轻型 12 磅弹炮的仿造而已。如 1860 年 8 月 21 日大沽口石头缝炮台之战，英陆军司令格兰特称：联军共有 3500 人，英军的重炮包括 4 门 20.3 厘米口径的大炮，2 门 20.3 厘米口径的榴弹炮，2 门发射 32 磅弹的大炮，3 门 20.3 厘米口径的臼炮；轻型火炮为 2 个阿摩士壮炮兵连，2 个发射 9 磅弹的炮连，1 个发射康格里夫火箭的

---

① ［法］帕吕：《远征中国纪行》，谢洁莹译，中西书局 2011 年版，第 24～26 页。

火箭连。① 另一侵略军讲："法军由 1000 名轻步兵组成,携带 6 门 12 磅弹膛线加农炮,由柯利诺将军指挥。"②联军战船以明轮或螺旋桨推动为武装的铁壳船为主,载炮数虽少,但因解决了火炮机动性的问题,火炮可以越造越大(口内径有达 30 厘米的),自然性能增强。这与中英鸦片战争时期的侵华英军火炮有明显不同,以至于当时国内外时人对其评价多是神乎其神。今国内外学者对此时期的中西前装滑膛火炮的研究已相当充分,但对西洋后装或前装线膛火炮的研究还很欠缺③,致使对其的认识尚处于以讹传讹的阶段。故拙文以之为研究对象,在加深对西洋侵略军"后装或前装线膛炮利"问题理解的同时,进而对近代中西军事史以及技术社会史的研究有所提升。

一、13—19 世纪包括英式阿炮和德式克炮④在内的西洋炮制的发展历程

炮管是火炮的主体,其形制有一个演变的过程。在元代(13 世纪末至 14 世纪初),中国有了不易烧毁的金属管形火器——喇叭口形的铜火铳,明洪武十年(1337),前装滑膛铜铁炮问世,此时,炮口由容易敞气的喇叭口改成闭气性好的直筒形。14 世纪初,中国火器由阿拉伯人传入西班牙,尔后又从西班牙传至欧洲其他各国。前膛式炮的缺点主要在于发炮费时费力,火力不连续,给敌方以可乘之机。在 16 世纪的大部分年代里,西班牙在造炮方面始终占据着优势。如 1470 年问世的佛郎机后装滑膛炮为欧洲 15 世纪末至 16 世纪前期流行的炮种之一,使用至 17 世纪。但它在西方并无流行,传到中国后,倒成为装备明清军队的重要火器。此炮未能解决好闭气问题,在制造技术完善到能够解决闭气的问题之前,前装弹药成为标准方式并占支配地位。截至 15 世纪 90 年代,西洋前装滑膛炮已经具备了之后 370 年所一直沿用的状态。铸炮匠工

---

① ［英］格兰特、诺利斯:《格兰特私人日记选》,陈洁华译,中西书局 2011 年版,第 35 页。

② ［英］斯温霍:《1860 年华北战役纪要》,邹文华译,中西书局 2011 年版,第 76~77 页。

③ ［日］五藤高庆:《维新第一功臣炮——阿摩士壮炮》,见 http://www. ribenshi. com/forum/thread - 18646 - 1 - 1. html. 2009 - 4 - 6。注:由于侵略军赢得此战过于轻松,以至于在西方世界中竟把此忽略了。然而对于清人来说,它是欧洲帝国殖民统治的令人尴尬的历史印迹,其影响一直延续到今天乃至未来。

④ 德式克炮:德国克虏伯炮的简称。

在 16 世纪中期对其制式达成共识，流行的经典样式为前装弹整铸炮，此炮一直服役至 1865 年才退出战场。

在一定程度上，火炮的创新与轻武器的创新乃是同步进行的，但却大大落后于轻武器。17 世纪中叶的欧洲就已出现了后装弹药（炮弹为锥形柱体）的直膛线的线膛炮，膛线使弹丸绕自身的纵轴旋转，飞行稳定，增加了火炮的射程、准确性和侵彻力，且后坐力小，明显优于同口径的滑膛炮。但造价贵，火药气体易于泄露，其残渣使得炮闩开关都非常困难，且又浪费很多时间。由于这些技术问题解决不了，故线膛炮被弃置不用。[1] 在被忽视了两个世纪后，线膛炮的技术条件才臻于成熟，它是古近代火炮的重要分水岭。工业化促进了技术的提升和 19 世纪三四十年代线膛小型武器的出现，促使欧洲发明家采用前装弹药的膛线野战炮，并在四五十年代开始生产。由于射弹要保证让炮膛非常准确地咬住膛线才能完成旋转，所以最初的前装线膛炮装弹很难且射速很低。意识到后装才是唯一的答案和这样做不会让炮兵那么费力之后，欧洲人开始用各种方法来测试所设计的炮尾装置，看它会不会被火药爆炸所产生的气压损坏和漏气。后来发现爆炸时所产生的气体丝毫不会外泄，线膛炮就这样开始得到实际使用。

意大利人卡瓦利（Cavali）、英国人阿摩士壮和惠特沃思以及法国人亨利·佩克桑，还有俄国人、瑞典人都在 19 世纪 50 年代用后装线膛炮做实验。卡瓦利的炮弹用硬金属制成，有嵌入膛线的弹齿。后来瑞典人发明了包有一层薄铅的炮弹，炮弹直径较炮身膛线部分的直径稍大一些。炮弹放进足够容纳它的药室后，被装药爆炸的力量推入炮身的膛线部分，这时由于铅层完全嵌入了膛线，彻底堵塞了炮弹和膛壁之间的空隙。卡瓦利少校在 1846 年制成了可供实战用的后装螺旋线膛炮雏形，同年英国也制成之。"拿破仑战争时期，法国入侵英国的谣言直接刺激了英国武器发展，英法国家与俄国间的克里米亚战争（Crimean War，1853—1856 年）又刺激了英国发展线膛武器的热情，身兼工程师和企业家的平民阿摩士壮（Armstrong，清人译为爱默斯德伦，1810—1900 年）得到两个朋友的帮助，以及许多人的工作都

---

[1]　L. Boyd，*The Field Artillery：History and Source Book*. Westport. Conn，Greenwood Press，1994，p. 29.

成了他研制火炮的铺路石,经过相当艰苦的探索之后,后装线膛炮问世了,他也成
为英国线膛炮标准的奠基者。他的成功得益于众人的智慧、工业革命的时代背景,
以及他个人的天分和英国自1624年颁布的专利制度的辅助。"①即他于1854年造
出了后装线膛炮,炮栓上通常有两个带着握把的大铁球,1855年取得专利。"1859
年他通过与政府商妥的交易,将该炮专利权上交政府,由政府任命他为'来复式军
械工程师',年薪2万英镑,并封为爵士。他以官方身份着手组织位于纽卡斯尔城
外的埃尔斯维克军械公司(Elswick Ordnance Company),然后由这家私营公司与陆
军部签订合同,制造他刚设计的阿炮,并议定不得供应他人。"②该炮在当时异常结
实,重量轻,射程和测准技术比以往滑膛炮提高了许多。炮虽贵,但军方不得不大
量采购。1858年,法国海军首先采用之,1859年,阿炮被装在英国一艘外敷铁甲内
衬为木壳的战船上。但是,它在此后十年内没有得到欧洲国家的关注与采用。由
于闭栓装置是它最薄弱的环节,在战场上新炮的有效射程受地形和炮手视力限制
(大约1554米),制造之并不合算。"在1880年才再次采用后装线膛炮,它几乎是
最后一个这样做的海军大国。"③

　　阿炮在国际上的竞争对手是德国的克虏伯后装线膛炮(简称"克炮")。关
于克炮的演变大致是这样的:克氏家族在17世纪即为铸炮世家,1811年,弗里德
里希·克虏伯在德国鲁尔工业区的重要城市埃森创办了一家铸钢厂,用坩埚成
功混合了铁和碳,不久即生产铸钢炮管,使得管壁强度得到加强。他用家族的姓
氏为铸钢厂命名,从此"克虏伯"大名逐渐在德国工业界响彻起来。1826年其子
阿尔弗雷德·克虏伯(Alfried Felix Alwyn Krupp,清人译为克鹿卜,1812—1887
年)接过衣钵,慢慢将家族事业推向高峰。1847年他制造了首门铸铁管内嵌有铸
钢的后膛炮,1851年,他在英国伦敦举办的首场世界博览会——万国工业博览会

　　① MarshallJ J. Bastable. *Arms and the state : Sir William Armstrong and the remaking of British naval power,
1854 – 1914.* Aldershot hants : Ashgate publishing Company, 2004, pp. 28, 33.

　　② [美]威廉·H.麦尼尔:《竞逐富强:公元1000年以来的技术、军事与社会》,倪大昕、杨润殷译,学
林出版社1996年版,第254、284页。

　　③ [英]伯里编:《新编剑桥世界近代史·10·欧洲势力的顶峰1830—1870》,中国社会科学院世界
历史研究所译,中国社会科学出版社1999年版,第387页。

上展出的设计先进的 2 吨重 6 磅弹后装线膛钢炮模型极为瞩目。他也试图与英国两家枪炮私营商竞争，1857 年试制了后装线膛炮，技术上一举超越了英国阿炮，1858 年开始大规模生产钢炮。他的生意真正兴隆起来是在 1863 年俄国人向他订购了大批火炮之后。

由以上可以看出，西洋炮制经历了如下历程：先是熟铁锻造或生铁铸造的小型前装滑膛炮，尔后出现了形制不大的铜铁铸造的后装滑膛佛郎机炮，随后是铜铁铸造的形制庞大的前装滑膛加农炮，再过渡到了铁质前装线膛炮、阿摩士壮、克虏伯后装线膛铁炮，再后来是出现了形制更加庞大的前装线膛铁炮，最后才固定到了型制更加庞大的后装线膛铁炮型上。以上炮制的种种变化，主要是由其形制的逐渐完善、铁质性能的日益提高以及闭气设置的逐渐完备的状况所决定的。

二、英国阿摩士壮后装线膛炮的技术和性能

（一）阿炮的发明及首次在中国的使用

当欧洲诸国的注意力从 1859 年意大利战场上表现出优越性的新型枪炮苏醒时，每个国家都想拥有自己的膛线大炮，试验日益增多。在这次竞争中，英国没有落后。[1] 19 世纪中叶，英国皇家军械厂有在朴次茅斯的乌理治厂，商家制造军械著名的有阿摩士壮和回特沃德公司，公私竞争十分激烈。1839 年阿摩士壮发明了液压起重机，1847 年他在自己公司安装了这种起重机。在 1854 年制造了后装弹药和发射锥头柱体炮弹的火炮，其炮管只用了一个铸铁加固套管，造价也比较低，重量轻、不易膛炸、威力大。在 1855 年用液压气锤作为打造套管炮的生产利器。1858 年英国将该炮列为制式火炮。到 1861 年，该公司制造了各种型号的大炮约 1600 门，装备陆海军，成为风行几十年的世界名炮（图 1 −2）。

---

① ［法］查理·德·穆特雷西：《远征中国日记》，魏清巍译，中西书局 2013 年版，第 323 页。

图1　1859年英国造的12磅弹阿炮,木质车轮上镶有铁环,炮身长2.13米,口内径7.62厘米,射程3.1千米

资料来源:[美]戴尔格兰姆专业小组:《世界武器图典》,刘军、董强译,安徽人民出版社2008年版,第179、175页;Smithsonina, *Firearms an illustrated history*. Kindersley, Dorling Kindersley Publishing, Incorporated, 2014. p.74.

阿炮是第一种被运用于近代战争的后装炮,英军首先把两门新发明的阿炮配置在皇家巴里炮兵连和米尔沃德炮兵连,并从本土运至中国九龙半岛,实验后发现它对旧式前装滑膛9磅弹炮是个极大的改进(图2)。英军首次使用阿炮实战的战例,是1860年8月12日在中国大沽口新河炮台对抗清军的战斗。有西人讲:"1860年,英法联军纠集了100艘战船和2万人,重新占据了大沽口炮台。英军使用了刚制造的阿炮,首次在华用于实战。"①另一史料说:此战中联军4000人成两列纵队攻打新河炮台,配备了14厘米口径膛线大炮2门,阿炮1门,9磅弹炮2门以及信号发射炮2门。② 8月19日联军攻打石头缝炮台,"英军炮兵排成两排,一前一后,驻扎在距炮台549米的地方,其中一个连配2门20.3厘米口径的榴弹炮和2门9磅弹炮,另外一个连配3门臼炮。在他们后方以及左侧两倍距离处,有2门24磅弹榴弹炮,3门米尔沃德的阿炮,旁边还有1门20.3厘米口径炮和2门巴里的阿炮。法军在英军的右边靠河处架了几门炮"③。在随后的美国南北战争中,敌对双方的火

① John L. Rawlinson, *China's Struggle for Naval Development*, 1839 – 1895. Cambridge, MA, Harvard University Press, 1967, p.4, 11.

② [法]帕吕:《远征中国纪行》,谢洁莹译,中西书局2011年版,第79页。

③ [英]麦吉:《我们如何进入北京——1860年在中国战役的记述》,叶红卫、江先发译,中西书局2011年版,第83页。

炮都以阿炮为主,使得埃尔斯维克私营公司获利甚厚。1880 年阿摩士壮又发明了后膛炮的隔断螺栓炮闩,提供了现代火炮快速装填和稳定的后膛闭锁装置。

图 2　左图　1862 年由英国伦敦的埃尔斯维克私营公司造的一门 17.8 厘米口径、110 磅弹的阿炮,炮重 4100 千克,是英国海陆军早期装备的后膛炮,现陈列于英国泽西岛圣赫利尔(St. Helier)。炮管由多层熟铁锻制,早期使用球形炮弹,后期使用椎头柱体炮弹。右图　19 世纪中叶英国用于炮台或舰船上的阿炮及其炮架图

资料来源:《辛亥百年祭——中国人完全不了解的近代史(九)》,http://blog. sina. com. cn/s/blog_5a53af350102dxdu. html,2012 - 02 - 28;[英]弗兰克·韦尔什:《香港史》,黄亚红译,中央编译出版社 2007 年版,第 261 页。

(二)阿炮的形制

其螺旋膛线数目是 36,间距 3 毫米,深 0.7 毫米,宽 3.5 毫米。炮长 2～3 米,这个必要的长度里包含了膛线的长度、放弹药和锥形炮弹的地方,还有用于承接炮尾装载的必要零件。① 阿炮有四大特征:"一是线膛设计,可提高火炮射程和测准技术。二是后膛装填弹药。中世纪末期火炮制造家已发明后装佛郎机火炮,但难以控制炮弹爆炸后的反冲击力。后装线膛炮的发展需冶金技术的跟进。阿炮弹药从后膛装入,尔后把包含火门的炮身塞子封紧。椎头柱体的炮弹外敷软铅,弹直径略大于膛口直径。三是层层制造的方法的独特。四是用以装弹和闭锁药室的螺旋式尾栓设计的独特。"②中国史料《兵船炮法》

① [法]查理·德·穆特雷西:《远征中国日记》,魏清巍译,中西书局 2013 年版,第 323 页。
② Marshall J. Bastable,*Arms and the state:Sir William Armstrong and the remaking of British naval power, 1854 - 1914*. Aldershot hants:Ashgate publishing Company,2004,p. 31.

中对其结构有记载:爱默斯德伦炮管前后通澈,尾有螺丝,亦中空如管,药膛之后有孔,上出于炮面,纳钢塞以做炮底,钢塞下端加软质以合药膛,螺丝旋紧时,推令钢塞封其后口,及炮发时,软质涨大,堵塞更坚,自不拽去火药之气,药线眼亦穿于钢塞中,螺丝之柄横出于旁,其端如锤,每将螺丝旋绕半周,即用此锤击之,以免太紧。装弹药时,将弹药及油塞纳于后口,用杆推至膛内,加以钢塞,将螺柄旋转半周,底已缪和。凡用时须多携钢塞一具,以备更换,如有泥沙黏嵌于螺丝线内,即易挤坏其线,令炮无用,如开放数次,药力将炮尾螺丝涨大,不能进退,则炮亦无用。①此史料中所言的钢塞是指锁栓,螺丝柄即尾栓。"钢塞由铁零件环绕的铜环组成,放进大炮里,关紧炮尾,只要握住并在炮身上开启就可以射击和复位。炮尾栓螺丝其轴线就是炮的轴线,螺旋拧紧,以防气体喷出。"②(见图 3)

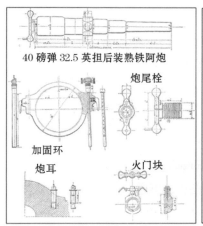

图 3 1861 年英国造的 7 英寸口径、110 磅弹阿炮,有垂直式锁栓、两个把手及中心处的火门图

资料来源:Ian V Hogg, A history of Artillery. London:the Hamlyn Publishing Group, 1974, p.57.

① [清]朱恩锡笔述,李凤苞删润:《兵船炮法》(卷 1),[美]金楷理口译,国家图书馆藏书,1873 年,第 37 页。
② [法]穆特雷西:《远征中国日记》,魏清巍译,中西书局 2013 年版,第 323 页。

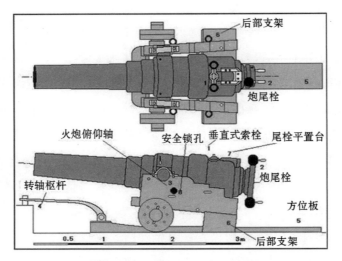

图4 英国用于炮台或舰船上的阿炮的正视和俯视图

资料来源：[日]五藤高庆：《维新第一功臣炮——阿摩士壮炮》，见 http://www.ribenshi. com/forum/threa d – 18646 – 1 – 1. html. 2009 – 4 – 6。

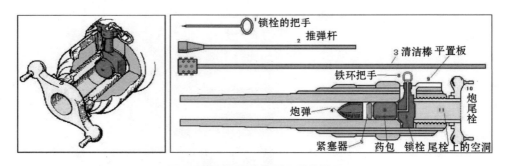

图5 英国阿炮的炮尾及其结构图

资料来源：[日]五藤高庆：《维新第一功臣炮——阿摩士壮炮》，见 http://www.ribenshi. com/forum/thread – 18646 – 1 – 1. html, 2009 – 4 – 6。

图4、图5为阿炮的正视、俯视及内部结构图，是其最具代表性的一型。其中压力较大的部分使用嵌入铁环的方法来加固。因为这个铁环可以热胀冷缩。热胀时可以分摊膛压的扩张，冷缩时可以抑制火炮的膛内应力。这个设计日后被证明很成功。图中最粗的部分是药室部分。尾部采用隔断螺栓闭气，较好地解决了炮弹

发射后从尾部漏气的问题,既增强了毁杀威力,又消除了因漏气而伤炮手的危险。今人研究认为:该炮最大的特征是尾栓和垂直锁栓是分开的。一般同时代火炮其尾栓和锁栓是合二为一的,优点是部件数目少,加工容易。但其设计不利于炮膛的密封,容易泄露燃气。所以阿炮将两栓分开使用,这样问题就圆满地解决了。

1. 阿炮最大的特点:垂直式锁栓(Vent piece)的设计。该把手的作用是提出锁栓。火炮发射之前需要将锁栓塞回去以完成火炮的气密,防止泄露火药气体。

2. 用以装弹和闭锁火炮药室的螺旋式尾栓(Breech screw)的设计也很独特。

英国膛线炮特别委员会于1858年召集会议,选中由英人阿摩士壮设计的后膛装填弹药的火炮。原因是他设计的炮精度很高且射程也很远,大大超过现有的滑膛炮。英军采用了6种型号,并正式投入生产。它使用双部分系统,即用一个大螺丝将垂直的滑动炮栓固定在适当位置。螺丝部分并不固定,但是一个内径足够大的重炮管使炮弹或条形铁弹能够直接穿至炮膛,紧接着会送来一个独立的火药包。可以用手将一个重量较重的阻铁提起来,这样螺丝抵着阻铁后部的压力就去掉了,后膛立马就给密封上。在炮膛装上弹药后,阻铁回位,紧上螺丝,在火门处插入一个 T 形拉发点火管,然后点火发射。①

可以看出:此炮的缺点首先是有锁栓,尾栓质量不过关。其次是过于笨重。以锁栓为例,是依靠人力将其提出或插入,但是锁栓有 136 磅(61.7 千克)之重,需要两个壮汉同时抓住两边把手使劲才能完成提出插入的工作。如果继续按照这个设计发展出更重的火炮的话,那么锁栓就不能依靠人力而要使用滑车来处理了,其实用性就大大降低。而且炮重4吨,调整射角和转向均十分困难。

3. 火炮俯仰轴(Trunnion)。用于架设和稳定火炮用,也用于调整高低角度。

4. 火炮转轴枢杆(Pivot arm)。转动轴前端和嵌入炮门的枢杆连接起来,并

---

① [美]哈伯斯塔特:《火炮》,李小明等译,中国人民大学出版社2004年版,第30页。

和方位板一起使用，用以在调整火炮的左右移动时来固定其不动。

5. 方位板（Directing bar）。

6. 后部支架（Rear-chock）。主要起抑制火炮发射时的后坐力，保持火炮的稳定的作用。

7. 尾栓平置台（Saddle）。因为开火之前需要将尾栓拔出，拔出后的尾栓就被放在这个小台子上。

8. 安全索孔（Hawser）。一般来说，火炮的方向板、后部支架和前部枢杆足以抑制火炮发射时的后坐力。但为了安全起见，还是在炮架上设计了这种以前的四轮炮架用的小洞，必要时可以从洞中穿过绳索来抑制后坐力。

火炮开火完毕后，使用滑车使其复位到原来射击位置。接下来转动炮尾栓，以卸去发射后造成的膛压并开膛。但是经常有因为压力过大导致尾栓塞死拧不动的情况，这个时候就要使用锤子来击打尾栓以开膛。打开炮膛后，炮手抓住锁栓两侧的铁环把手，把锁栓提出来放到平置板上，然后清洁手使用清洁棒，插入炮膛内清除火药残渣等杂物。随后使用推弹杆，把炮弹、紧塞器和装药从尾栓上的空洞处依次推入炮膛。紧塞器的作用是防止膛压泄露。一般使用一种锡碗（Tin cup）似的东西。完成这些工作后，将火门（雷管）装置在垂直型锁栓上，然后将锁栓插回炮身。旋转尾栓以闭锁炮膛，尾栓旋转后会紧紧顶住垂直锁栓以完成闭锁。然后锁栓两边把手之间有一小孔是为点火口，火门会从点火口处露出，然后炮手点燃火门，火焰从点火口开始顺着 L 形的通道到达炮膛内，点燃装药并击发炮弹。①

（三）西洋铸钢的发展以及在铸炮材质方面的应用

自古以来，炼钢的方法几乎并无根本性改变，仍然是小规模的个体作坊产品。英国所用的基本材料是优质的和价格相等的瑞典条形铁，结果，

---

① ［日］五藤高庆：《维新第一功臣炮——阿摩士壮炮》，载 http://www.ribenshi.com/forum/thread-18646-1-1.html,2009-4-6。

钢的费用等于锻铁费用的 5 倍。约在 1740 年,古代工艺有了第一次意义重大的改进。荷兰裔英国人本杰明·亨茨曼(B. Hunsman,1704—1776年)将特种小型黏土坩埚放置在焦炭燃烧的耐火砖衬砌的炉膛内加高温,炉顶也用耐火砖砌成的盖子封闭,在坩埚内加入助熔剂,以熔化粗钢棒,生产铸钢(笔者注:此是在欧洲历史上首次炼得了液态钢水。这发明的关键是造出一种可耐 1600℃ 高温的耐火材料,以制作坩埚。从此,各种优质钢如工具钢均采用坩埚法冶炼)。这种铸钢不含二氧化硅和其他矿渣,成本略低于以其他方法生产的钢材。但遗憾的是这种产品不能焊接,因为它无法经受 900℃ 以上的高温,何况也太硬,不合乎某些用途。不过这种技术终究成了谢菲尔德钢铁企业的基础,在欧洲广为传播,被人仿效。就这样直到 19 世纪中叶再无显著改进,加上钢材本身的缺陷,制造重型军械时使用这种钢材继续受到限制。至 19 世纪上半叶,普鲁士莱茵兰的克虏伯公司因制造优质铸钢并在该世纪中叶制造了少量钢质火炮而名噪一时(1847 年德国的工业和武器专家克虏伯铸造出世界上首门 3 磅弹钢炮)。1851 年,在英国大博览会上展出的设计先进的 2 吨重模型极为瞩目,证明是未来发展的先驱。克虏伯钢铁的拉力强度相当于生铁的 4 倍、熟铁的 2 倍。但是火炮专家普遍认为这种钢太脆,所以在废弃更为可靠的铸铁、锻铁、青铜武器方面,意见难以一致。在这时期,火炮的设计制造上在采用传统材料方面开始了一场革命。通过酸性转炉炼钢法,大批量生产优质钢在费用上与铸铁和锻铁相比不相上下。①

此史料是讲:英人军事工程师贝赛麦(Henry Bessemer,1813—1898 年)于 1856 年创造了采用酸性炉衬的转式炼钢炉(Bessemer converter),可以对钢的化

① [美]杜普伊:《武器和战争的演变》,李志兴译,军事科学出版社 1985 年版,第 220 页;[英]查尔斯·辛格等主编:《技术史·工业革命约 1750 年至 1850 年》,辛元欧主译,上海科技教育出版社 2004 年版,第 72 页。

学成分和结构进行比过去更为精确的控制。即将熔化的生铁水放入梨形可动式转炉内，吹进高压空气，使生铁中所含的硅、锰、碳、磷燃烧掉，能冶炼成硫磷含量在限度以下的优质钢材，此法炼出的钢质好，数量多，而且速度快，过去需 24 小时，现在只需 15—20 分钟。如只花 10 分钟就可把 10 吨—15 吨铁水炼成钢，若是用搅拌法需几天时间才能完成。《技术史》中说：仅靠鼓风就可把生铁中所含的碳吹出来，这些碳本身就能起到燃料的作用，并产生非常高的温度，酸性转炉炼钢法就是靠生铁中所含的碳快速燃烧来提高温度。1855 年，贝赛麦建立了一个竖立的圆筒，炉膛内部高 1.2 米，底部安装有 6 个风口，空气沿水平方向鼓进炉内（空气吹炼法，Air-boiling process）。生铁在化铁炉内融化以后，铁水通过可移动的化铁炉出铁口流入炼钢炉内。在完成转化作用以后，铁水便通过炉子底部的出钢口流入一个可移动的浅槽或容器中（图 6）。[1] 因此，这是一种生产率高、成本低的炼钢方法，1857 年贝塞麦所获得的专利权打开了冶金新纪元。

此时的德国人威廉·西门子（William Siemens，1823—1883 年）在伦敦成立分公司，也发明出一种不同的但具有同样效果的方法。1865 年法国冶金家马丁（Pierre Emile Martin，1824—1915 年）发明了自炉外供应热量的平炉炼钢法，"这种平炉通过使用蓄热室，利用热废气预热进入的气体以确保很高的炉温。这就使更大量地熔炼钢成为可能，由于这个原因，再加上平炉在技术上的优势，平炉炼钢很快便成为主要的炼钢方法"[2]。后来西门子与马丁联合起来。西门子—马丁炼钢法得到广泛采用，到 19 世纪末，此法比贝氏炼钢法还要普遍。[3] 1858 年克虏伯开始大规模生产钢炮，约在 1881 年以后，随着马丁炉炼钢法的完善，已能完全控制钢的质量。这样，钢的使用就普及起来。从此，威力最强大的海军炮有

---

[1] 查尔斯·辛格主编：《技术史·第 V 卷，19 世纪下半叶（约 1850 年至约 1900 年）》，远德玉、丁云龙主译，上海科技教育出版社 2004 年版，第 35～36 页。

[2] 查尔斯·辛格主编：《技术史·第 V 卷，19 世纪下半叶（约 1850 年至约 1900 年）》，远德玉、丁云龙主译，上海科技教育出版社 2004 年版，第 421 页。

[3] ［英］欣斯利编：《新编剑桥世界近代史·11·物质进步与世界范围的问题 1870—1898》，中国社会科学院世界历史研究所译，中国社会科学出版社 1999 年版，第 121 页。

铸钢、锻钢套筒炮管或铸钢环箍加强炮管。①

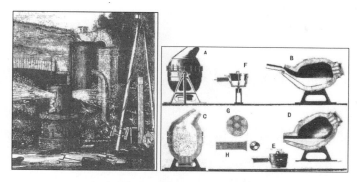

图6　1860年英国首台贝赛麦可倾动式炼钢转炉和钢水包

左图（中后）基于通常原理的化铁炉；（前）贝赛麦炼钢炉；（左端）接受来自熔炼炉的粗铁然后将之输送到精炼室的容器。右图 A 是装入铁水之前处于直立位置的转炉。B 是转炉旋转至水平位置，铁水包正在往转炉中倒铁水时的情景。C 是转炉在鼓风时的位置。这时，鼓风机开始鼓风，空气流经过炉子底部的风口进入转炉：在 C、G 和 H 中，画出了转炉的底部和风口的形状。然后，将转炉转到直立位置，并且增大鼓风量，迫使空气穿过铁水。冶炼过程结束，转炉再次旋转至 D 的倾斜位置，钢水由转炉倒进钢水包中，如 E 和 F，然后再把钢水由钢水包注入浇铸槽

资料来源：查尔斯·辛格主编：《技术史.第 V 卷,19 世纪下半叶（约 1850 年至约 1900 年）》,远德玉、丁云龙主译,上海科技教育出版社 2004 年版,第 36～37 页。

由于有转炉和平炉炼钢方法的发明,钢的产量大增,为锻造技术更高的钢炮创造了条件。到 1870 年,全世界钢的年产量略多于 50 万吨,而到 1900 年,全世界钢的年产量为 2800 万吨。不过,后装炮的炮尾漏气十分危险,价格也比滑膛炮更贵。所以在了解到这些问题后,欧洲军队都避免为野战炮兵装备钢制后膛炮,而是继续使用铜制前装滑膛炮和一些生铁制前装线膛炮。贝氏钢是制造枪炮、铁甲舰和钢轨的极好钢材,首先为英国建造了钢壳商船,随后用以制造钢炮。由此看出,迄至 19 世纪上半叶,德国的普鲁士克虏伯制炮公司已在制造钢炮,英

---

① ［美］杜普伊：《武器和战争的演变》,李志兴译,军事科学出版社 1985 年版,第 252 页。

国的阿摩士壮也在用钢铸炮，尽管当时铸钢产量低。在 20 年内，原来的大炮铸造法完全过时，尽管仍有许多国家坚持继续使用传统的大炮金属材料，这种做法直到 1890 年才完全结束。

（四）阿炮的制造

15 世纪以来，西洋制炮都采取整体铸造法，而阿炮则是围绕一个中心部分造的，方法有二：其一是摒弃了铸造成一体的旧原则，采取了后来制炮一直遵循的组合结构新原则。首先按设计的口径，钢为内管，外面是起加固作用的熟铁箍，在两者之间是一层由长铁条绕成的铁套，铁条（后来用钢丝）是加热到炽热时绕到内炮身上去的。其内径在冷却状态时稍小于被套管的外径，加热膨胀恰好套在内管上，冷却收缩后便紧紧套在内管上，成为致密坚固的炮管，时人称之为"成层炮"或"装箍炮"，小管内刻有膛线。其二是用"热接法。开炮时受力较大的部分使用多层套箍的方法来加固。最粗壮的部分就是火炮药室。就是将一个金属箍加热，使其膨胀，然后套在已经装配好的大炮部件外面，热金属箍一冷却便收缩，但是达不到原来在室温中的尺寸，内管内的炮弹爆炸后使其膨胀，外管因其冷却收缩，这样两管冲力抵消，因此永远紧紧地箍住了内部各层，而且可以抵消炸药在炮身内爆炸时所产生的膨胀力。用这种巧妙的方法制造的大炮，比同等重量的整体均匀铸造的大炮更为牢固。也可按此法做成第三管。也可承受更大的膛压，并合理的平衡了炮管的厚度和重量。这种多层复合炮筒的结构虽然耗费工时，但却分别满足了各个部位的不同技术要求，并减轻了炮筒的重量"①。"阿炮的制法还有一个优点，就是可以迅速增加大炮的尺寸。如果大炮尺寸很大，用整体铸造法制造就比较困难，用此法制炮，就可分成若干部分来制造，然后装配起来。"②

其制法在中西史料都有反映，如恩格斯写于 1860 年的文中说：英国阿摩士壮爵士制造的线膛炮，是在铸钢管外面用锻铁条按螺旋状缠绕成两层套筒，同时

①　张鸿铨：《我的阿姆斯特朗大炮》，《模型世界》2017 年第 3 期。
②　［美］威廉·H. 麦尼尔：《竞逐富强：公元 1000 年以来的技术、军事与社会》，倪大昕、杨润殷译，学林出版社 1996 年版，第 395 页。

上层缠绕的方向与下层相反,它花钱很多,但却非常牢固。炮膛内刻有许多紧密相邻的细膛线,这些膛线按炮膛的长度环绕一周(图7)。①《英国水师考》中说:"长炮用前膛最为不便,若用后膛炮,更便于炮弹后加塞子,令不泄气,所以渐废前膛而仍用后膛。其所用之法为法国所创,用门劈之法,又在钢管外不用绕成熟铁圈之法,但其钢管之外做钢后膛,此后膛能接后膛螺丝,能运到炮耳为止,而此外套钢箍一层或三层。此炮比光膛炮更能击远而准。"②清人转译的西洋史料《兵船炮法》中对阿炮制法也有记载:爱默斯德伦所制来复炮,造法甚精。其初造一小炮,钢为里而熟铁为表,熟铁用斜绕法与钢相合,炮管径二寸,有来复线。厥后改制大炮,不用钢里,全用熟铁层层斜绕成管,随绕随锤,成炮时重1200磅。造炮时将铁杆绕成螺丝式,每绕成一管,长二三尺,然后将数管锤合成一管,自炮口至炮耳为一管,其后套以两管,其最后之管,但作箍形而不作螺旋,其中间炮耳处之一段,但作直纹而不作螺旋(图8)。③

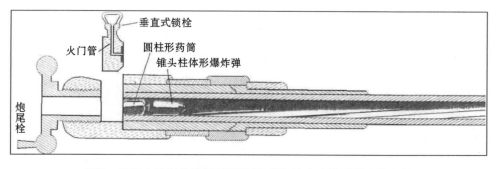

图7 欧洲人绘制的英国阿炮的剖面图,注意内外膛制法的不同

资料来源:H. Enfield, *The Encyclopedia of Weaponry. Middlesex*, Guinness Pub. Ltd., 1992, p. 81.

---

① 恩格斯:《论线膛炮》,载《马克思恩格斯全集》(第15卷),人民出版社2007年版,第41页。

② [英]巴那比、[美]克理:《英国水师考》,[清]钟天纬译,张荫桓笔述,江南制造局1886年版,第11页。

③ (清)朱恩锡笔述,李凤苞删润:《兵船炮法》(卷1),[美]金楷理口译,国家图书馆藏书,1873年,第37页。

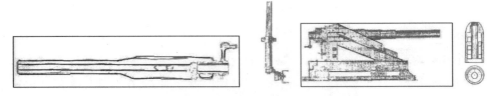

图8 19世纪中叶清人绘制的英国阿炮的剖面、后尾及炮弹图

资料来源：[清]朱恩锡笔述、李凤苞删润：《兵船炮法》（卷5），[美]金楷理口译，国家图书馆藏书，1873年，第37页。

由此可见，阿炮管是复合层而成，主要是钢为里，熟铁为表。即钢筒外面缠绕铁箍（后来用钢丝）。箍在冷却过程中不断收缩，但不能回到原来的温度范围。相反，内部的持续张力紧紧贴住内层挤压外部边缘，产生一种抗爆炸力。这样的结构制造出的火炮比金属块锻造出来的火炮威力更大。由于阿炮制法独特，其技术和性能优于以往的滑膛炮（图9）。这种钢与锻铁打造的巨炮，比起铸铁炮能够更好地承担越来越大的膛压，赋予炮弹更大的初速和打击力。英国《北华捷报》（North China Herald，英人在上海出版的刊物，存续时间为1850—1860年，现存于英国牛津大学东方图书馆）在1860年4月7日、14日转载《泰晤士报》，对其质量有介绍：一门发射12磅弹的阿炮，价值250磅，射程超过4557米，重约406.4千克，只需4匹马就能以最快的速度拖动它。其中一些炮已经发射3500次，仍同新炮一样。①

不过，此制法后来因德国克虏伯后装线膛炮技术的逼迫，也改用钢管钢箍之法，如此更增加了火炮的强度，再加上慢燃火药的发明，药推力大，对膛壁压力小，可减少对炮壁强度的要求，于是就有可能制造细长的、前所未有的巨炮了。此在清末的国人日记中有说明："西国从前铸造大炮皆用熟铁，后乃以钢为内管、熟铁为外箍，英国阿摩士壮厂最为著名。但钢铁殊性，冷热涨缩不能融洽，演用岁久，或至箍管松离之病。德国克虏伯厂始创造钢管钢箍之法，近阿摩士壮亦改

---

① 茅海建：《第二次鸦片战争清军的装备与训练》，《近代史研究》1986年第4期。

用钢箍,并称利器。惟二厂之炮,后膛门塞各殊,炮架用法全异。"①

图9　福建福州马尾中国船政文化博物馆展览的一门英国阿炮,钢为里熟铁为表的特征明显,炮耳铭文:"Weigh 3963 Lb,40R Prep 247Lb",知该炮重 1799 千克,残长 250 厘米,口至炮耳长 147 厘米,口至火门长 213 厘米,火门至后尾长 37 厘米,口内径:口外径:底径 = 12 厘米:25 厘米:30 厘米,耳长:耳径 = 13 厘米:13 厘米;长方形的锁栓体长:宽 = 10 厘米:7 厘米

（五）阿炮的弹药形制及制造

以往所用的空心弹不过是空心的圆形弹而已,它旋转不定,当其命中目标时,它的着发引信不是经常处在应处的位置,所以不一定会爆炸。这种圆形空心弹打老式舰船足够厉害,因为这种舰船赖以防御的只是无装甲的木头。但是用铁材的话,只要很薄一层的新式装甲,就无疑可以对付圆形的空心弹了。1853年,在黑海南岸土耳其北部的海上,俄罗斯和土耳其两国舰队对垒。俄舰上装了新式的可发射开花弹的法国炮,而木结构的土耳其战船只有常规发射实心弹的旧式炮。俄舰发射的开花弹使土耳其战船着火焚烧,土耳其舰队战败。这一情况引起各国海军的注意,并研究如何防御开花弹的问题。与此同时,造炮厂在炮膛内采用来复线,这就是炮管内壁刻有螺旋槽,使弹丸旋转以增大射程和提高测准技术,且可使线膛炮的口径缩小,与老式的 6 磅弹滑膛炮相比,弹重增加了55%,射程增加了 33%。从此,人们认识到,战船必须有装甲保护,以抵抗从有来复线的炮膛射出的开花弹;空心弹本身有改进的余地,它几乎立即导致近代火炮

---

① 薛福成:《出使四国日记》,宝海校注,社会科学文献出版社 2007 年版,第 55 页。

和炮弹的产生。

线膛炮的膛线使炮弹高速旋转,这样既可把炮弹做成圆柱形,也可保持其在空中飞行的稳定。新的弹药筒需用特制铜或其他软金属制成,既能方便装入刻有来复线的炮膛,又能在爆炸后受热膨胀,有效封闭向后逃逸的气体。其革新方面的伟大人物是英国人阿摩士壮和惠特沃思。此炮弹有 6 种型号,主要是椎头柱体型的铸铁空心弹,重量从 2.72—49.9 千克不等,可碎裂成 42 块不规则的弹片。间或使用球形实心弹、榴霰弹和散弹等。恩格斯对其描述道:"其圆柱尖头形的长炮弹由铸铁制成,但外面包有一层铅,这就使炮弹的直径大于炮膛的直径;这种炮弹连同装药由炮尾部一起装入足够容纳它的装药;装药爆炸的力量将炮弹推入狭窄的弹膛,软铅便嵌入膛线,这样就完全堵塞了一切空隙,同时使炮弹获得一种由膛线缠角决定的螺旋式的旋转运动。这种把炮弹压入膛线的方法以及为此而在炮弹外面包上一层必要的软金属的方法,就是阿摩士壮线膛炮的特点。"①迄今所发明的任何一艘装甲军舰,遭到两层甲板舰的舷炮用这种炮弹进行的两次齐射,恐怕是没有不被击坏的,更不用说那些穿进炮门而在甲板之间爆炸的爆炸弹了(图 10)。

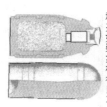
稳定弹:
采用线膛炮发射有两大好处:一是触发引信可以装在弹头(c)的位置,靠撞击引爆炸弹;二是圆柱形弹头(d)比相同口径的球形弹更长更重,可以打穿更厚的装甲或砖石结构的建筑物

逃逸的药气
黑火药爆炸

图 10　19 世纪中叶欧洲线膛炮弹形制

注:英国阿炮的锥头柱体形炮弹,外面用铅皮包裹。

资料来源:[美]戴尔格兰姆专业小组:《世界武器图典》,第 175 页;W. Y. Carman, *A history of firearms: from earliest times to 1914*. London, Routledge & Kegan. Paul Ltd, 1955, p. 166. ; H. En-

---

①　恩格斯:《论线膛炮》,载《马克思恩格斯全集》(第 15 卷),人民出版社 2017 年版,第 41 页。

field,*The Encyclopedia of Weaponry. Middlesex*,Guinness Pub. Ltd.,1992,p. 82.

　　侵华法军对其弹药描述道:"阿炮发射一个重 5.5 千克的炮弹,火药量是 0.9 千克。炮弹是空心的,基本形状为圆锥形。提前用一种特殊制造法铸造并放置好,以便在爆炸时能够分成 42 块相同的部分。一个 3 毫米厚的铅外壳把它完全覆盖,并在圆柱体部分的中间变细,以便减少摩擦力。炮弹引线分两根,一根为炮弹内部炸药点火后引爆的,其长度根据射击距离提前确定,一根为撞击障碍物时碰炸引信着火。"①随后西洋史料《英国水师考》中对其弹药装填技术有说明:"此种炮放长形之弹,略为内膛径 3.5 倍之长,其火药略为弹重之半,而炮弹出炮口时每秒行 2000 尺,此炮内膛所受火药压力每平方寸 17—18 吨,此炮与前膛炮所用之压力略等。初用螺丝炮在 1859—1860 年,兵船备用阿摩士壮 40 磅后膛炮并 100 磅炮。其炮弹为长形者,或实心或炸弹,其弹外涂铅一层,则能循内膛螺丝线而转,与火药均在炮后阴螺丝孔内装入。又有底块落在炮后孔内,而为阴螺丝所旋紧关闭,底块内有火门。其炮从小渐渐做大,到 12 径之弹、38 吨炮,再后做 16 寸径之弹、80 吨重之炮。至 1875 年,所预备之靶用 8 寸厚铁板四层,每层用硬木厚 5 寸陷之,其炮弹一直洞穿其靶,后用火药弹 450 磅为常数。所用之火药不可为速燃尽者,必烧得慢,方能令其气渐涨,而随炮弹送到炮口,则能加其弹之速。"②这里底块即为锁栓,阴螺丝为炮尾栓。

　　清代人译述的西洋火器著作《兵船炮法》中对其弹药也有说明:

　　　可击 27525 尺,即西国 5 里半。其所以能远者,因炮管细而炮弹长之故。所用之弹长而上锐,计长 6.5 寸,重 5 磅,生铁为质外面铅皮,内有小孔,可装炸药,弹嘴用自来火药引。炮重 5000 磅,用药 10 两(16 两为一磅),距炮 4500 尺,昂四度 26 分,凡演 8 次,均能及靶,靶高 7.57 尺,阔 5 尺,可透过硬

---

① 　[法]查理·德·穆特雷西:《远征中国日记》,魏清巍译,中西书局 2013 年版,第 324 页。
② 　[英]巴那比,[美]克理:《英国水师考》,[清]钟天纬译,张荫桓笔述,江南制造局 1886 年版,第 11 页。

木3尺。此炮之最大者，重6500磅，可用80磅至100余磅之弹，曾用加重1倍之弹，2.5磅之药试演此炮，而炮仍无恙。炮弹以薄生铁为质，内藏生铁42块，中留空圆柱形以装炸药及药引，其铸成铁质后，嵌于模内，以铅浇成薄壳，并满其42铁块之缝。此弹能透6尺厚之木靶而弹仍不坏，装药不过1两而已，能炸裂。全弹重18磅，弹内用碰药引及时刻药引，临用时，先将炸药装入，以时刻药引旋入弹嘴，此药引与波耳们法药引相似，倘时刻不误，则于未及物前数尺已能炸开，若时刻有误，则已及物时，有碰药引发动，必能炸开，或以洋铁管贮群弹发之，则出炮口数丈时，即已炸开，可击小艇及陆路无墙堡之敌兵。惟用药甚少，不能损大船。其碰药引法为空圆管二，藏于时刻药引内，一管前有自来火，一管后有自来火，各有小锤与之相近，及与物相碰，令向前之小锤碰于自来火，即能生火燃烧炸药。①

从此段史料看出，清人对其理解显然属于道听途说，椎头柱体炮弹爆炸成42块，而清人却理解为内藏42块生铁，弹药之比的描述也不正确。

至于阿炮弹在中国战场上的威力，如在1860年9月21日的八里桥之战，"英国2个锡克骑兵团展开可怕的杀戮，阿摩士壮大炮瞄准清军，每发射出可裂开42块的锥形炮弹，便会夺去42条生命"②。

（六）阿炮的射程

至19世纪60年代，线膛野战炮的平均射程达到了3658米，而滑膛炮的平均射程却只有914米。也就是说，"线膛炮与前装滑膛炮相比，射程增加了1—3倍，弹重增加了1.5倍，测准技术提高了4倍"③。这里有众多史料为之说明，如"阿炮的有效射程大概是2英里多一点（约4000米），比早先的火炮提高了2—3倍"④。110

---

① ［清］朱恩锡笔述，李凤苞删润：《兵船炮法》（卷1），［美］金楷理口译，国家图书馆藏书，1873年，第37页。

② ［法］乔治·德·克鲁勒：《进军北京》，陈丽娟、王大智、谭思琦译，中西书局2013年版，第40页。

③ 中国人民解放军军事科学院编译：《苏联军事百科全书·军事技术（卷8）》，解放军出版社1986年版，第636页。

④ ［英］理查德·希尔：《铁甲舰时代的海上战争》，谢江萍译，上海人民出版社2005年版，第54、57页。

磅弹阿炮能发射两种球形实心弹和两种开花弹,有效射程在 1000—3000 码之间
(914—2743 米)。① "阿炮的最大射程达到了将近 7772 米,即几乎 5 英里(8045 米)
的距离。"②见表 1。

表 1　1866 年英国阿摩斯壮后装线膛炮的炮身各部参数及射程

种类	重量	口径	炮身长	锥头柱体炮弹	火药	射程	
						角度	射远
7 英寸口径炮	4166 千克	17.8 厘米	3.048 米	40.9 千克	4.99 千克	10 度 27 分	3292 米
64 磅弹炮	3099 千克	16.3 厘米	2.79 米	29.28 千克	3.63 千克	10 度 36 分	3109 米
40 磅弹炮	1778 千克	12.1 厘米	3.048 米	18.699 千克	2.27 千克	10 度 38 分	3475 米
20 磅弹炮	762 千克	9.5 厘米	1.68 米	9.335 千克	1.13 千克	10 度 50 分	3200 米
12 磅弹炮	406 千克	7.6 厘米	1.83 米	5.249 千克	0.68 千克	10 度 22 分	3109 米
9 磅弹炮	305 千克	7.6 厘米	1.57 米	4 千克	0.5 千克	9 度 47 分	2743 米
6 磅弹炮	152 千克	6.4 厘米	1.52 米	3.57 千克	0.34 千克	10 度 53 分	2743 米

资料来源:O. F. G. Hogg, Artillery: *Its Origin, Heyday, and Decline*. London, C. hurst and company,1970,p. 279.

不过,时至英法联军侵华之役,英军所用阿炮主要是野战炮,重量有限,自然射程要近些。如在 1860 年 7 月 13 日,英军到达山东芝罘,用阿炮做实弹演习,法军司令蒙托班说:"在 800—1000 米处射程处,英军炮兵朝目标开了 6 炮。法军注意到以最佳角度发射出的炮弹最远距离为 1400—1500 米。"③1860 年 8 月 12日,英军攻打新河炮台,阿炮即攻击之主力。英军所携带的"12 磅弹阿炮重 8 英担(406 千克,为 12 磅的前装滑膛炮的 44%),口径 7.6 厘米,身长 213 厘米,射程2300 米"④。"英军 3 门阿炮以 1372 米的射程朝清军开炮。一块块弹片在清军骑兵中炸开,但是清骑兵毫不退缩,致命的炮弹炸开的缺口被清军迅速填补,人

① [英]霍华德:《欧洲历史上的战争》,褚律元译,辽宁教育出版社 1998 年版,第 107 页。
② 恩格斯:《论线膛炮》,载《马克思恩格斯全集》(第 15 卷),人民出版社 2017 年版,第 42 页。
③ [法]蒙托班:《蒙托班征战中国回忆录》,王大智、陈娟译,中西书局 2011 年版,第 168 页。
④ Robert Swinhoe, *Narrative of the North China Campaign of 1860*. London, smith elder &co. 1861, pp. 184—105.

墙维持了好几分钟。联军后方许多无所事事的人跑到前线来观看阿炮的威力，大家看到炮弹一次次射中清骑兵构成的人墙非常高兴。"①8 月 21 日的大沽口石头缝炮台之战，英军阿炮以 2000 米射程进行了有效还击，清军炮火随即停止。②因为该炮射程远、射速快、测准技术高、重量轻、不易膛炸，令清军几无招架之力。

综上，阿炮最大射程可达 5000 码（4572 米），一般在二三千米之间，远超普通 12 磅弹前装滑膛炮 1400 码（1280）的最大射程，有效射程在 2000 米以外。

（七）阿炮的射速

前装炮需要降低炮身，然后要人跑到前面去装弹，而后装炮不必把炮退入船内，因此使每发炮弹准备发射的时间减少，且因规定了标准装填程序可以连续开火。不过，早期的后装线膛炮因没有抗后坐力的缓冲装置，这也就是说火炮在射击时会弹跳起来，每发射一发炮弹还要重新进行瞄准；在早期后膛炮上，完成一次射击后必须把整个炮尾卸下来，才能完成再装填。那种把炮闩安装在转轴上，转动炮闩便可使之与炮管闭锁的设计直到 19 世纪 90 年代才被广泛使用（欧洲人研究认为：在 19 世纪末，该炮拥有了抗后坐力的缓冲机，它是在压迫一个弹簧或气体并用液压减震器进行减震缓冲的基础上工作的。这将保持炮架的稳定，同时又允许炮管移动，于是抵消了射击时的后坐能量，可以不用再瞄准便可进行反复射击；炮手们也可站在固定的火炮遮护板后面了。与步枪和机枪一样，火炮也采用了无烟炸药，从而提高了战场的可见度，并对正在开火的火炮的方位起到了隐蔽作用③）；不过，当时的线膛炮虽然制造上比滑膛炮复杂，但价格并不一定太贵，原因是线膛炮用的熟铁比滑膛炮用的青铜便宜。但是当时的铁质线膛炮由于材料和工艺不过关，因此寿命要远小于滑膛炮，如容易炸膛，膛线磨损较快（线膛铜炮尤甚）等，而膛线磨损后的线膛炮还比不上滑膛炮好用。除此之外，这些火炮也没有安装有效的遮护板，因为在射击时炮手们要从其旁边站开。

---

① ［英］斯温霍：《1860 年华北战役纪要》，邹文华译，中西书局 2011 年版，第 53 页。
② ［英］格兰特、诺利斯：《格兰特私人日记选》，陈洁华译，中西书局 2011 年版，第 106 页。
③ ［美］阿彻·琼斯：《西方战争艺术》，刘克俭译，中国青年出版社 2001 年版，第 213 页。

在英法联军侵华之役，侵华法军对阿炮发射程序描述道："按照我们现在对阿炮的足够了解来装卸零件，旋转螺丝二三圈，提起塞子。首先把炮弹放在弹膛里，然后放弹药，打开炮闩使之通过。重新放好塞子，拧紧螺丝然后点火。弹药燃烧推出的气体用力把炮弹推出，它的铅外壳有韧性，深深地嵌入膛线的间距。最先出来的是炮弹，然后是火焰和烟雾。阿炮在由炮膛推动的通道中，一部分铅外壳掉落在膛线中，如果炮身发热，铅就变软，阻塞就会增加。每发射 10 次，就要擦拭炮膛。"①如此导致早期后膛炮的射速仍然很低，大约为 1 发/2 分钟。如在 1860 年 9 月 21 日的中西八里桥陆战中，中英两军之间的距离从未超过 1000 码，英军 3 门阿摩士壮野战炮向清军最密集之处进行了间隔性的点射。这种射击每次只开一炮，并且时间间隔很长，充分展示了阿摩士壮野战炮的性能，没有一炮是落空的，而且每一炮都落在了清军最密集的地方……②

（八）阿炮的测准技术

此炮测准技术好于滑膛炮是无疑的，不过与我们今天所言的精度还差距甚远。如在英法联军第三次攻打大沽口炮台前夕，即 1860 年 7 月 14 日，英军到达大连，曾做实弹演习："英军把靶心目标选中后，先是在 800—1000 米处射程演习，目标是一棵枝繁叶茂的大树，英军炮兵朝目标开了 6 炮。尽管方向正确但一次都没射中，不是太高就是太远。几发过后，我不想让英军难堪也不想破坏他们的好心情，于是我让炮兵炮弹齐发，看看大炮的最远射程。我注意到以最佳角度发射出的炮弹最远距离在 1400—1500 米。"③

用在炮膛内刻制螺镟膛线的方法使炮弹获得垂直于飞行线的旋转运动以增大火炮的射程和提高测准技术的最初试验，在 17 世纪就已经开始了。可是所有这些试验长时期内没有得到任何实际的结果。装填方面的困难和

① ［法］查理·德·穆特雷西：《远征中国日记》，魏清巍译，中西书局 2013 年版，第 324 页。

② 沈弘编译：《遗失在西方的中国史——〈伦敦新闻画报〉记录的晚清 1842—1873》，北京时代华文书局 2014 年版，第 442 页。

③ ［法］蒙托班：《蒙托班征战中国回忆录》，王大智、陈娟译，中西书局 2011 年版，第 168 页。

外界的环境使这一问题未能获得彻底解决。1846 年,意大利的陆军少校卡瓦利制成了一门 30 磅弹(13.6 千克)、发射长形弹丸的后装线膛炮,使用 5磅(2.27 千克)装药和重 64 磅(29.1 千克)的圆柱锥形空心弹,当射角为14.75 度时,射程为 3050 米,即 3400 码。1854 年,他所设计的使用 8 磅(3.6千克)装药和 64 磅弹的 300 磅炮,当射角为 25 度时,射程超过了 3 英里(4827 米),而与瞄准线的方向偏差竟不到 16 英尺(4.88 米)。①

线膛炮要命中目标,必须使椎头柱体炮弹在首次触及目标时便击中之。阿炮炮弹体积较圆球更大且有助于克服空气阻力。炮弹围绕纵轴旋转,总是能够以弹头撞击目标,因此弹头信管上一个简单的着发火帽就能使炮弹触及船舷即行爆炸。"线膛炮由于使用锥形炮弹和简装药,因此就大大减少了舷炮的口径和重量,而如果保持原来的口径,则可取得比以前大得多的效果。每一门名副其实的线膛炮能在二三千码(1829—2743 米)的距离上击中射靶的测准技术,远远超过了滑膛炮在这 1/3 的距离上所能达到的测准技术,以致原来海军炮在这种距离上射击效果不大的情况,看来很快成为过去。重 2845 千克的 32 磅弹线膛炮所使用的锥形炮弹,不但在重量方面,而且在侵彻力、射程和命中精度方面,都超过重 5740 千克的 25.4 厘米口径滑膛炮的球形炮弹。"②"此炮可更轻,射程却比以往滑膛炮增加 1/3,测准技术则是以前标准的 12 倍。"③

1860 年 8 月 12 日,英法联军与清军新河炮台之战,"清军装备的武器是长矛、弓箭、18 世纪的燧发枪以及让人摔跟头的抬枪。联军的主要部队用 3 门阿炮从清军正面发起攻击,在到达距清军 1609 米范围内,开始发射炮弹,炮火纷飞,撕裂了清军骑兵队。但是清军毫不畏惧,两边的骑兵被大炮打散之后,其他的骑兵仍旧向联军靠近,直到 410 米的距离,此时大炮的威力发挥最佳,在 25 分钟的狂轰滥炸之后,

---

① 恩格斯:《论线膛炮》,载《马克思恩格斯全集》(第 15 卷),人民出版社 2017 年版,第 43 页。
② 恩格斯:《海军》,载《马克思恩格斯全集》(第 14 卷),人民出版社 2017 年版,第 386 页。
③ [美]哈伯斯塔特:《火炮》,李小明等译,中国人民大学出版社 2004 年版,第 30 页。

阻止了清军的前进"①。8月14日塘沽炮台之战,"英军左侧是罗顿的火箭筒队,然后是戈万的火箭炮兵和米尔沃德的炮兵连,接着是德斯伯勒和巴里的部队,最右侧是马德拉斯的火箭筒队。英军12门阿炮大约在914米处,向塘沽炮台开火,清军进行了反击。英军继续前进,到了清军炮台411米处,并成功进行了演练,大炮之精确让人惊叹,又让人害怕,炮弹准确命中既定目标,清军大炮被击中后就在他们耳边爆炸,硝烟四起。清军工事内部15具尸体横七竖八地躺在大炮周围,表情怪异,令人恐惧。可以看出,他们三人一组操作大炮,同样可怕的阿炮将他们送上西天,这确实是一幅可怕的情景,四肢横飞,身体简直支离破碎,死者伤痕累累,污血横流。这种惨状并非个别现象,每门炮的周围都如出一辙⋯⋯"②在8月21日,8艘英法炮船开始攻打清军石头缝炮台。每门阿炮都用6匹马拖拽,经过泥泞不堪的炮台,到达离炮台183米的射程内,向炮台里开炮。轰炸很快击溃了清军的炮台大炮,守军只好用抬枪和火绳枪抵抗联军32磅重的炮弹。③ 清军主帅僧格林沁曾经对此评论:"未经与夷人接仗者,必以为营墙丈余,足资抵御,不知该夷炮火之猛烈,丈余壕墙,可以穿透。"④这里的火炮种类,应是英国阿摩士壮爵士制造的线膛炮,因为该炮火力猛,测准技术高,穿透力强。

三、法国拿破仑前装线膛铜炮技术和性能

至19世纪中期,在欧洲许多发明家正在制造前装线膛炮、后装线膛炮和与之吻合的弹药的时候,法国由于进行的后装炮的试验没有获得令人满意的结果,故使用的火炮以前装滑膛炮为主。拿破仑三世命人设计了一种12磅弹重的线膛榴弹炮,迎合了法人喜欢整齐划一的秉性,该炮可将较重型野战炮的火力与轻型野战炮的机动性相结合,代表了前装炮技术的制高点。因为青铜极其坚实,能

① [美]特拉维斯·黑尼斯三世、弗兰克·萨奈罗:《鸦片战争:一个帝国的沉迷和另一个帝国的堕落》,周辉荣、杨产新译校,生活·读书·新知三联书店2005年版,第281页。
② [英]麦吉:《我们如何进入北京——1860年在中国战役的记述》,叶红卫、江先发译,中西书局2011年版,第75页。
③ [美]特拉维斯·黑尼斯三世、弗兰克·萨奈罗:《鸦片战争:一个帝国的沉迷和另一个帝国的堕落》,周辉荣、杨产新译校,生活·读书·新知三联书店2005年版,第283页。
④ (清)贾桢等修:《筹办夷务始末(咸丰朝,Ⅲ)》,中华书局1979年版,第1337页。

够经受重装药或双倍装药的爆击而不破裂。最终采用了 12 磅弹重的野战炮，因为"法国工业生产能力薄弱，没有采用大口径短炮，只能依靠稍次的青铜榴弹炮"①。它使用椎头柱体爆破弹、实心弹（1/4 的装药，代替以前的重量为实心弹重量 1/3 的装药），也可发射霰弹和榴霰弹等。在 1859 年对意大利的战争中十分得用，是当时测准技术很高的武器，足以在 1000 米左右的距离与敌人展开决战，只需数发炮弹就可使敌人失去作战能力。其缺点是炮体太重，机动性差，发射 500 发炮弹后的炮管容易被锈蚀。自实用的熟铁（以后又出现钢）和线膛炮普及后，炮重大大减少，拿破仑炮随之被淘汰（表 2）。

表 2　1792—1815 年间法国火炮的射程

口径	发射角度	炮弹重（磅）	平射（步）	最大射程（步） 一步 = 3 英尺
4 磅弹炮	0	1.5	475	1500
	1	1.5	757	1550
	2	1.5	1100	1600
8 磅弹轻炮	0	3	540	1800
	1	3	925	1850
	2	3	1270	1925
8 磅弹重炮	0	3	525	1800
	1	3	900	1850
	2	3	1250	1900
12 磅弹轻炮	0	4.5	575	2250
	1	4.5	1025	2400
	2	4.5	1350	2450
12 磅弹重炮	0	4.5	575	2250
	1	4.5	1025	2400
	2	4.5	1350	2450

---

①　[英]安德鲁·兰伯特：《风帆时代的海上战争》，郑振清、向静译，上海人民出版社 2005 年版，第 150 页。

续表

口径	发射角度	炮弹重（磅）	平射（步）	最大射程（步） 一步 = 3 英尺
6 英寸口径榴弹炮	1		200	1200
	5		950	1700
	10		1500	1750
	30		1850	1870
8 英寸口径榴弹炮	1		230	1960
	5		1000	1960
	10		1700	2090
	30		2100	2100

资料来源：Kevin F. Kiley, *Artillery of the Napoleonic Wars 1792—1815*. London：Greenhill Books, 2004, p. 38.

图 11　19 世纪中叶法国拿破仑前装线膛铜炮及其炮架图。上图 19 世纪 60 年代初美国复制的 12 磅弹法国 1857 年型拿破仑线膛榴弹炮。下图左　法国拿破仑 18 磅弹铜前装线膛铜炮及其炮架图；下图右法国 12 磅弹拿破仑前装线膛野战炮及其炮架图

资料来源：Philip Katcher. *American Civil War Artillery 1861—65（1）Field artillery*. Oxford, Osprey Publishing Ltd, 2010, pp. 26 ~ 29.；[美]戴尔格兰姆专业小组：《世界武器图典》，刘军、董强译，安徽人民出版社 2008 年版，第 170、171 页。

第二次鸦片战争中，法军使用了拿破仑前装线膛铜炮与清军作战（图 11、图 12）。至于英式阿摩士壮后装线膛炮对法军而言还是个新鲜事物。如 1860 年 7

月 26 日，英军自大连开出，包括船舰 173 只，装备精良的炮兵 1000 名，以及用来打头阵的携有阿摩士壮炮的炮兵两中队。8 月 1 日 2.1 万联军进驻北塘。8 月 12 日 4000 名中国骑兵以零散的小队杀向敌军，他们夺得英军大炮 3 门，把敌人围困起来。虽然打了阿摩士壮炮，并且每颗炮弹都在他们中间爆炸了，但他们死伤很少。英国军队携有最新式的阿摩士壮炮，在旧式枪炮足以对付中国人时，给予法国人以使用阿摩士壮炮的免费的直观教育。① 在 1860 年 8 月 21 日的石头缝炮台之役，"法军第一批登陆的是 101 和 102 团、1000 名轻步兵组成，携带 6 门 12 磅弹膛线加农炮，以 1800 码（1646 米）的射程朝清军开火。"②"法国装备只是老旧的'拿破仑大炮'，他们有最先进的 75 吨炮船，这是第一艘预先造好的、15 块组件，被分成 3 部分运送到中国，然后在中国组装的巨型船只，船上装载的一门 60 磅弹线膛炮可以、也确实把落后的中国帆船赶出水面，把城市夷为平地，这艘船使用的技术非常先进，它的船体非常小，吃水仅仅 1.52 米，这样它可以在中国的浅水行驶，包括那条通往北京的河流。"③

图 12　左图　1860 年法国拿破仑前装线膛青铜加农炮的形制及炮架图④。它是美国南北战争时期使用的标准加农炮。炮架虽然笨重，但很实用，使用榴霰弹或爆炸弹在 1077 米距离内造成破坏；右图　1860 年 10 月 10 日，"英军在安定门以东约 600 码处选了一个地方安放攻城炮。大炮放在地坛的围墙内，排列如下：四门 8 英寸口径攻城炮对准安定门东边第二和第三城楼之间的围墙，2 门阿摩士壮 12 磅弹炮同样对准城墙，另外两门大炮对准通往安定门

---

① 蒋孟引：《第二鸦片战争》，上海人民出版社 1978 年版，第 189、243、272 页。
② ［英］斯温霍：《1860 年华北战役纪要》，邹文华译，中西书局 2011 年版，第 77 页。
③ ［英］加内特·沃尔斯利：《1860 年对华战争纪实》，江先发、叶红卫译，中西书局 2013 年版，第 45 页。
④ ［美］哈伯斯塔特：《火炮》，李小明等译，中国人民大学出版社 2004 年版，第 29 页。

的大路,还有两门炮备用,另有一组 9 磅弹炮可以连续射击。攻城时,还有迫击炮,安炮就放在寺庙厚厚的砖墙后的木头台子上,靠着城墙还修建了小型弹药库。"① 而法军兵临北京城下,在地坛距离城墙 70 米处架 4 门 12 英寸口径膛线榴弹炮攻城②

拿破仑青铜炮的技术参数:"法国人在 1827 年给野战炮规定了一下标准,它(拿破仑青铜滑膛)的长度是口径的 15.5 倍,为 1.385 米,炮重 237 千克,炮弹为炮量的 1/110 倍,装药量是实心弹重量的 1/4,实际最大射程为 4000 米。"③ "1857 年的拿破仑 12 磅弹线膛前装铜炮,其口径为 11.7 厘米,炮身长 168 厘米,炮管重 1227 磅,弹重 12.3 磅,药重 2.5 磅,炮口初速 439 米/秒,在 5 度的射角其射程可达 1480 米。"④ 另一美国人说:其 11.7 厘米口径的炮膛能够容纳重达 5.44 千克的重型铁制炮弹。在 1.13 千克标准装药的助推下,拿破仑炮能将重型炮弹以 5 度的射角精确地投射近 1480 米。以 10 度射角发射时,能将 5.44 千克重型炮弹投射出 1911 米。该炮射速为 2 发/分钟。如果敌方从 368 米或更短的距离接近之,炮兵以 4 发/分钟的速度发射霰弹。⑤

1860 年 4 月 7 日、14 日,英国《北华捷报》转载《泰晤士报》的内容,对拿破仑青铜炮技术参数做了介绍:它价值 200 英磅,重约 19 英担(965.2 千克),需要 6 匹马去拉。发射 12 磅弹,最大射程 1400 码(1280 米),它能在完好状态下发射 800 次,超过此数后,便失去了价值,如果继续使用的话,那是容易炸裂而受人责备的。⑥ 在第二次鸦片战争中,1860 年 7 月 14 日,法国司令蒙托邦在大连,命人试射大炮,最远打出了 1400—1500 米的射程,小膛线山炮射程可达 2000 米。在实战中,法军线膛加农炮曾在 1800 码(1646 米)上轰击清军。⑦ 另一法军对其射

① [英]加内特·沃尔斯利:《1860 年对华战争纪实》,江先发、叶红卫译,中西书局 2013 年版,第 161 页。

② [法]阿尔芒·吕西:《军旅回忆:1860 年征战中国之私密家信集》,王眉译,中西书局 2013 年版,第 78 页。

③ 恩格斯:《炮兵》,载《马克思恩格斯全集》(第 16 卷),人民出版社 2017 年版,第 453 页;恩格斯:《论线膛炮》,载《马克思恩格斯全集》(第 15 卷),人民出版社 2017 年版,第 37 页。

④ M. Cole Philip, *Civil war artillery at Gettysburg: organization, equipment, ammunition and tactics.* Cambridge, Mass, Da Capo Pr, 2002. pp. 81, 298.

⑤ [美]哈伯斯塔特:《火炮》,李小明等译,中国人民大学出版社 2004 年版,第 32 页。

⑥ 茅海建:《第二次鸦片战争清军的装备与训练》,《近代史研究》1986 年第 4 期。

⑦ [法]蒙托班:《蒙托班征战中国回忆录》,王大智、陈娟译,中西书局 2011 年版,第 168 页。

程记载：法军小型榴弹山炮只有 100 千克，将弹药放在骡子上，其在 1800 米处开火和膛线炮弹的效果一样。我们用一些木板围成一个长 75 米、宽 50 米的矩形，然后把法国膛线炮推出来。在 2500 米处，炮弹被掩埋；在 1800—2500 米，发射的 150 发炮弹，总有 110—120 发炮弹落在矩形里。①

由以上看出，拿破仑线膛炮发射锥形爆炸弹，最大射程可达 2500 米，有效最大射程为 1500 米左右。此射程逊色于英军阿摩士壮线膛炮。法军统帅蒙托邦认为："无论从个人角度还是器材性能的角度看，法军火炮都比英军阿摩士壮线膛炮优越。"②但英军统帅格兰特对此并不认可："法军让我参观了曾在奥地利战争中使用的非常有效的新型法式线膛炮。这种炮很轻，四匹日本矮种马就可轻松地拉动，而射程却相当大。但是这种炮没有可以调节的角度，远不能跟我们的阿摩士壮炮相比，射击目标也不够精确。"③

至于拿破仑线膛铜炮在英法联军之役中发挥的作用，如在 1860 年 8 月 14 日凌晨 4 点，法国先头部队由 2 个步兵营和 1 个炮兵连组成，其右翼为英国人，攻打塘沽炮台。英国 12 门阿炮在法军 4 门螺丝炮的支持下，不到半个小时，就迫使清军师船上的大炮沉寂无声。7 时半，射程可达 1000 米的法军大炮开始向塘沽要塞猛轰，清军火炮立即还击，幸运的是，虽然炮声隆隆作响，但没有造成什么伤害。清军炮术很差，炮弹从法国炮兵头顶掠过，落在距离炮台 500 米的参谋部和比其再远 200 米处的步兵之间。双方的炮火一直持续到 9 点钟，很快，清军放炮节奏开始放慢，法国炮兵则抓住时机向前挺进了 400 米，并加大火力，顷刻之间，清军大炮彻底熄火。……英国炮弹重 5.7 千克，比法国炮弹威力大，法国炮弹重 4 千克，用长柄圆刷打扫炮膛，可发射 300 次。其设备轻巧，可以满足战场的需要，此可补偿在威力方面的不足。④

---

①　[法]查理·德·穆特雷西：《远征中国日记》，魏清巍译，中西书局 2013 年版，第 325 页。
②　[法]蒙托班：《蒙托班征战中国回忆录》，王大智、陈娟译，中西书局 2011 年版，第 168 页。
③　[英]格兰特，诺利斯：《格兰特私人日记选》，陈洁华译，中西书局 2011 年版，第 17 页。
④　[法]查理·德·穆特雷西：《远征中国日记》，魏清巍译，中西书局 2013 年版，第 254、326 页。

四、英法联军侵华之役后西洋膛线火炮技术发展概况

（一）英国前装线膛阿摩士壮火炮的发展历程

"1860 年英军在对华战争中试用了阿炮,使用者提出了有利的报告,但反对革新的偏见极大。"①如阿炮制造水准过高,价格昂贵且不为炮手所熟知,产量很低。即便以当时英国工业水准之高,也未能实现大规模批量生产。1862 年后,因为在战斗中多重膛线、铅涂弹和后装填设计的阿炮屡出问题。英国政府在 1864 年宣布停止制造阿炮,"1865 年英国一个军械委员会建议回到前装炮,但这次的前装炮要装膛线"②。因为膛线设计即线膛炮已经普及,其射弹有一个旋转能大幅度提高精度。线膛炮很快成为火炮的主流和标准设计,吨位有达 110 吨的（口内径达 45 厘米的）。为了适应,炮弹结构也做了改进,球形实心弹和开花弹都被缠绕上软金属凸纹—螺旋突纹,以与膛线的凹槽吻合。此外,火炮越来越多地被安装在铁制（后为钢制）炮架上,而不是风帆时代的木架上,以增加抗震性和耐用性。清人对此记载道:泰西之炮英国用前膛来福大炮,乌里治官厂所造也。大至一百吨,子重一千磅,内钢而外熟铁。其前膛铜炮,膛内三棱。又有阿摩士壮商厂所造者,制法与乌里治厂同。小炮间用后膛,亦阿摩士壮所造也。此外,商厂曰瓦瓦司,曰回特沃德,皆专造钢炮。③ 前装线膛炮可以被安装在开放式炮台——类似一堵装甲围壁,大炮可以在里面旋转——也可安装在炮塔里,炮塔顶有装甲盖,能提供更好的防护。无论怎么安装,前膛炮的炮管都很短,因为无论装填设备如何复杂精致,炮手必须在装填手能够得着的地方。在装填炮弹的时候,炮身经常要完全放倒。所以这种前装线膛炮有着先天不足。它的开火速度很低,甚至赶不上纳尔逊（Horatio Nelson,1758—1805 年）时代的风帆战列舰,每门火炮的射速仅为 1 发/2 分钟。

---

① ［英］伯里编:《新编剑桥世界近代史·10·欧洲势力的顶峰 1830—1870》,中国社会科学院世界历史研究所译,中国社会科学出版社 1999 年版,第 417 页。
② ［美］哈伯斯塔特:《火炮》,李小明等译,中国人民大学出版社 2004 年版,第 30 页。
③ 薛福成:《出使四国日记》,宝海校注,社会科学文献出版社 2007 年版,第 204 页。

表3　今英国人对1866年英国阿摩斯壮前装线膛炮的炮身各部参数的统计

种类	重量	口径	炮身长	锥头柱体炮弹重	火药重	射程	
						仰角	射远
13英寸口径炮	23000千克	33厘米	4.32米		19.5千克		
9英寸口径炮	12000千克	22.9厘米	3.73米	114千克	13.6千克	14度	3365米
8英寸口径炮	9000千克	20.3厘米	3.45米		9.9千克		
7英寸口径炮	7000千克	17.8厘米	3.48米	52.2千克	6.4千克		
64磅弹炮	3251千克	16厘米	2.82米	29.2千克	3.6千克		
150磅弹炮	12000千克	26.7厘米	3.73米	52.2千克	18.2千克	16度	4124米
100磅弹炮	6250千克	22.9厘米	3.12米	32.7千克	11.4千克		

资料来源：O. F. G. Hogg, *Artillery: Its Origin, Heyday, and Decline*. London, C. hurst and company, 1970, p. 279.

到1880年带来复线的火炮在欧洲已广泛使用，前膛炮仍为多国军队所喜爱。导致前膛炮走向终结的是炮弹重复装填的问题，1879年英国"霹雳（Thunderer）"号战舰上前装线膛大炮的爆炸，即炮弹双次装填的问题。这种错误在后膛炮上是不可能出现的。何况前装线膛的短炮管不适于19世纪70年代晚期投入使用的威力强大的缓燃火药。"1886年英国海军终于再次把大口径后装炮列为标配，它几乎是最后一个这样做的海军大国。"①此时无烟火药的诞生也使得新型火炮的开发成为可能，于是阿摩士壮公司便投入新型后装火炮的研制。西洋史料《英国水师考》中对阿炮的炮制变更有说明："至1863年英国与日本国交战，觉此后膛大不得法而误事，所以即刻废去此法。1865年起手，再做前膛螺丝炮，其法大略为阿摩士壮之法。用熟铁条绕成圈，煅炼成管，其内膛用钢管，炮弹用凸头，能循螺丝槽而入，此种槽离口门若干寸，比膛内之槽更宽，以便容弹装入。1873年因知火药膛以增大其径为要，所以将38吨炮之药膛放大，但前膛炮之火药膛比别处更大，则其火药里亦必以别处等径，故设法令其火药里入火药膛内，

---

① ［英］伯里编：《新编剑桥世界近代史·10·欧洲势力的顶峰1830—1870》，中国社会科学院世界历史研究所译，中国社会科学出版社1999年版，第417页。

自能涨开补满其膛,但此法之药里有多不便,所以仍用后膛炮之法。"①图 13 为阿摩士壮前装线膛炮与炮架的结合图,它是 19 世纪 70—80 年代初期英国皇家海军战舰的标准武器装备。

图 13　英国典型的前装线膛阿炮的剖面及弹药爆炸图;英国 11 英寸 25 吨重的前装线膛阿炮的炮弹装填及炮轨图

资料来源:H. Enfield, *The Encyclopedia of Weaponry. Middlesex*, Guinness Pub. Ltd, 1992, p. 82.

像美国 19 世纪 60 年代造的 10 磅弹帕洛特—加龙省线膛炮发射 9.75 磅椎头柱体爆炸弹,射程 1829—4572 米。而同口径滑膛炮只能发射 3 磅弹球形爆炸弹。20 磅弹帕洛特—加龙省线膛炮发射 18.75 磅椎头柱体爆炸弹,射程 1920—4023 米。而同口径滑膛炮只能发射 6 磅弹球形爆炸弹(图 14)。②

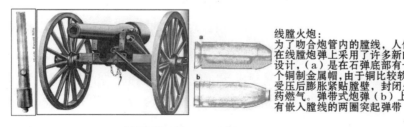

线膛火炮:
为了吻合炮管内的膛线,人们在线膛炮弹上采用了许多新的设计,(a)是在石弹底部有一个铜制金属帽,由于铜比较软,受压后膨胀紧贴膛壁,封闭火药燃气。弹带式炮弹(b)上有嵌入膛线的两圈突起弹带

图 14　约 1863 年美国仿制的前装线膛阿炮—帕洛特—加龙省(Parrott)炮,炮膛上装有加固铁箍,发射 10—300 磅锥头柱体爆炸弹③;10 磅弹帕洛特铁线膛炮,口径 3 英寸,身长 74

---

① [英]巴那比,[美]克理:《英国水师考》,[清]钟天纬译,张荫桓笔述,江南制造局 1886 年版,第 12 页。

② L. Boyd, *The Field Artillery: History and Source Book*. Westport. Conn, Greenwood Press, 1994, p. 200.

③ Philip Katcher. *American Civil War Artillery 1861 – 65(1) Field artillery*. Oxford, Osprey Publishing Ltd, 2010, p. 29.

英寸，炮管重 890 磅，炮弹重 9.5 磅，药重 1 磅，炮口初速 1230 米/秒，以 5 度的射角发射，射程 1850 米①；19 世纪中叶美国 10 磅弹线膛炮弹形制②

（二）英国惠特沃思后装和前装线膛炮的发展历程

英国惠特沃思（Joseph Whitworth，1803—1887 年）制造的火炮和阿摩士壮火炮的发展历程类似，最初是后装线膛，后过渡至前装线膛，最终固定到后装线膛形制，使用时间约 60 年（1840—1900 年，图 15）。该炮属英国阿摩士壮炮式系列，中国人称之为"回特活德钢炮"，1840 年由英国伦敦的皇家乌理治工厂（Wooolwich Arsenal）的工程师惠特沃思发明、生产，并以他的姓名来命名。为了保持较为稳定的弹道，惠特沃思受六角螺帽启发，把炮管内膛加工成六角形、椭圆形或多边形。《竞逐富强》中说："惠炮的横截面做成椭圆形或多边形，然后以炮膛中心线为轴，将炮身扭转到一定程度，形状与炮膛密合的长形炮弹通过炮膛时被迫旋转。制造构形如此复杂的大炮，其精确度必须确保装弹和射击时炮弹顺利通过炮膛，这对于那个时代的金属加工技术来说，是一项极难完成的任务。惠特沃思的不朽声誉是他发明的金属成形法的精确度远远超过了以往的方法，不过他的样炮的高性能是他的工厂技术能力发挥到最高限度时才得以实现的。"③即惠特沃斯采用了基本上已属现代性质的精确性：过去造炮时以几分之一英寸计算，而他是以几千分之一计算，这样就把制炮业和射击术从难以捉摸的技术王国转变为一种极为精确的科学。

其炮弹是用极其坚硬的金属制成，外面没有任何铅壳，由炮尾部装填的。弹头和药包的形状也随之改为六角形等，不过弹头形状有平头、尖头和圆头三种，打穿铁甲和水下之船体时，皆用平头弹头。《野战炮的渊源》中对其炮弹的形制有说明："线膛炮在能够真正发挥作用之前，需要合适的炮弹。发明者面对的主

---

① John Batchelor Ian V Hogg, *A History of Artillery*. London：the Hamlyn Publishing Group，1974，pp.56，73.

② ［美］戴尔格兰姆专业小组：《世界武器图典》，刘军、董强译，安徽人民出版社 2008 年版，第 175 页。

③ ［美］威廉·H·麦尼尔：《竞逐富强：公元 1000 年以来的技术，军事与社会》，倪大昕、杨润殷译，学林出版社 1996 年版，第 396 页。

要问题包括设计一个可以接触膛线引起旋转的射弹。但是这个炮弹不能与炮膛挨得太近，否则就会难以安装。一些发明者用双头螺栓啮合膛线开发炮弹。惠氏制造了一种要从六边形炮膛发射的六边形射弹。这样的不切实际且难以装进前装线膛炮，而且造价高。帕洛特—加龙省上尉为采取措施使线膛炮弹造价更低，制造了一种底座上带有膨胀的铸铁杯的炮弹。在野战炮开火时，气体挤压紧靠膛线的杯子引起炮弹的旋转。后来在19世纪60年代，一种铜或黄铜转环被生产出来，它可以扩展膨胀，在爆炸气体挤压时啮合膛线，尽管许多其他种类的炮弹也被制造出来，但是大多数野战炮兵更喜欢膨胀杯或旋转带子弹，它们利用撞针和导火索引爆。"①"惠特沃思12磅弹线膛后装铜炮，其口径为6.98厘米，炮身长264.16厘米，炮管重496千克，弹重5.4千克，药重0.79千克，炮口初速457米每秒。"②射角为2度、使用0.79千克的装药时，射程为1104—1171米；射角为5度时，射程为2101—2141米；射角为10度时，射程平均为3658米。在采用大射角时，则使用装药为0.23千克的1.36千克弹，当射角为20度时，射程为5761—6218米；射角为33—35度时，射程则为8595—8870米。③

图15 美国南北战争期间敌对双方使用的英国惠特沃斯后装线膛炮，射程可达4045米

资料来源：M. Cole Philip, *Civil War Artillery at Gettysburg: Organization, Equipment, Ammunition and Tactics.* Cambridge, Mass, Da Capo Pr, 2002, pp. 74, 97.

（三）英式阿炮和德式克炮在中国的传播历程

鉴于中西对抗的败绩及对西方"船坚炮利"的仰慕，清廷在第二次鸦片战争

---

① L. Boyd, *The Field Artillery: History and Source Book.* Westport. Conn, Greenwood Press, 1994. p. 29.

② M. Cole Philip, *Civil War Artillery at Gettysburg: Organization, Equipment, Ammunition and Tactics.* Cambridge, Mass, Da Capo Pr, 2002. p. 298.

③ 恩格斯：《论线膛炮》，载《马克思恩格斯全集》（第15卷），人民出版社1997年版，第44页。

以后,开始雇佣洋员、借师助剿及设立兵工厂等方式引进与仿制西洋夷炮。大量购买和自行铸造的西洋前装滑膛夷炮的时间始自 1854 年,当时向中国出售武器的主要是英、法、美等欧美国家的私商。从同治十三年至光绪二十六年(1874—1900)以购买和仿制英国阿摩士壮前装线膛炮为主,间或购买少量的后装线膛阿炮。英式阿摩士壮前装线膛炮多用于海岸炮台和舰船,始于 1867 年购买的德式克虏伯后装线膛炮以陆路为主并用于各方面。虽阿式前装线膛炮较以往的前装滑膛炮有较大改进,但其缺陷与不足依然无法避免,装填弹药费时费事,射速慢。于是购买与仿制更为先进的后装线膛炮成了当时统兵大员和造炮专家极为关注之事。至 1900 年,以上海江南制造局为代表的各地炮厂纷纷停造阿式前装线膛炮。19 世纪 70 年代清廷开展的海防大讨论中,许多督抚一致指出克虏伯后装线膛炮是当时世界上最先进的大炮,都提出购买之以改善清军的武器装备。同时,清廷过去所购之炮来自不同国家,制式不一,带来许多不便。时任直隶总督兼北洋通商大臣的李鸿章建议清廷只购克虏伯后装线膛炮和阿摩斯壮前装线膛炮。1871 年普法战争证明,后装线膛炮已成全球主流。此时期的清人由于对后起之秀德国人的好感,尤其是其陆军的战斗力给清人留下了深刻的印象,再由于德国军事技术精良,清人聘请其顾问较易,德人也易听从指挥等原因,“炮用克虏伯”逐渐成了清人的共识,各省军队陆续筹款购买,它被认为是国防自强的基石,并最终取代了英国前装阿炮,成为清廷引进与仿造的主要对象。如李鸿章在评价西洋各国炮位时曾说:“至炮位一项,英德两国新式最精。德国克虏伯后门钢炮击败法兵,尤为驰名。英国多用前门熟铁来福长弹大炮,曰乌理冶、曰阿摩斯壮、曰惠特沃思三家著。陆路行仗小炮则以德国克虏伯四磅弹后门钢炮为精捷。”①清廷大量购买克炮也与于 1884、1890 年两度出任驻德公使的许景澄(浙江嘉兴人,1845—1900 年)有一定的关系。他在德约 10 年之久,曾多次往克虏伯炮厂考察,并将此炮式与阿炮式作比较,其建议对清廷影响颇大。1885 年,他在“致总理衙门函”中称:“克虏伯钢炮名冠欧洲……非英阿摩斯壮厂所及也。”在他及清廷

---

① （清）李鸿章:《李文忠公全集·奏稿》(卷二十四),台北文海出版社 1974 年版,第 14 页。

督抚推崇和具体操作下，"中国从 1871—1902 年间，从德国购买了 8971 门各型克虏伯后装线膛炮，布置在除香港、澳门之外的海防与江防炮台及战舰上。这些火炮炮钢精细，采用'筒紧身管'技术，坚固并能延长，射程从几千米到 1.9 万米左右，射速 1—2 发炮弹/分钟并无需冷却炮管，最大炮弹可重达 350 千克左右"①。

洋务运动（1861—1895）时期，清朝曾从英国引进了一些惠特沃斯前装或后装线膛火炮。虎门林则徐纪念馆展览有清朝在洋务运动期间购买的装备虎门炮台的英国惠特沃斯式前装线膛炮（六边形炮膛设计）。此炮造于 1870 年左右，炮重 28400 磅（12893 千克），不过该炮没有在军队中得到推广。其炮耳上铭文："Weight 28400lb"，炮纽上附有火炮俯仰时的刻度。从炮口正六边形来看，确系熟铁实心钻膛而成（图 16、图 17）。

图 16　广东虎门沙角捕鱼古炮台及其遗存的英国前装线膛阿摩士壮炮及其炮架、炮轨图。炮长 350 厘米，炮尾至后蒂长 16 厘米，重 15645 磅（7103 千克），铁炮架上刻有铭文 "Armstrong" 字样。口内径：口外经：底径 = 18：33：72（厘米）。此炮是现今虎门炮台中唯一在原位保存的第二次鸦片战争后改建炮台时进口的英式大炮

①　韩栽茂：《胡里山炮台 28 生克虏伯大炮射速百年揭秘》，《明清海防研究论丛》（第 3 辑），广东人民出版社 2011 年版，第 43 页。

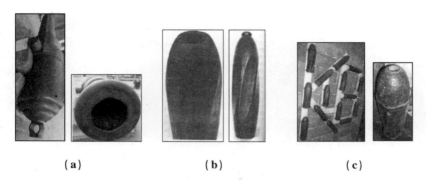

（a）　　　　　　　　　（b）　　　　　　　　　（c）

图 17　英国惠特沃思前装线膛炮及其发射炮弹的形制。（a）图　广东虎门林则徐纪念馆展览的清朝在洋务运动期间购买的装备广东虎门炮台的英国惠特沃思前装线膛炮。炮长 350 厘米，炮尾至后蒂长 50 厘米，口至炮耳长 235 厘米，口至火门长 310 厘米，口内径：口外径：底径＝23：46：88（厘米），耳长：耳径＝25：20（厘米）；（b）图　惠特沃思前装线膛炮及其发射炮弹①；（c）福建厦门胡里山古炮台展览的英国惠特沃思前装线膛炮的铁制条形炮弹

总之，在英法联军侵华后清廷大规模地军购与仿造英式前装线膛阿炮、惠特沃思前装线膛炮和德式后装线膛克虏伯炮，虽花费巨大，但多少改善了军队的武器装备，使之出现了正规化的近代炮队，培植了一批会使用新炮的技术军人②，也加速了军队军事技术和军制的近代化的进程。

五、结语

15 世纪中叶以前的西洋火炮有部分是用后膛装填的，但因难以解决后膛闭气的问题，逐渐为前膛装填法所取代。早在 17 世纪中叶，膛线就已出现，但要历经 2 个世纪之后，即后工业化对技术的提升和 19 世纪三四十年代线膛小型武器的出现，促使欧洲发明家采用膛线制作野战炮，它是古代火炮与近代火炮的重要分水岭。19 世纪以后，由于定装弹药筒的发明和膛线的发展，后膛装填才得以再次风行开来。后装线膛架退炮是由意大利人卡瓦利少校于 1846

---

①　M. Cole Philip, *Civil War Artillery at Gettysburg : Organization , Equipment , Ammunition and Tactics.* Cambridge , Mass , Da Capo Pr , 2002 , p. 98.

②　［德］乔伟、［中］李喜所：《德国克虏伯炮与晚清军事的近代化》，《南开学报》1999 年第 3 期。

年最先创制的,同年英国也制成可供实战用的后装线膛炮雏形,英人阿摩士壮是英国后装线膛火炮标准的奠基者。1854 年制造了更为完善的后装填弹药和发射锥头柱体炮弹的线膛炮,1855 年取得专利。1858 年,法国海军首先采用后膛炮,同年英国将此列为制式火炮。1859 年,此炮首先被装在一艘外为铁甲内为木质的战船上。此炮口径有几十种之多,装备于陆海军,成为风行几十年的世界名炮,重量从数百斤到 80 吨不等,以 2.5 吨左右居多。迄至英法联军侵华之役,英式阿摩士壮后装线膛炮对法军而言还是个新鲜事物。英军首次使用阿炮实战的战例,是 1860 年 8 月 12 日在中国大沽口地区对抗清军新河炮台的战斗。1860 年英军在对华战争中试用了阿炮,使用者提出了有利的报告,但反对革新的偏见极大。如阿炮最大的特征是尾栓和垂直锁栓是分开的。但闭锁装置不完善,其制造水准过高,价格昂贵且不为炮手所熟知,产量很低。1862 年后,因为在战斗中多重膛线、铅涂弹和后装填设计的阿炮屡出问题。英国政府在 1864 年宣布停止制造阿炮,1865 年英国一个军械委员会建议回到前装线膛炮。此外,火炮越来越多地被安装在铁制(后为钢制)炮架上,以增加抗震性和耐用性。到 1870 年,带来复线的火炮在欧洲已广泛使用,前膛炮仍为多国军队所喜爱。导致前膛炮走向终结是炮弹重复装填的问题,这种错误在后膛炮上是不可能出现的。何况前装线膛的短炮管不适于 19 世纪 70 年代晚期投入使用的威力强大的缓燃火药。1886 年,英国海军终于再次把大口径后装炮列为标配,它几乎是最后一个这样做的海军大国。英国私营公司与火炮制造商惠特沃思制炮发明历程和阿摩士壮火炮类似,但其制作技术精度更好,把制炮业和射击术从难以捉摸的技术王国转变为一种极为精确的科学;1897 年阿炮公司与惠炮公司合并,阿炮在欧洲的竞争对手是德国的克虏伯后装线膛炮。19 世纪 60 年代以后,英式前装线膛阿炮和德式后装线膛克虏伯炮是清人最倾向购买的种类,由于清人对德国军事的仿效,"炮用克虏伯"的原则逐渐成为共识。1854 年以后,以英国阿炮为代表的后装线膛炮采用熟铁锻造。1856 年英国军事工程师贝塞麦建造了酸性炉衬的转式炼钢炉,将熔化的生铁水放入梨形可动式转炉内,吹进高压空气,使生铁中所含的硅、锰、碳、磷燃烧掉,能冶炼成硫磷含量在限度以下的优质钢材。1857 年他的转炉炼钢法所获得的专利权打开了冶金新纪元,德国人西门子在伦敦成立分公司,也设计出一种不同的但具有同样效果的方法。1865 年法国冶金家马丁发明了自炉外供应热量的平炉炼钢法,西门子后来与马丁联合起来。西门子—马丁炼钢法得到广泛采用,到 19 世纪末,此法比贝氏炼钢法还要普遍。贝氏钢是制造枪炮、铁甲舰和钢轨的极好钢材,首先为英国建造了钢壳商船,随后用以制造钢炮。1847 年德国的工业和武器专家克虏伯铸造出世界上首门 3 磅弹钢炮,1858 年克虏伯开始大规模生产钢炮,约在 1881 年以后,钢的使用普及起来。从此,威力最强大的海军炮有铸钢、锻钢套筒炮管或铸钢环箍加强炮管;其制造水准过高,价格昂贵且不为炮手所熟知,产量很低。采取了后来制火炮一直遵循的组合结构新原则,其一是钢筒外面缠绕铁条(后来用钢丝),其二是用"热接法"将铁箍套接在中心部分外面,层层地制造。由于制法独特,使其性能和技术优于以往的滑膛炮;在 20 年内,原来的砂型铸炮与实心钻膛技术完全过时,仍有许多国家坚持继续使用传统的生铁铸炮材料,这种做法直到 1890 年才完全结束;此椎头柱体型的铸铁空心弹,重量从 2.72—49.9 千克不等。间或使用球形实心弹、榴霰弹和霰弹等。此锥形炮弹使火炮口径缩小,与老式的 6 磅弹滑膛炮相比,弹重增加了 55%,射程增加了 26%。铸弹铁外为铅皮,内有小孔,可装炸药,弹嘴用自来火药引。爆炸时可裂为 42 快,杀伤效果极好;射程比以往滑膛炮增加 1/3,测准技术则是以前标准的 12 倍。不过,侵华英军所用的阿炮多属野战炮型,其最大射程在 4500 米外,有效射程在 2000 米以外;何况其炮栓安置不当,就可能被气体吹出来,铜制紧塞装置如果经常得不到维护,就会产生裂缝和锈蚀,弹上的铅皮易脱落。这种线膛炮有着先天不足,射速仅为 1 发/2 分钟。而法国拿破仑前装线膛铜炮的技术和性能则与之不同。法国工业生产能力薄弱,只能依靠稍次的前装线膛青铜炮。该炮以法国皇帝拿破仑三世的名字命名,发射椎头柱体爆破弹、实心弹、霰弹和榴霰弹等。此炮实质上是对英国弃而不用的轻型 12 磅弹炮的仿造而已。青铜极其坚实,能够经受重装药或双倍装药的爆击而不破裂。其缺点是炮体太重,机动性差,发射 500

发炮弹后的炮管容易被锈蚀,如果发射锥形爆炸弹,最大射程可达 2500 米,有效最大射程约为 1500 米,射速约为 1 发/2 分钟。

综上所述,英法联军侵华时中西主导型火炮都是前装滑膛炮,但侵华联军的火炮技术正处于从前装滑膛向后装线膛的方向发展。如英军在陆海战中使用了当时刚发明的后装线膛、发射锥头柱体炮弹的阿摩士壮火炮。侵华法军使用的火炮大致和英军相同,但以使用了拿破仑前装线膛铜炮为其特色。后装或前装线膛炮的性能比前装滑膛炮要大得多,致使其与清朝前装滑膛炮对垒时,威力发挥充分。但英国阿炮因闭锁装置的不完善以及造价昂贵的缘故,在 1864 年英国政府宣布停止制造此炮,1865 年英国一个军械委员会建议回到前装膛线炮。到 1870 年,带来复线的后装线膛火炮在欧洲才广泛使用。即此炮制的完善有一个过程,这是由火炮技术的发展以及冶金、弹药技术的逐步完善使然。

作者:刘鸿亮　王　新　钱　昆
河南科技大学马克思主义学院
大沽口炮台遗址博物馆

小站练兵的起点考辨

徐　勇　欧阳康

小站练兵是我国近代军事史上极为重要、影响巨大的历史事件，也是天津地方史研究中的"制高点"之一，它在各个方面对中国近代社会的影响都相当深远。小站练兵的发生地——小站镇坐落在天津市东南陲（今津南区），面积仅有六十余平方公里，但其在历史上的名气可不"小"。天津小站曾是近代中国最主要的军事基地，从那里走出了北洋政府的四位总统：袁世凯、冯国璋、徐世昌、曹锟，一位临时执政：段祺瑞，以及九位总理和三十多位督军。正是由于小站练兵历史地位的极端重要性，从专家学者到民间人士，关注这个历史事件的人很多，学术界对小站练兵的研讨方兴未艾，成果颇多，有关论著从许多方面对其进行了研究。可以毫不夸张地说，"小站练兵"这四个字已经成为天津历史文化中的一张底蕴丰厚的名片。但是，关于小站练兵的起点究竟是哪一年，学术界却始终存在着几种截然不同的看法，问题至今没有得到很好地解决。为了维护历史事件的本来面目，我们认为，对小站练兵的各种观点以及所依据的历史资料重新进行梳理和研究是很有必要的。本文拟从几个方面对此问题进行考辨。

一、学术界对小站练兵起点问题的四种主要观点

归纳起来，目前学术界对小站练兵起点的研究，大致主要有以下四种不同观点。

第一种观点以袁世凯1895年编练新军为起点。相当一部分学者持此看法，其中尤以专门关注北洋历史及人物者居多。譬如，李宗一在《袁世凯传》中，将小

站练兵作为一个专门章节,并将时间明确标注为 1895 年起①;马平安也提出:"1895 年,练兵的基地又从马厂转移到小站,开始了所谓的'小站练兵'。"②此外,也有部分通史、专题史著作采用了这种说法,南京大学版《中华民国专题史》中称:"1895 年,朝廷正式敕派袁世凯就任练兵大臣……该军从定武军的营址马厂迁到了天津小站,并正式更名为'新建陆军',也称'北洋新军'。是为'小站练兵'之开始。"③另外据报道:"2015 年 12 月 16 日,由津南区小站镇政府、津南区旅游局主办,天津市小站练兵园旅游开发有限公司承办,中国社会科学院近代史研究所、国家清史编纂委员会、北京出版集团协办的'纪念小站练兵 120 周年学术研讨会暨《徐世昌日记》首发仪式'在津南区小站练兵园举行。市区政协文史委、市社联、天津社会科学院、天津大学、南开大学及国内史学界知名学者莅临小站练兵园进行学术研讨。"④2016 年底,"津南区小站镇练兵园与文体站举办了小站练兵 121 年、彰德秋操 110 年学术研讨会"⑤。这些会议,有不少业内人士与会,有关发言围绕袁世凯小站编练新军及北洋历史文化,大都集中提及"小站练兵 120 年""小站练兵 121 年"云云。我们天津兵学与传统文化研究专业委员会的学者均未受邀参加上述会议,有关资料未能取得,有些情况不得而知。但我们认为,经过认真讨论后,如果某位学者甚或是某些学者均持此观点,都是应当得到理解和尊重的。但是,在会议开始之前,尚未进行深入研究时,就把"纪念小站练兵 120 周年"作为预设的结论,则似乎不够严谨和慎重。会后,我们就此问题曾与友人、也是其中会议的主要承办者之一周醉天先生进行过交流。据他告知,会议采取 1895 年这种说法是因为该结论已"约定俗成",而且袁世凯的练兵在民间"老幼皆知",影响巨大。他说的似乎有一定道理,但是即便如此,经过反复思考之后,我们仍不能同意小站练兵的起点为 1895 年这一说法。

---

①　李宗一:《袁世凯传》,中华书局 1980 年版,第 43 页。

②　马平安:《袁世凯的正面与侧面》,民主与建设出版社 2015 年版,第 20 页。

③　马振犊、唐启华、蒋耘:《中华民国专题史 第三卷 北京政府时期的政治与外交》,南京大学出版社 2015 年版,第 31 页。

④　据《天津日报》2015 年 12 月 17 日第 8 版载。

⑤　据北方网 2016 年 12 月 28 日讯。

第二种观点是以胡燏棻等于 1894 年开始编练新军、1895 年移驻小站为起点，这种看法以张博等学者的文章为代表，周醉天开始也持此说。张博在文中称胡燏棻为"被淡忘的小站练兵第一人"①，而周醉天在《小站练兵史话》一书中"第五讲"的题目就叫"小站练兵始于胡燏棻"，他提出："1895 年，由于马厂兵营不够用，胡燏棻率定武军移驻津南小站，所以说小站练兵始于胡燏棻。"②事实上，袁世凯来小站负责编练新军，也正是接替胡燏棻的工作，但由于胡燏棻在小站练兵持续时间较短（仅一年左右的时间），因此过去多不为学术界所重视。这种观点的意义在于，正确指出了在袁世凯小站练兵之前，已有人先期在此练兵。但是其不足之处则是，所论胡燏棻为"小站练兵第一人"之说不够精确。

第三种观点是从第二种观点延伸而来的。近来，有人将汉纳根的建议、策划与胡燏棻练兵共同作为小站练兵的起点。如周醉天认为"小站练兵的源头是清末编练新军，而这个建议是汉纳根最先提出的，最先负责这项工作的是胡燏棻"③。我们认为，这种观点虽然在细节上与第二种观点有一些异同，但其优长之处和存在的问题是一样的。

第四种观点是以周盛传 1875 年率盛军赴小站地区驻屯为起点，这种看法以来新夏、谭汝为为主要代表。来新夏的文章中说："一般认为小站练兵是袁世凯独有的业绩，实际上，上起同光之际淮军将领周盛传的盛字营就在此屯田练兵，下至民国九年（1920 年）段祺瑞在小站编练的振武军被遣散，前后近半个世纪，小站一直是练兵之地。其间甲午战后袁世凯的编练'新建陆军'，名声显著，成效最大，影响极巨，对此后 30 余年中国政局起着举足轻重的作用，所以人们常把'小站练兵'与袁世凯联系在一起。"④谭汝为也将小站练兵分为三个历史时期，即"1875 年，淮军将领周盛传率盛字军在小站练兵拉开序幕；1895 年，袁世凯在

---

① 张博：《被淡忘的小站练兵第一人》，《天津日报》2011 年 4 月 18 日。
② 周醉天：《小站练兵始于胡燏棻》，《今晚报》2015 年 12 月 7 日副刊版。
③ 周醉天：《练兵策划人是汉纳根》，《今晚报》2015 年 12 月 2 日副刊版。
④ 来新夏：《名镇小站》，见《不辍集》，商务印书馆 2012 年版，第 371 页。

小站操练新建陆军;1920 年,段祺瑞在小站训练的振武军被遣散。历时近半个世纪"①。此外,天津市津南区政协编辑出版的文史资料《清末天津小站练兵》一书认为:"清末天津小站练兵……是以公元 1875 年(光绪元年)直隶总督兼北洋大臣李鸿章调遣淮军著名将领周盛传率领所部从河北青县马厂移屯今小站北侧的潦水套,设'亲军营'开始小站练兵,又经胡燏棻练兵、袁世凯练兵、张之洞练兵、段祺瑞练兵,时至 1920 年为止,历经近半个世纪的一段史实。"②由津南区地方志编修委员会编辑出版的《津南区志》中则记述为:"小站练兵……是以甲午战争后,清政府委派袁世凯接替胡燏棻在小站建立操练新建陆军——北洋军阀胚胎时期为中心,上自光绪元年(1875 年),淮军将领周盛传率盛军在小站练兵,下至1920 年,段祺瑞在小站训练的振武军被遣散,历时近半个世纪的一段史实。"③

对于上述关于小站练兵起点的四种说法,我们均不赞同,试考辨如下:第一种观点相对影响较大,漏洞却最明显。事实上,在参加"小站练兵 120 周年"学术研讨会的学者中,有不少人在另外的场合表了不同看法。张诚认为,"小站练兵分为四个时期,一是甲午战争之前盛军,一是甲午战争至庚子期间的练军和定武军,一是庚子之后的新军"④。孙树芳在文中提及,"小站当初是由一个军事据点发展而来的,由盛军屯田始"⑤。罗澍伟也指出:"清王朝为什么选择天津小站训练现代军队?……因为小站是中国人最早感知西方军事文化的训练基地",而这个"最早",则是"天津教案爆发后,李鸿章率淮军来到天津……淮军是中国最早采用现代装备、最早参照德国营制的军队,率先建立了克虏伯炮队,一般士兵也改用洋枪,并聘用西方军官进行操练"⑥。而第二、第三种观点之不能成立已见前述。其实就前三种观点而言,它们均存在着对史料挖掘不够深入的问题,因为

① 谭汝为、刘利祥:《小站练兵旧遗址 营盘地名今扎堆》,见《天津地名故事》,天津人民出版社 2012 年版,第 268 页。

② 中国人民政治协商会议天津市津南区委员会:《清末天津小站练兵》(上),序言,2005 年。

③ 津南区地方志编修委员会:《津南区志》,天津社会科学院出版社 1999 年版,第 797 页。

④ 张诚:《关于小站练兵》,载《小站练兵 120 周年学术研讨会论文集》。

⑤ 孙树芳:《军旅文化与小站人风格的形成》,载《小站练兵 120 周年学术研讨会论文集》。

⑥ 罗澍伟:《从小站练兵说近代天津的历史地位》,载《小站练兵 120 周年学术研讨会论文集》。

无论是小站镇的建立时间，还是周盛传在小站地区的练兵时间，都要远早于汉纳根、胡燏棻、袁世凯的编练新军。就小站地区而言，汉纳根、胡燏棻、袁世凯的练兵实践，均不具有开创性。相反，他们都继承了周盛传之前在小站练兵的物质基础、部队基础和精神财富。从这个意义上讲，在对天津小站练兵起点问题进行研究时，以上三种观点可以先期排除掉。

而第四种观点貌似最接近真相，其实却并非如此。首先，一部分持此说法的论著或文章只提观点，并没有举出足够有力的根据，所论亦难以服人。其次，周盛传所部在小站地区的活动达七八年之久，只笼统而简单地说小站练兵始于周盛传，而不明确指出始于哪一年，这显然是不可取的。最后，有些论者将小站开始建镇的时间与小站练兵的起点混为一谈，殊为不妥。

由于小站是大批北洋军政人物的成名之地，备受关注；加之后来的袁世凯等人编练新军在规模上远远超出之前周盛传在小站操练的盛军，所以人们往往倾向于将历史事件的兴盛阶段作为历史事件的对应点或起点，但实际上这种做法是不合理的。

二、周盛传在天津小站练兵的实践考述

因周盛传的有关活动已见诸不少作品，故本文仅简要介绍之。

周盛传（1833—1885），字薪如，安徽合肥人。在乡时，周盛传及其兄周盛波等共同办团练对抗太平军，历任把总、千总。清同治元年（1862），周盛传随周盛波加入淮军，担任亲兵营哨官，在江浙地区战功卓著。同治三年，加提督衔。后战于河南、山东、皖北等地。同治六年，授广西右江镇总兵，击败东捻军。同治七年，参与在直隶、山东等地击败西捻军的军事行动。后驻湖北。同治九年，随李鸿章赴陕西镇压回民军。是年秋，李鸿章移督直隶，疏调周盛传率所部屯卫畿辅。同治十年，移屯青县马厂。光绪二年（1876），正式调任天津镇总兵，在津南小站地区移屯兴工，操练盛军。光绪八年，擢升湖南提督，仍留镇训练士卒。光

绪十年,丁母忧,回籍病死。其谥武壮,建专祠。著有《操枪章程》十二篇。① 周盛传多年征战南北,戎马倥偬,而其在天津小站的时期,则是其一生中唯一能够较为安定地守卫一方、实践其练兵理想的时光。

（一）小站练兵的物质基础来源于周盛传的练兵实践

小站地区原是一片斥卤之地,积潦纵横,盐碱低洼,芦苇丛生,土旷民稀,在周盛传率部来到这里之前,它被称作"南大洼""潘家坟""潦水套"。面对着这样一方条件欠佳的土地,在此实行屯垦是需要相当大的决心的,小站之所以能成为一个重要的军事据点,与周盛传及其所属部队的努力是分不开的。小站"南扼祁口,东控大沽,声气相接,以张远势"②,是马厂—小站—新城—大沽这一海防体系中的重要一环,在小站军屯练兵,也是周盛传海防思想的重要实践体现。倘若没有周盛传兴修马新大道(马厂到新城),"四十里设一大站,十里设一小站",随后修筑"新农镇"(即小站镇),就根本不会产生"小站"这个地名并广为流传;倘若没有周盛传率领盛军挖通经过小站地区的马厂减河,用"石水斗泥"的南运河水,引淡涤碱,使滨海数百里斥卤尽成膏腴,小站地区也难以生产足够的水稻来供养后来的驻防大军。当年清政府为表彰周盛传开发小站的功绩而建立的周公祠,历经百年沧桑,虽已毁坏残破,但经天津市津南区文广局委托热爱兵学文化的企业家门前刚先生在原址重建,至今依然矗立在小站镇会馆村,成了这段历史的重要实物见证。另外,后人可利用的不仅有盛军将滨海弃壤改造成"小江南"的这一大环境,资料显示,胡燏棻、袁世凯在小站地区编练新军时,仍沿用了老盛军的营盘。③ 可以这样说,如果没有周盛传及其所率盛军在小站及其周边的多年经营,则无后人在小站大规模练兵之根基。

（二）盛军并未在甲午战争中全军覆没,部分军队为北洋军所继承

周盛传的盛军在小站的练兵举措之所以被某些学者忽视,部分原因在于他

---

① 详见《清史稿》列传二百三。
② 周家驹编:《周武壮公遗书》,见《近代中国史料丛刊》第三十九辑,台北文海出版社,第87页。
③ 关捷等:《中日甲午战争全史第6卷:人物篇》,吉林人民出版社2005年版,第184页。

们认为盛军在甲午战争中全军覆没,盛军的历史到此中断,与后来的北洋军没有传承关系。① 我们认为这种看法并不正确,经对有关史料详加考证后,我们发现盛军实际上并未消亡,而其部队最终为北洋军所继承。甲午战争期间,卫汝贵率盛军与马玉昆所部毅军共同肩负朝鲜大同江沿岸布防,曾一度取得"船桥里之战"等战斗的胜利。但平壤溃败后,卫汝贵随叶志超弃城逃走,他的不堪行为,相当程度上降低了人们对盛军的整体评价和关注。此后,盛军残部陆续撤回国内,这时尚存相当于原有人数约八成的兵力,后改由聂士成接统。

日军进入奉天后,聂士成所部盛军陆续参加了摩天岭、连山关等战役,颇有斩获。1895 年,聂士成调防京畿,将盛军余部统带入关,后与其所统辖的武毅军等同编入武卫前军,盛军编制从此被取消了。1900 年庚子之乱后,武卫前军余部被改编归入直隶淮军,由袁世凯统率。② 当年盛军的残余血脉,随之化入北洋军体系。从某种意义上说,他们是一脉相承的。

(三)周盛传小站练兵为后人留下了宝贵的精神财富,并为后来编练新军者所继承

周盛传在练军的过程中,特别推崇德式装备和德式操法。他强调现代武器的重要性,而且对当时各种先进的新式武器装备都相当通晓,曾一再向李鸿章推荐和要求购买德国克虏伯大炮及林明敦式、斯奈德式等新式来复枪。他所著《操枪章程》十二篇,对武器的构造、保养和使用分析细致入微,并将其用于各部队的训练。1870—1871 年普法战争之后,德国陆军名扬天下,这对周盛传的触动也很大,他于 1879 年以从德国留学归来的查连标教习德国操法。至 1884 年李鸿章聘了一批德国军官来华充当教习,德员李宝等检阅盛军"炮队三营步伐止齐,似尚许可","至所演洋枪(队),经该员阅视,据称现在德新式微有不同……似大同小异,俟德弁到后稍事变通无不合度"。不久,德国教官康嚣克等到营,每营拨弁勇

---

① 详见郭鸿林《清代小站屯垦述略》,《古今农业》1991 年第 3 期。其他不少文章也采用了这种说法。

② 徐平:《甲午战争·中日军队通览 1894—1895》,解放军出版社 2015 年版,第 57 页。

十二名,交该教官教习,"伊等教操不过七八日即可成熟"。"操规无须更改","窥该洋弁之意,亦知卑军习操已非一朝,不过量为指授,以完教习之责"。可见盛军操法照德国陆军操法相去不远。① 周盛传及其胞兄周盛波还提倡新式军事教育。在中法战争期间,他们建议李鸿章仿照西国武备书院之制,设立学堂,遴派德国军人充当教师,挑选营中剽健又粗通文义的底层军官到堂肄业,学业西方军事技术,以期造就将才,"为异日自强之本"。天津武备学堂就是李鸿章采纳他们的建议成立的。天津武备学堂为清末编练新式陆军提供了大批军事人才。②

周盛传等率先使用德式装备和德式操法的做法,无疑是具有开拓性的练兵举措,这也为后来的北洋新军将领所接纳。从之后胡燏棻、袁世凯等人练兵时聘请德国教官汉纳根等,又用德国陆军操典、德国营制乃至德式军歌等元素训练新军的史实来看,当年周盛传崇尚德军训练方法的思想和实践对他们也是有着深远影响的。

三、"小站练兵"的起点究竟在哪一年

通过上述考辨,我们对目前"小站练兵"的研究情况有了大致了解。"小站练兵"之肇始,并不是袁世凯、胡燏棻、汉纳根等人,而应是为后来者奠定物质基础、部队基础并留下宝贵精神财富的周盛传。那么,这场享誉中外的"小站练兵",起点究竟在哪一年呢?我们认为,问题的关键在于,应当从"小站""练兵"两词入手进行分析。

许多史料中均提到,1875 年周盛传率盛军由马厂移驻天津小站。《周武壮公遗书》中所收录的《磨盾纪实》(即《周盛传年谱》)提及:"光绪元年……二月,留马队驻马厂,余拔队移屯天津之南洼,地名潦水套,即今新农镇也。"③(仅有少数

---

① 陆方、李之渤:《晚清淮系集团研究——淮军、淮将和李鸿章》,东北师范大学出版社 1993 年版,第 157 页。

② 陆方、李之渤:《晚清淮系集团研究——淮军、淮将和李鸿章》,东北师范大学出版社 1993 年版,第 157~158 页。

③ 周家驹编:《周武壮公遗书》,见《近代中国史料丛刊》第三十九辑,台北文海出版社,第 87 页。

资料显示移屯时间为 1876 年①，可能是将周盛传正式调任天津镇总兵的时间误作移屯时间②）那么，周盛传及盛军究竟是何时正式开始在小站地区"练兵"的呢？

通过阅读有关史料并进行分析后，我们觉得将"小站练兵"的起点定为光绪三年（1877）较为符合历史事实。现列出理由如下，以供学术界讨论。

（一）据《盛字全军屯田图》反映，小站镇及其周边土地收购工作直至 1876 年才基本完成，次年方有条件开始系统的"练兵"

据考证："小站建镇之初，镇街实际是为军人们提供生活资料的集市。初建的一条东西街，叫'行营买卖街'，两端各有城楼一座，称为东门和西门。城门洞上有横额刻碑，刻有新魏书'新农镇'三字。其形制和北京的城门差不多，当然没有那么高大。然则一般民房也只够到它的半腰。这东西两座城楼已于 1956 年拆除。"③小站镇中必要的设施和民众的聚居，为小站练兵提供了有力的后勤支撑。小站镇的建成，反映了周盛传在小站地区购买、开垦土地、扎营等工作的基本完成，以满足"近万人日需两万斤粮"④。而只有当这些工作都完成后，盛军才有在此开始练兵的可能。

另外，练兵活动还需要教官、武器、装备等一一到位，特别是必须有足够的军粮供给，以满足"近万人日需两万斤粮"。那一定规模的屯田就是必然的配套之举。即便在 1876 年内基本完成了土地收购并进行了全面的平整、开垦，最快也要到来年才能收获"小站稻"。

据《周武壮公遗书》记载："光绪元年……先是营地本海滨沮洳之地，居人寥

---

① "于 1876 年 3 月除马队留驻马厂外，各营移屯小站，分别筑墙垒营房，另开引河引甜水绕于旁。"参见王景云《周盛传与周公祠》，载《津南文史资料选辑》第 1—3 辑，第 35 页；"1876 年（光绪二年），调盛军于天津镇，移屯兴工。"见《肥西县志》，黄山书社 1994 年版，第 645 页。

② "1876 年，周盛传调任天津镇总兵。"见《安徽近现代史辞典》，中国文史出版社 1990 年版，第 394 页。不少其他书籍也有此记载。另，李鸿章于光绪二年（1876 年）正月二十六日的奏折中，仍称周盛传为"遇缺简放提督直隶天津镇总兵"（见顾廷龙、戴逸主编《李鸿章全集 7 奏议七》，安徽教育出版社 2008 年版，第 16 页），即此时仍为候补。可见周盛传正式调任该职时间应晚于 1876 年正月。

③ 刘景周：《沽帆远影》，天津古籍出版社 2014 年，第 41 页。

④ 刘景周：《近代史上的小站》，天津社会科学院出版社 2008 年版。

寥,负贩绝迹,勇夫购物于数十里外,道途仆仆,稽察难周,爰就营前隙地,购材筑屋,以止商旅。既成,命之曰新农镇。"史料中仅提到光绪元年开始建设新农镇(小站镇),但是并没有提及其建成的准确时间。我们认为,尽管盛军在 1875 年已开始移驻小站地区并陆续进行相关营房修建、屯田、新农镇(小站镇)建设的准备工作,但实际上,新农镇(小站镇)的建成肯定不会是一蹴而就的,而是需要相当一段时间,因此其实际建成的时间肯定要稍晚于 1875 年。

天津博物馆现藏有《盛字全军屯田图》,这是一幅绘制小站开垦的原始图。它是周盛传当年统一改造津南土地时,从地户手中收购土地绘图契约总录,其可靠性和史料价值不言而喻。此图由八轴六尺的条幅组成,图上标明小站垦区和新城垦区收购的每块屯地,方法是在图上标明地块四至、地名、亩数、价格、业主姓名、居住地及购置手续完成时间。图中没有注明成图时间,但图中近百笔收买荒地的年份,只有一笔是光绪五年(1879),其余大多在光绪二年(1876)及其以前。① 从这个情况看来,小站镇及其周边土地的收购工作应该基本上完成于 1876 年,在此之前想要大规模地、系统地进行练兵是不具备空间条件的。至少在 1876 年以后,小站才有了开始练兵的可能性,这是具有重要意义的标志性年代。

(二)1877 年后盛军进行了第一次大规模裁军,并发布整军指令,是为周盛传小站整军、练兵的举措之始

光绪三年(1877)正月初三凌晨,盛军中发生哗变,焚烧了仁军营、盛军左军右营、中军前营、前军右营营房外的柴火垛,焚掠了小站的行营买卖街,然后向南逃遁。周盛传对此采取了果断的应对措施,他命令留驻马厂地区的马队实行包围攻击,同时亲率军士百数十人,由甜水井、大苏庄、渡娘娘河,沿途追击,并于次日下午追到小韩村,全歼逃犯。② 此次军队哗变发生在距离京城不远的天津,且是淮军的精锐部队盛军,李鸿章不得不亲自上书解释情况:"近年淮军各营饷源

---

① 况清楷:《珍贵的〈盛军屯田图〉》,《今晚报》2010 年 10 月 27 日。
② 周家驹编:《周武壮公遗书》,见《近代中国史料丛刊》第三十九辑,台北文海出版社,第 92～93页。

枯竭,每岁仅能发饷九关,弁勇苦累实甚。盛军驻防津沽附近地面,操练既勤,又累岁修筑新城炮台各巨工,继以开河屯田,终年不少休息,筋力过劳,口粮又少,故会匪易于煽惑",并为周盛传开脱。光绪帝高度重视此事,将涉及哗变两营之营官二人革职,对周盛传表示"姑念追剿尚为迅速,著从宽免其置议",但"仍责令该总兵整饬营规,严加钤束,倘再有溃散情事,立即从严参办",且认为散去之兵勇不止所报"百余名"之数,要求进一步查明下落。①

为了防止类似事件再次发生,周盛传于光绪三年正月初十日、十六日陆续发布《严整营规谕》《再整营规谕》,规定"出入稽查务须认真严密,不准借故到咸水沽、葛沽一带行走。如有赎当,可派差弁持票代赎,勿许再当。各站盘查,必有公事,持营官护照始准放行","即有公干必须遣弁赴本总统处挂号知会卡巡以备查考,每次关饷务须点名,戥足匀包亲自发给,米粮勤加检秤,每发必督各哨算清,勿任侵减粮饷"。②

依靠严格规定出入制度和粮饷分配并不能完全保障部队的正常发展。当时盛军已和刘铭传所部铭军并列成为淮军前两名的大枝营头、主力部队,而盛军所驻扎之地的富庶、丰腴程度,远不如铭军。事实上,盛军面临的最大威胁在于部队过于庞大,导致"饷源不济",供给严重不足,军心难免离散。

为了破解这一难题,从光绪三年(1877)开始,盛军实施裁军精简工作,所有部队根据去弱留强的原则,"集阅诸勇,惟汰老弱",然后重新整编,先是各军统一减员二成。后又遣散仁军一个营,裁汰前军正、左、右三营,左军、右军皆裁掉其左营,周盛传所部盛军、仁军共计裁撤了六个营。③ 原先合计十五营的盛军、仁军,至此已裁去三分之一强。据有关资料统计证明,自1877年开始的这次裁撤,

---

① 李鸿章:《剿平煽勇滋事之会匪折》(附 光绪三年正月十八日寄谕),见《李鸿章全集 奏议》,第298~300页。

② 周家驹编:《周武壮公遗书》,见《近代中国史料丛刊》第三十九辑,台北文海出版社,第950~952页。

③ 周家驹编:《周武壮公遗书》,见《近代中国史料丛刊》第三十九辑,台北文海出版社,第98~99页。

是盛军发展历史上的第一次裁军,也是同时期淮军各大枝营头最大的一次裁军。①

经过这次具有历史意义的裁军精简,盛军甩掉了老弱病残的包袱,摆脱了供给不足的负累,真正成为一支精锐之师。笔者认为,这次裁军与盛军正式开始"练兵"是有密切关联的标志性重要事件。而在 1875 至 1877 年之间,盛军并没有任何相关军事方面的大动作,多是在购买土地、开垦田野、开挖疏浚水道、修建城镇,这些只是练兵的准备和基础性工作。对于周盛传在小站地区的军事实践来说,裁军整军才是与"练兵"因果相关的主要内容。因此,将 1877 年作为小站练兵之始,我们认为是符合历史实际的正确表述。

综上所述,我们认为,如果没有小站镇(新农镇)的完整建立并正常运转,就不具备练兵的基本条件——根据地,甚至没有这个地名;但仅有了小站之名是不够的,必须有军队在此正式进行具有相当规模的军事训练活动,才称得上是名副其实"小站练兵"的开始。

说得更具体一点,构成"小站练兵"的两个要素缺一不可。1875 年,周盛传率盛军移屯于此,在一个小站的基础上开始建镇,收购土地,招民领种,修路架桥;1876 年,完成了大部分土地收购,挖河引水,去碱种稻,同时制定章程,解决人员、经费、装备等,为进行一定规模的练兵提供了可能;1877 年,盛军开始了大规模的裁军整军活动,逐渐形成一支精锐之师。在清光绪三年(1877)之前,"小站练兵"要件不完整,条件不具备。1877 年,基本条件具备,稻粮开始收获,一切准备就绪,既有了"小站"之名,又有了"练兵"之举,两个要素的齐备使"小站练兵"有了可能性。如此说来,将 1877 年定为"小站练兵"的起点是合理的。

结语

虽然必须承认,周盛传的小站练兵无论在规模上、档次上,都与之后胡燏棻、袁世凯等人的练兵实践有一定的差距。但是,面对史实,我们仍应当清楚地看

---

① 详见《淮军勇营数及大枝营头变迁表下》,樊百川:《淮军史》,四川人民出版社 1994 年版,第 435~436 页。

到，至 1877 年，周盛传在小站地区的军事活动，已经具备了"小站之名""练兵之举"的两个关键要素，事实上构成了"小站练兵"的起点。

把 1877 年作为小站练兵的起点，这种观点之所以此前没有引起足够的重视，未能获得学术界的一致认同，是因为对相关史料缺少全面而深入的分析。如果此说能够成立，将给"小站练兵"这一历史概念构建出更为准确的定义，对于推进相关历史研究是大有裨益的，同时也是对小站乃至天津人民的一个重要贡献。更进一步说，如果此说法能够成立，则 2017 年是小站练兵开始的整整 140 周年。从兵学文化研究的角度、从弘扬地方历史文化的角度而言，我们认为，这个时间段恰恰有必要开展隆重的纪念活动，更好地探讨、研究小站练兵的历史，对相关概念进行厘清和健全，为小站练兵的历史文化根基"正本清源"。

作者：徐　勇　欧阳康

天津市档案馆

民盟天津市委员会

戚继光与蓟镇敌台

——兼论明代总督和总兵的关系

迟雪鑫

　　戚继光是明代抗倭名将,民族英雄。他和其他文官武将合作,荡平了东南的倭寇,随后北调蓟门。蓟镇是明代九边之一,也是和明代京师防御关系最密切的军镇,被称为"京师左辅"。嘉靖及隆庆时期,蓟镇当时面临着严峻的边防形势,隆庆和议之前,蓟镇的安全形势不容乐观,"三卫勾土蛮同时入寇,蓟镇、昌黎、抚宁、乐亭、卢龙,皆被蹂躏。游骑至滦河,京师震动……"①而蓟镇的边防策略是"以匹马不入方为万全,故修筑塞垣为第一要义"②,因此需要修建敌台等防御工事来加强边防。而在戚继光担任蓟镇总兵之前,蓟镇的防御工事在隆庆之前以边墙为主,"自庚戌来,先后边臣止议筑墙,而不及修台"③,敌台较少,据笔者目力所及,只有兵部主事孙应元于嘉靖四十四年(1565)主持修建了靖虏一号敌台④,戚继光到任之后,在其主持下,修建了大量敌台。对于戚继光在蓟镇修筑敌台,学界虽然探讨了敌台的规制、功能⑤,由于选题侧重点的缘故,戚继光对敌台的修建、对守台官军的管理、总兵与总督的关系等方面尚有进一步探讨的空间。这对于认识明代军事制度颇有裨益。

---

①　(清)张廷玉:《明史》卷二一五,中华书局 1974 年版,第 8485 页。

②　《明神宗实录》卷四十八,万历四年三月甲辰,中华书局 2016 年版,第 1098 页。

③　《明穆宗实录》卷六十,隆庆五年八月庚戌,中华书局 2016 年版,第 1467～1468 页。

④　(清)宋琬:康熙《永平府志》卷九,清康熙五十年刻本,第 340 页。

⑤　范中义:《戚继光传》,中华书局 2003 年版,第 268～276 页。

一、戚继光对蓟镇敌台的设计及修建

（一）提出修建计划

隆庆三年（1569），戚继光对敌台的建造数量、用银数量、选址原则、敌台间距等问题进行规划。其中，每个敌台预计用银五十两，每年造一千个敌台，计划在三年之内造完，"以台数计之，每路约三百座，蓟昌十二路，共三千座，每台给银五十两，通计十五万两，每岁解发五万，完台一千，三年通毕"①。这是修建计划，又提出敌台选址原则，"其台之位置，视山之形势，参错委曲，务处台于墙之突，收墙于台之曲。突者受敌而战，曲者退步而守，所谓以守而无不固者也"②。对于敌台的间距，戚继光认为"山平墙低，坡小势冲之处则密之，高坡陡墙之处则疏之"③，具体来说，就是"又于缓者百步，冲者五十步，或三十步，即骑墙筑一台"④，即缓处间隔百步，冲处间隔五十步左右。

万历元年（1573），蓟、昌二镇已修成一千二百多座敌台，戚继光又请求增修二百座，"但滦河以东，居庸以西，若松鹏诸路，其中尚稍有间缺，大约增台二百座，始为完工"⑤。修成后戚继光得到皇帝赏赐⑥。

（二）敌台的具体形制

蓟镇敌台的结构，"如民间看家楼，高五丈，四面广十二丈，虚中为三层，可住百夫，器械糇粮，设备具足，中为疏户以居，上为雉堞，可以用武"⑦。这是对附属在长城墙体上敌台的设计，将敌台分为三层，上层为战斗位置，中层为居住士兵的地方，下层是军器、粮食的储存地。敌台的台基尺寸为十二丈，"定台基以十二

---

① （明）戚祚国：《戚少保年谱耆编》，中华书局2003年版，第241页。
② （明）戚祚国：《戚少保年谱耆编》，中华书局2003年版，第241页。
③ （明）戚祚国：《戚少保年谱耆编》，中华书局2003年版，第244页。
④ （明）戚祚国：《戚少保年谱耆编》，中华书局2003年版，第240页。
⑤ （明）戚祚国：《戚少保年谱耆编》，中华书局2003年版，第361页。《神宗实录》提到汪道昆向朝廷奏请再修筑二百敌台之事，见《神宗实录》卷12，第389～390页，不过未提戚继光奏请修敌台。但是《戚少保年谱耆编》提到戚继光在上奏之后要求汪道昆向朝廷申请修二百敌台。
⑥ （明）戚祚国：《戚少保年谱耆编》，中华书局2003年版，第370页。
⑦ （明）戚祚国：《戚少保年谱耆编》，中华书局2003年版，240～241页。

丈"。① 敌台下暗门的设计为:不附属在长城墙体上的敌台,其门设于第二层,附属在城墙上的敌台在城墙上设门,不一定在敌台上设门,"台下暗门,未免稍虚其中,而边匠率愚拙弗省。恐造不如法,及不坚固。意台下筑实。台门移而上,外置一梯。虏至则抽去其梯,似亦稳便。然台用跨墙,则下层止用实筑,至第二层,则从城墙开门而上即便矣,不必如前式,拘定在台之中也"②。

(三)敌台的修建

修建蓟镇敌台,明廷几乎动用了所有蓟镇的主客军士,戚继光在奏疏中提到"查得每区每枝尚有主客援兵,今亦俱派台工"③,《明穆宗实录》亦言"杂主、客官兵筑之"④,因此能够在短时间内大量修建。戚继光在主持修建敌台时,令施工人员根据当地的地理情况来施工。比如为保证敌台周长为十二丈,戚继光要求"台制尤当随地置形。如墙外地宽,则台当多出;如地狭,则台当少出;如脊尖削内外俱狭,则当稍阔其两面,险其两傍,以无失周围十二丈之意。则制度如指诸掌矣"⑤。又比如使用的材料做到了因地制宜,有石则用石(方石),无石则用砖,或者用三合土,"台基用石,但方石恐难猝得。碎石势必不固。如石便用石。不便则用砖。有胶粘好土。则以三合土为之。各从便求坚。但三合土须厚。至顶亦得二尺乃坚也"⑥。为保证敌台的质量,戚继光制定了严格的工程管理制度,"每年终用过钱粮,修过工程悉令巡按御史核奏,有仍袭故套,不尽用灰石及挽用挂木者严治,命如议"⑦。总兵等官员亲自督工⑧,还有武职官员因误事被罚,如"以误事论罚者定州游击丁天福、天津都司褚东山俱革任,德州都司边泰、尹湘及指

① (明)戚祚国:《戚少保年谱耆编》,中华书局2003年版,第244页。
② (明)戚祚国:《戚少保年谱耆编》,中华书局2003年版,第245页。
③ (明)戚祚国:《戚少保年谱耆编》,中华书局2003年版,第250页。
④ 《明穆宗实录》卷三十六,隆庆三年八月戊午,中华书局2016年版,第920~921页。
⑤ (明)戚祚国:《戚少保年谱耆编》,中华书局2003年版,第244页。
⑥ (明)戚祚国:《戚少保年谱耆编》北京:中华书局2003年版,第245页。
⑦ 《明神宗实录》卷四十八,万历四年三月甲辰,中华书局2016年版,第1098页。
⑧ "(戚继光)督理工程,甘栉风沐雨之苦。"(明)戚祚国:《戚少保年谱耆编》,中华书局2003年版,第313页。

挥田彪等共三十员各降一级"①。可见戚继光对工程质量的把关是很严格的。

二、蓟镇敌台守军的建置及训练

坚固的防御工事，需要官军守卫才能发挥出其效能。因此，需要调足够的军人去守敌台，制定守台军人的战斗编制，同时也要督促他们训练，以使人和敌台能结合起来，发挥最大的战斗力。

保证守台官军数量的措施。守台官军的编制为"每台百总一人，南兵五人，台正、副各一人，守望相助，呼应相闻，射打相应。凡四五台不等，设一把总督之；或七八台、十台不等，设一千总率之……"②不过，守台官军的数量往往不能足额。对此戚继光规定了守台军士的来源，并将其记录在案，以便核查，"今后著落路将，严督本提，将修完本路敌台，于附近营城查减旧墩尖夜，选择精壮者，每台定注十名，各置腰牌、年貌，将官亲押，令军随身携带，以便点查。仍用木牌一面，总造年貌，悬挂台上，令其常时驻守……侯两防之日，再于客兵内添拨，足六十名，兼管台之两空"③。为防止士兵逃亡，戚继光规定：其一，如果有人逃亡，同队之人连坐，扣除担保之人月粮。④ 其二，如派去缉捕之人能够捉拿逃兵，赏一两银子；其他人能够捉拿逃兵的，赏三两银子。其三，被捕的逃兵，初犯则捆打一百次，再犯则在此基础上用箭穿两耳游兵，三犯则斩首。⑤ 尽管有此严刑峻法，实际在春秋两防时，每个敌台"有主客北军三十七名分派协守"⑥，加上"每台有台头台副二名，百总一名，常守南兵五名"⑦，即两防时每台共四十五名官兵防守。

对于守台官军的训练，戚继光采取了如下措施：其一，根据士兵的特点来选定其兵器。自招募士兵之日起，戚继光就结合每个人的特点来决定其使用的兵器，"以有力伶俐者二名，为一伍、二伍长，充鸟铳手，以鸟铳为长兵，仍习双手刀

---

① 《明神宗实录》卷三十四，万历三年正月辛酉，中华书局2016年版，第796页。
② （明）戚祚国：《戚少保年谱耆编》，中华书局2003年版，第313~314页。
③ （明）戚祚国：《戚少保年谱耆编》，中华书局2003年版，第314~315页。
④ （明）戚继光：《练兵实纪》卷二，中华书局2001年版，第69~70页。
⑤ （明）刘效祖：《四镇三关志》卷六《经略考》，全国图书馆文献缩微复制中心，第391页。
⑥ 《明神宗实录》卷一八二，万历十五年正月丙辰，中华书局2016年版，第3401页。
⑦ 《明神宗实录》卷一八二，万历十五年正月丙辰，中华书局2016年版，第3401页。

为短兵。……以有杀气者二名,为第五、第六,各充锐铦手。"①其二,制定考核标准。戚继光令"各该守台千、把、百总,仰各自置随身器械一件,不拘锐枪刀棍,夜则在台巡守,昼则就近台处所督同在台南兵一体演习,听本协及本管南将不时临边,或一二十台,或三五台,就便调比,准听本管小赏轻罚,仍将赏罚过武艺等第报查"②。即要求守台官军夜间在敌台巡守,白天则练习武艺,协守副总兵、参将等官员不时考核守台官军的武艺,并将考核结果上报。每年年终,"听镇守衙门(即总兵戚继光)将勤惰才能定拟等第,造册呈详,分别奖戒"③。总兵戚继光根据其一年中表现优劣给予赏罚,并根据军官所在部队的训练情况实行连坐法,如果考核结果过低,戚继光会对军官捆打弹劾④。如有重大过错者,总兵戚继光可以随时逮问之,处以军法⑤。其三,加强思想教育。戚继光在对官兵们的训话中有言:"凡你们当兵之日,虽刮风下雨,袖手高坐,少不得行、月二粮。这银米都是官府征派地方百姓办纳来的。你在家哪个不是耕种的百姓?你肯思量在家种田时办纳的苦楚艰难,即当思量今日食粮容易。又不用你耕种担作,养了一年,不过望你一二阵杀胜。你不肯杀贼,保障他,养你何用?"⑥讲得通俗易懂,能调动起士兵的斗志。

三、从蓟镇敌台修建看明代总督和总兵的关系

敌台修成之后,朝廷会对主管的大小官员进行赏赐,以酬其劳。在朝廷的赏赐顺序中,往往总督、巡抚的位置排在总兵之前,如隆庆四年二月,蓟辽总督谭纶上言,"隆庆三年筑成敌台四百七十二座"。皇帝的批示是:"赐纶及巡抚刘应节、总兵戚继光、杨四畏银币,参政杨锦、凌云翼、副使杨兆、宋豫卿、佥事宋守约、副总兵李超等、游击陈其可等、参将胡懋功等各升赏有差。"⑦隆庆五年八月,蓟昌镇

---

① （明）戚继光:《练兵实纪》卷一,中华书局 2001 年版,第 12 页。
② （明）戚祚国:《戚少保年谱耆编》,中华书局 2003 年版,第 330 页。
③ （明）刘效祖:《四镇三关志》卷六《经略考》,全国图书馆文献缩微复制中心,第 390 页。
④ （明）戚继光:《练兵实纪》卷四,中华书局 2001 年版,第 88～89 页。
⑤ （明）刘效祖:《四镇三关志》卷六《经略考》,全国图书馆文献缩微复制中心,第 390 页。
⑥ （明）戚继光:《练兵实纪》卷四,中华书局 2001 年版,第 65～66 页。
⑦ 《明穆宗实录》卷四十二,隆庆四年二月丙寅,中华书局 2016 年版,第 1062 页。

筑敌台工成，皇帝下旨："总督谭纶升兵部尚书兼都察院右副都御史协理戎政如故，巡抚刘应节升俸二级，杨兆俸一级，右都督戚继光荫一子百户，都督佥事杨四畏升实职二级，副使孙应元俸二级，佥事宋守约王之弼等一级，副总兵胡守仁参将罗端等实职一级，仍各赏银币有差，纶疏辞恩命，不允。"①万历三年正月，皇帝"钦赏蓟辽总督侍郎杨兆、巡抚都御史杨一鹗、都督戚继光、总兵官杨四畏、兵备宋守约等，副总兵陈勋、都司刘德温等银币各有差，叙增建蓟昌敌台功也"②。

朝廷在赏功时把总督排在总兵前面的原因：第一，总督是总兵的上级。朝廷给总督的敕书中提到"其蓟、辽、保定镇、巡并各镇参、游所属地方，各道兵备添设修筑墩堡等项官员，俱听尔节制"③，即总兵需要听总督节制。

第二，修筑计划虽然由总兵戚继光首先提出④，但是由总督等文官向朝廷报告，同时向朝廷申请钱粮。不过总督谭纶报告的修筑计划在戚继光的计划的基础上稍有改动，比如将敌台最短间距设为三十五步左右，敌台的高度改为三丈，"蓟昌二镇东起山海关，西至镇边城，延袤二千四百余里，乘障疏阔，防守甚艰，宜择要害，酌缓急，分十二路，或百步三十五步，丈牙参错，筑一墩台，共计三千座。计每岁可造千座，每座可费五十金，高三丈，阔十二丈，内有容五十人。无事则守墙守台之卒居此瞭望，有警则守墙者出御所分之地，守台者专击聚攻之虏，二面设险可保万全"⑤。修筑数量因经费原因有变化，隆庆三年（1569）计划修三千座敌台，到隆庆五年（1571）时，建成一千一百一十七座，每座敌台的花费也从五十两增到九十、一百两，所以总督根据实际情况，将敌台修建数量减少，"原议每台止给官银五十两，继量增至八十九十百两有差，原议二镇共建台三千座，既而分别冲缓又议以一千五百座为止。冲台三五十步一座，远者不过百步，次冲百余步一座，远者不过百五十步。兴工于隆庆三年春，迄今凡历五防，共建台一千一十

---

① 《明穆宗实录》卷六十，隆庆五年八月庚戌，中华书局 2016 年版，第 1467～1468 页。
② 《明神宗实录》卷三十四，万历三年正月辛酉，中华书局 2016 年版，第 796 页。
③ （明）刘效祖：《四镇三关志》卷七《制疏考》，全国图书馆文献缩微复制中心，第 453 页。
④ （明）戚祚国：《戚少保年谱耆编》，中华书局 2003 年版，第 240～241 页。
⑤ 《明穆宗实录》卷二十八，隆庆三年正月癸未，中华书局 2016 年版，第 759～760 页。

七座,制作久而弥精……"①总督等文官在向朝廷报告修筑计划时,同时向朝廷申请经费,如隆庆三年正月,总督蓟辽兵部侍郎谭纶奏:"请下户部发大仓银三万五千两,兵部马价银一万五千,以给工费。"兵部复:"纶所言诚守边便计。"皇帝批准了该建议。②

第三,在有人对敌台的修建议论纷纷时,总督向皇帝报告相关情况,借助皇帝的旨意来保证总兵的修台工作顺利进行,不为人言所阻碍。如隆庆三年八月,总督蓟辽保定军务侍郎谭纶言:"始臣建议于蓟镇沿边增设敌台三千座……不意流言京师,转相传播,谓建台无益阻房入,斩伐沿边树木是将来之台功,未睹而已成之,藩篱先彻,则臣之罪大矣。今边报孔棘,请亟罢臣归。仍遣大臣科道阅视,台诚无益,即治臣之罪。如臣谋未左,犹望责当事诸臣踵而成之。"皇帝的批示为:"修筑墩台已有明旨,纶宜坚持初议,尽心督理,毋惑人言,如有造言阻挠者,奏闻重治。"③保证了工程的顺利进行。

第四,敌台修好之后总督向朝廷报功。隆庆四年二月,蓟辽总督谭纶上言:"隆庆三年筑成敌台四百七十二座,规制精坚,可当雄兵十万,为边境百年之利,乞录劲劳将吏功。"皇帝的批示是:"赐纶及巡抚刘应节、总兵戚继光、杨四畏银币,参政杨锦、凌云翼、副使杨兆、宋豫卿、佥事宋守约、副总兵李超等、游击陈其可等、参将胡懋功等各升赏有差。"④朝廷赏赐包括总兵在内的官员。

由此可知,总兵的修建计划要通过总督向朝廷奏报,总督可以修改总兵提出的修建计划,钱粮由总督直接申请,总兵督理敌台的修建,制定敌台守军管理制度,在修台工作遇到困难时由总督报告皇帝来排除阻力,总兵的功劳也要由总督向朝廷报告,而且总督是总兵的上级,所以,朝廷在赏功时将总督的位置排在总兵之前。

① (明)刘效祖:《四镇三关志》卷七《制疏考》,全国图书馆文献缩微复制中心,第640~641页。
② 《明穆宗实录》卷二十八,隆庆三年正月癸未,中华书局2016年版,第759~760页。
③ 《明穆宗实录》卷三十六,隆庆三年八月戊午,中华书局2016年版,第920~921页。
④ 《明穆宗实录》卷四十二,隆庆四年二月丙寅,中华书局2016年版,第1062页。

四、结语

戚继光在担任蓟镇总兵官的十几年中，设计、督造了包括敌台在内的长城防御工事，调集士兵来守敌台，制定了守台官军的编制和管理制度。敌台的建成加强了蓟镇的防御能力，蓟镇"数十年得无事"①。同时我们应该看到，修筑计划虽然由总兵首先提出，但是由总督等文官向朝廷奏请，而且总督根据实际情况调整敌台修建的数量、筹集钱粮，并在修建遇到阻力时上书皇帝，排除阻力，修成之后向朝廷汇报总兵对敌台修筑的功劳。所以朝廷在赏功时，把总督等文官的位置排在总兵之前，而不仅仅是因为总督是总兵的上级。

戚继光设计的蓟镇敌台之所以能大量修建且保存较好，一是因为隆庆、万历时期的内阁大臣、总督等文官与戚继光关系较好，所以戚继光的方案能够被朝廷采纳并付诸实施，在地方行事时也较少受到文臣掣肘，朝廷也能给敌台工程拨款，"亦赖当国大臣徐阶、高拱、张居正先后倚任之。居正尤事与商榷，欲为继光难者，辄徙之去。诸督抚大臣如谭纶、刘应节、梁梦龙辈咸与善，动无掣肘，故继光益发舒"②。二是因为调集了几乎所有蓟镇的主客军士来修筑敌台。三是因为有严格的工程管理制度，总兵等官员亲自督工，还有官员因误事被罚。四是因为其使用的材料较好，使得敌台能够长时间保存。

戚继光在南方和北方都重视武器的改进和工事的修建，而且往往能克敌制胜。他作为一代名将，抗倭有功，在他身上体现了爱国主义精神，值得后人敬仰。

本文是国家社会科学基金项目"明卫所制与省镇营兵制关系研究"（项目号：16BZS059）成果

作者：迟雪鑫

天津师范大学历史文化学院

---

① （清）张廷玉：《明史》卷二一二，中华书局 1974 年版，第 5616 页。
② （清）张廷玉：《明史》卷二一二，中华书局 1974 年版，第 5616 页。

明代黄崖关防御与关营配合制度

肖立军　司　蕾

　　长城是中华民族的脊梁,目前在多省市都有分布,其中在天津典型的是明代蓟镇黄崖关长城。学界对包括黄崖关在内的明代长城的研究成果已是硕果累累,不过从关营配合角度进行研究的成果还比较少见。本文试从关营配合角度对明代黄崖关一带一关两营略加探讨。

一、明代黄崖关及附近的两营

　　据《四镇三关志》记载,明代黄崖关一带防守,除黄崖关外还包括六处关寨,分别是太平安寨、车道谷寨、青山岭寨、蚕椽谷寨、耻瞎谷寨、古强谷关。其中古强谷,《四镇三关志》记为“古强谷关”①,《(嘉靖)蓟州志》记为“古强谷寨”②。依后者记载,从古强谷寨说。

　　此一关六寨之外,还有两营,即黄崖口营和黄崖关驻操营。

　　明代北直隶北部即蓟镇关隘,依据关隘及守军规模,分为关、口、营、寨四类。据顾祖禹《读史方舆纪要》卷十一《直隶二》记载,“蓟镇……其边墙皆依山凑筑,

---

①　(明)刘效祖:《四镇三关志》卷二《形胜考·乘障·黄崖口下》记载:“黄崖口关永乐年建,通大川,正关水口、东西稍城、断头崖、安口墩、中山儿龙扒谷砖墩,东西二空,俱通骑冲余缓。太平安寨,成化二年建,通大川,正口冲西,山顶东稍墩,通单骑,冲,余缓。车道谷寨,嘉靖十六年建,通步缓。青山岭寨,成化二年建,正关通单骑,冲。蚕椽谷寨,成化二年建,通步,缓。古强谷关,永乐年建,通步,缓。耻瞎谷寨,成化二年建,通步,缓。”(明)刘效祖:《四镇三关志》,彭勇等校注,中州古籍出版社2018年版,第71~72页。

②　(明)熊相:《(嘉靖)蓟州志》卷十二《杂志·经略》,国家图书馆中华古籍资源库明嘉靖刻本,第164页。

大道为关，小道为口，屯军曰营，列守曰砦（通寨）"①。也就是说，边墙基本依凭山岭建成，山间通道稍显宽大者称关，稍显窄小者称口，一般陆续修建城堡，设兵防守。不过，关、口大小也难以分清，不好设定区分标准，所以关、口有时互称或连称，如黄崖关也称黄崖口，或黄崖口关。至于寨，设兵列守称寨，应指寨所在山口的规模小于关、口，驻军及工事规模也稍逊于关、口。

据《（嘉靖）山海关志》记载，小平安寨有"官军"五十六名，大平安寨有五十九名，青山岭寨有八十五名，古强谷关寨有一百零九名，蚕椽谷寨有六十三名，耻瞎谷寨有六十三名。蚕椽谷寨有"旗军"五十七名。而黄崖关有官军三百一十四名，黄崖口驻操营三百四十七名，黄崖口驻营四百五十一名②。寨的守兵除了古强谷关寨外，多为一百人以下，而关、营守兵达数百人，相差比较悬殊。

营与关、口、寨略有不同，关口设于山间通道，营设于关口之南稍平旷之地以拱卫关口。至于关与营的关系，总体来说，"关设于外"主要负责防守；"营设于内"主要负责应援。③ 关、口等设于较靠前沿位置，侧重于防守；营设于次前沿位置，侧重于应援关口。

黄崖关附近一关、两营和六寨位置，关寨名称与后来村庄名称基本相同，明清志书所记明代关寨间距离，也和当今蓟州区下营镇所对应村庄间距离大体接近。清人张朝琮的《（康熙）蓟州志》记载如下：

> 黄崖关在州北五十五里有城，把总驻扎……
>
> 所管庄村　　黄崖关　　中　营　　下　营　　青山岭
> 　　　　　　车道峪　　古强峪　　大平安　　小平安
> 　　　　　　赤强峪　　蚕椽峪　　刘家庄　　耻辖峪。④

---

① （明）顾祖禹：《读史方舆纪要》卷十一，贺次君、施和金点校，中华书局2005年版，第492页。

② （明）詹荣：《（嘉靖）山海关志》图，秦皇岛历代志书校注本，2005年，第16、17页。

③ （明）魏焕：《九边考》卷三《蓟镇考·保障考》，载《明代蒙古汉籍史料汇编》（第六辑），内蒙古大学出版社2009年，第242页。

④ （清）张朝琮：《（康熙）蓟州志》卷二《关隘》，国家图书馆中华古籍资源库康熙刻本，第48页。

这里只有四处村庄不在明代黄崖关一关、两营、六寨之列,这四处分别为:刘家庄、小平安寨、中营和下营。

小平安寨,其守军于嘉靖二十五年(1546)并入黄崖关。该年二月,蓟州巡抚郭宗皋奏准,"所辖……小平安寨可并入黄崖口关,遗下守寨官员回卫别用"①。小平安寨守军撤防,专倚附近的黄崖关来防御。刘家庄,应为当今的刘庄子村②。位于青山岭寨南边五里左右,东西大约在黄崖口驻操营和古强峪寨之间。

明清典籍所载黄崖关附近关口营堡中,罕见黄崖口营和黄崖口驻操营与后世村庄的对应关系的信息。今人一般认为,明代蓟镇黄崖口营和黄崖口驻操营即为蓟州区下营镇的中营村和下营村。然多基于推测的,没有说明理由。③

二、明代黄崖口两营与中下二营的对应关系

笔者以为,明代黄崖口营和黄崖口驻操营即为后来蓟州区下营镇的中营村和下营村,主要依据如下:一是里程所反映的地理位置,二是资料记载所透露出的两营方位信息。

首先看第一个方面,里程定位。《(嘉靖)蓟州志》卷十二《经略》记载,两营相距"五里"。清人张朝琮的《(康熙)蓟州志》卷二记载,黄崖关"南十二里为中营,又三里为下营"。民国孙鹏则在《河北通志稿》卷二记载,黄崖关"南十二里为中营,又二里为下营"④。

几种典籍均记载,黄崖关到中营十二里;中营到下营距离,说法不一,当从成书明代的《(嘉靖)蓟州志》记载,作"五里"。我们在百度地图中搜索,从黄崖关八卦城到中营村骑行距离为六公里,大约十二里;中营村到下营村,距离将近五里。所以,基本能够印证明代的黄崖口营和黄崖口驻操营,位于后来的中营村和

---

① 《明世宗实录》卷三〇九,嘉靖二十五年二月。

② 《蓟县下营镇建立时间及名称由来》(一),http://blog.sina.com.cn/s/blog_c543c0420102v8w0.html。

③ 郭栋:《地理因素影响下明蓟镇长城防御体系研究》,天津大学硕士学位论文,2013年,第56、57页。

④ (民国)孙鹏:《河北通志稿》,《关隘考》卷二,华北第126号,成文出版社1968年版,第200页。

下营村一带。

再看第二方面，资料记载所透露的两营方位信息。以上资料及考察，基本上能支持黄崖关以南十二里、再往东南五里应为黄崖关两营的说法。那么，哪个是黄崖口营，哪个是黄崖口驻操营呢？

从中营村和下营村的相对方位看，下营村在中营村的东南方向，中间隔泃河，中营在河西，下营村在河东。

那么，明代黄崖口营和驻操营相对位置是怎样的呢？明代的边防及地志等典籍中的地图，虽不十分明晰，但也大体有所反映。

第一幅，《（嘉靖）山海关志》中地图，见于《续修四库全书》第 718 册，第 14 页。

本图南北方向实景不太直观，但从东西相对位置看，黄崖口营位于驻操营西侧。

第二幅，明许论《九边图论》，见于台北新文丰出版公司的《丛书集成续编》第 242 册，第 7 页。

此图西北黄崖口关南为"黄崖口"营。其西南似作"黄崖草营"，或许是驻操营的谐音。

第三幅，明霍冀《九边图说》图，见于《玄览堂丛书》初辑五，第 98 页。

本图黄崖口驻操营位于泃河之东，下边有"黄崖上营"，大致位于泃河之西。此营估计指黄崖口营，只是方位可能不准。

上述几幅图中，《（嘉靖）山海关志》虽南、北位置非常紧凑，但其所反映的东、西位置相对直观，即黄崖口营相对位置偏西，驻操营位置偏东。

结合三幅古籍中的边防地图，再查核《（嘉靖）蓟州志》，记载，"黄崖口驻操营五里，西至黄崖口营"①。意思是说，两营相距五里，黄崖口营在驻操营西边。

解决了黄崖口驻操营与黄崖口驻操营的东西相对位置，中营村和下营村与

---

① （明）熊相：《（嘉靖）蓟州志》卷十二《杂志·经略》，国家图书馆中华古籍资源库明嘉靖刻本，第 172 页。

两营的对应关系就凸显出来了,即南边偏东的明代黄崖口驻操营位于后来的蓟州区下营镇下营村一带,北边偏西的明代黄崖口营位于下营镇中营村一带。

三、明代黄崖关一带关营防御之相关问题

关于上、中、下营问题。黄崖口驻操营又称下营,黄崖口营又称中营,与此相对应的上营,指"将军营"。蓟州城以北关营与州城距离,《(康熙)蓟州志》记载,"黄崖关在州北五十五里……将军石关在州北七十里,关南二十里为上营,又名将军营"①。就是说将军石有关、有营,关在北边,营在南边,相距二十里。黄崖口营与将军石营的相对位置是:"黄崖口营三十里,西至将军石营。"即将军石营在黄崖口营西边,相距三十里②。上营(将军营)在平谷县(今平谷区)金海湖镇东上营村一带,北二十里为将军关③。上营东三十里为中营(黄崖口营),中营东南为下营(黄崖口驻操营)。

顾炎武的《天下郡国利病书》记载,马兰路"关、营、寨、堡二十有三",其中提到"黄崖上营、黄崖下营"④。估计黄崖上营指黄崖口营,黄崖下营指驻操营。在迁西东北青山关附近也有上营和下营,前身也是明代的青山关驻操营和青山关营。上、下营的分别,应是根据所处山谷中高低位置而称的。

黄崖关一带提调住所。据《(嘉靖)蓟州志》卷十二记载,提调黄崖口等营把总领将军石营、黄崖口营和峨眉山营;黄崖关属于宽甸谷关提调;黄崖口驻操营属于鲇鱼石提调。⑤ 至迟万历时"在黄崖口设置提调",领一关六寨。⑥

黄崖关附近以黄崖命名的一关两营,即黄崖(口)关、黄崖口营、黄崖口驻操营,嘉靖时分属于不同的提调,至迟在万历时黄崖口营提调不再设立,在黄崖关

---

① (清)张朝琮:《(康熙)蓟州志》卷二《关隘》,国家图书馆中华古籍资源库康熙刻本,第49页。

② (明)熊相:《(嘉靖)蓟州志》卷十二《杂志·经略》,国家图书馆中华古籍资源库明嘉靖刻本,第172页。

③ 张玉坤等:《中国长城志·边镇城堡关隘》,江苏科技出版社2016年版,第259、304页。

④ (清)顾炎武:《天下郡国利病书·北直上》,《续修四库全书》第595册,上海古籍出版社2001年版,第533页。

⑤ (明)熊相:《(嘉靖)蓟州志》卷十二《杂志·经略》,国家图书馆中华古籍资源库明嘉靖刻本,第171~172页。

⑥ 方放主编:《天津黄崖关长城志》,天津古籍出版社1988年版,第33页。

设立提调。万历以后黄崖口营、黄崖口驻操营分别属于哪个提调,目前所发现的资料,未见明确记载。

关于黄崖关两营的设立时间。据刘效祖《四镇三关志》记载,"黄崖口关,永乐年建"①,"黄崖口营城堡一座,天顺四年建;黄崖口驻操营城堡一座,洪武年建"②。

《四镇三关志》对于营设立时间的记载,有的未必准确。根据《明实录》记载,明代在洪武时期着手关口建设,陆续派卫所军到北平北部关口防守,启动部分关口堡寨的修建。

至于关口以南所设拱卫关口的"营",设立宗旨是以卫所军队到这里操练,以备随时增援关口。援关诸营的设立,根据明太祖和明成祖二人守边方略之差异判断,应该是在永乐时期。③ 陆续新发现的资料也可以证实这一点。

据《(嘉靖)蓟州志》记载:"本朝驱逐残元,后即于古会州之地设大宁都司并所属营州等卫,以为外边。复命魏国公修山海关至古北口,以为内边。永乐中迁都北平,掣回大宁都司所并各卫所,以内边为界,金拨蓟州等卫官军守把沿边关、营。关、营各有城总,要处各有把总、指挥、提调。关之提调,连十数关寨;营之提调,或三营,或四营。其所统之关、寨、营、堡,又有指挥、千、百户,分地以守。关据极边,所以扼长城之冲;营居关内,所以为应援之用。"④意思是永乐时期有关有营,实行关、营配合。虽未提营的设立时间,但提及关、营配合时,叙事从永乐时期开始。

碑刻中也有类似资料。万历间《太平营重建题名碑记》记载:"太平寨营自永乐间建置,尺籍伍符仅四百余人。"⑤截至目前所发现的资料,能支持永乐时期援关诸营设立说。

① 〔明〕刘效祖:《四镇三关志》卷二《形胜考·乘障·黄崖口下》,彭勇等校注,中州古籍出版社2018年版,第71页。

② 〔明〕刘效祖:《四镇三关志》卷二《形胜考·乘障·各路营城堡》,彭勇等校注,中州古籍出版社2018年版,第75页。

③ 肖立军:《明代援关营制考略——兼谈明卫所制与省镇营兵制关系》,《天津师范大学学报》2018年第2期。

④ 〔明〕熊相:《(嘉靖)蓟州志》卷一《地理志·边防》,国家图书馆中华古籍资源库明嘉靖刻本,第13页。

⑤ 河北省文物研究所辑:《明蓟镇长城石刻》,文物出版社2017年版,第65页。

既然明代北直隶(北直隶的北部区域为蓟镇)诸营设立于永乐时期,那么《四镇三关志》中关于崖口驻操营城堡"洪武年建",应不准确。不仅如此,目前所见材料表明,明代蓟镇驻操营似应设立于景泰年间。① 所以,黄崖口驻操营应是明景泰以后设立的。

总之,黄崖关一带关营与其东部和西部关营联络而成蓟北防线,共同隶属于分守参将(提调之上为分守参将)等将领。黄崖关、黄崖口营、黄崖口驻操营在不同时期所直接隶属的提调时有调整。黄崖关一带的一关两营,属于防御蒙古的基层边防单位,其设立时间,起码《四镇三关志》所谓黄崖口驻操营为洪武时所设的记载,与实际未必相符。

四、结语

明太祖朱元璋遣将调兵,灭元建明,北逐蒙古贵族。但蒙元贵族也屡谋兴复大元江山。在这种情况下,明朝非常重视北边防线的建设,所谓"重兵之镇,惟在北边"②。这样,明朝君臣从明太祖洪武时期就开始关注北边关口的防守及工事建设。当然,关口防御是一个陆续加强的过程。至于黄崖关派驻守兵及修建城堡,是在洪武时期还是其后? 没有见到明确记载。

到了永乐时期,一方面迁都北平,首都距蒙古较近;另一方面,由于靖难之役发生,北平之北的大宁防线实际上已经解体。这样加强冀北防线建设,便具有迫切性和必要性。明成祖就在京师北部防线增设若干营,以拱卫关口并随时增援,从而充实北边防线,加强北京周边防御。当然黄崖口营是永乐时期所建,还是像《四镇三关志》所记为天顺年间建立,目前未见到其他可印证的记载。

到了正统末景泰初年,明英宗统领大军北征蒙古瓦剌部,在土木堡全线败溃。明军大部分死难,明英宗被俘,这件事情对明朝影响很大。此后景帝登基,加强防守,于谦等配合景帝,充实北边防线。其中措施之一,就是驻操营的建设。

---

① 肖立军:《明代援关营制考略——兼谈明卫所制与省镇营兵制关系》,《天津师范大学学报》2018年第2期。

② 《明太祖实录》卷七十七,洪武七年正月甲戌,中华书局2016年版,第1545页。

也就是在北边蓟镇关口之南，根据边防需要选择若干营的间隙增设驻操营以进一步充实防线，加强对关口的增援和拱卫力度。

目前所见资料表明，蓟镇驻操营设立于景泰年间。至于黄崖口驻操营及工事，是景泰时期设立，还是稍后，似未见到确证的史料记载。所谓洪武时期修建黄崖关驻操营城堡恐不符合实际。总体来看，对于黄崖关一带一关两营的设立时间，如将《四镇三关志》相关记载调整为：明代黄崖关防御建设于洪武以后，黄崖口营设立于永乐以后，黄崖口驻操营设立于景泰以后，可能更符合当时边防形势，尽管描述有些模糊。

总体来看，长城凝聚了中华民族的智慧，象征着中华民族坚强不屈、不屈不挠的精神，同时也承载了中华民族渴望安宁、保一方平安的愿望。明代以后，长城关口为民族交流的重要通道，也是进行民族关系研究的视角。而黄崖关一关两营及其他防御工事，作为长城的组成部分，自然也是我们开展爱国主义教育的示范基地。

本文是天津市教学成果奖重点培育项目"强化育人、服务社会、注重实践——历史文博实践教学基地建设与教学实践"（项目号 PYGJ－021）的阶段性成果

作者：肖立军　司　蕾
天津师范大学历史文化学院

后 记

　　文物作为民族精神与民族文化的载体,在传承历史文化、维系民族精神方面有着不可替代的作用。保护好历史文物,是坚定文化自信、传承中华优秀传统文化的重要内容。

　　习近平总书记高度重视历史文化遗产保护,特别是党的十八大以来,其多次就文物保护工作作出重要指示批示。值得一提的是,2019 年习总书记天津之行视察梁启超纪念馆时作出"要爱惜城市历史文化遗产,在保护中发展,在发展中保护"的重要指示,已经成为我们开展文物保护工作的根本遵循。我们要牢记总书记嘱托,真正保护好历史文化遗产,充分挖掘其历史、文化价值,传承好滨海新区的历史文脉,让这些宝贵的历史文化遗产绽放最耀眼的光彩。

　　作为一座有着深厚历史文化底蕴的海滨城市,滨海新区的文物资源源远流长、丰富多彩,特别是丰富的工业遗存和饱含爱国主义精神的历史遗存,在中国近现代历史上有着独特地位,发挥着不可替代的作用。目前,滨海新区共有不可移动文物 109 处,文物保护单位 15 处,其中全国重点文物保护单位 4 处,市级文物保护单位 8 处。像大沽船坞遗址、黄海化学工业研究社、大沽口炮台遗址、北塘炮台遗址、海河防潮闸等重要文物,承载着滨海人民群众艰苦奋斗的光荣历史,记录着滨海新区建设发展的伟大历程和感人事迹,是弘扬历史传统和优秀文化,践行社会主义核心价值观,加强社会主义精神文明建设,激发爱国热情和奋斗精神,振奋民族精神的生动教材。

　　滨海文物工作者应该在做好文物保护工作的基础上,充分发掘文物蕴含的各类价值,顺应新时代要求,不断改进弘扬传承文化遗产价值的方式方法,尤其是要加大学术研究力度，通过源源不断的理论研究成果的应用，充分发挥其在提振文化自信方面的精神与物质力量。要在建党百年学习教育中，特别要把革命文物保护好、管理好、修缮好、运用好，发挥其在赓续红色血脉、弘扬民族精神方面的重要作用。

当前，滨海新区已经步入新的发展历史机遇期，"十四五"时期"津城""滨城"双城发展新格局，为我们发展文化事业、补齐文化"短板"提供了难得的机遇。顺应文旅行业发展和文化事业单位改革新要求，2021年8月，滨海新区文物保护与旅游服务中心应运而生，这是新区文保事业整合资源、乘势而上、实现高质量发展的绝佳契机。天高海阔，前路迢迢，我们要继续大力弘扬担当奉献精神，带着激情创造性地开展工作，坚持党建引领共同缔造，为滨城高质量发展注入强大的精神力量，为建设生态、智慧、港产城融合的宜居宜业美丽滨海新城做出更大的贡献！

《建设新时代爱国主义教育第一站：大沽口炮台文物保护与爱国主义教育论丛》即将付梓印行，借此机会谨向多年在滨海新区文物保护一线奋战的工作者们致以崇高的敬意，向关心文物保护工作的各界人士表示衷心的感谢！

该书自2019年开始策划，旨在将眼光投向未来，其内容聚焦在遗址保护利用、博物馆建设、军事历史研究、旅游教育职能发挥等方面，为博物馆日后发展提供助力。此后，经过了几次修改完善，本书又补充了一些有分量的文章。2021年天津滨海新区事业单位机构改革，大沽口炮台遗址博物馆注销，天津市滨海新区文物保护与旅游服务中心成立，遗迹保护和文博工作站上了更广阔的发展平台，迎来了新的发展机遇。本书书名相应地调整为《建设新时代爱国主义教育第一站：大沽口炮台文物保护与爱国主义教育论丛》。本书的出版，离不开军事历史和文博专家、同行们的鼎力支持与帮助，在本书付梓之际，表示衷心的感谢！由于我们能力有限，若有错漏之处，还请各位读者不吝赐教、指正。

滨海新区文物保护与旅游服务中心